· 从新手到高手系列 ·

电脑炒原油从新手到高手

张亮　梁雷超　等编著

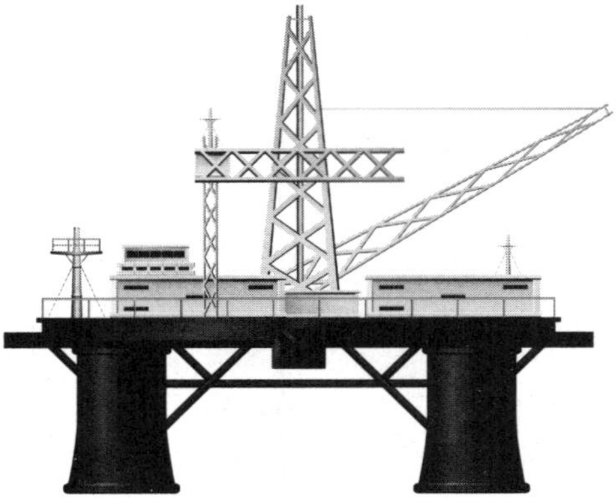

電子工業出版社
Publishing House of Electronics Industry
北京•BEIJING

内容提要

本书讲解电脑炒原油的基础知识、原油交易分析技巧（各种日 K 线分析技巧、分时图分析技巧、基本面分析技巧）、原油的投资理念与方法技巧、原油的管理策略技巧、电脑炒原油的实战技巧。在基础知识中讲解电脑炒原油的定义、分布、属性、战略原油储备及其作用，原油的历史价格走势、原油行情分析软件、原油投资品种；然后讲解电脑炒原油分析技巧，即 K 线分析技巧、趋势分析技巧、形态分析技巧、MACD 分析技巧、KDJ 分析技巧、均线分析技巧、分时图分析技巧和基本面分析技巧等；接着讲解电脑炒原油的投资理念与方法技巧、管理策略技巧；最后讲解电脑炒原油的实战技巧，即纸原油和原油期货的实战技巧。

本书根据读者特点首先着眼于电脑炒原油实战应用，然后再探讨深层次的技巧问题，并附有大量的例子，通过例子讲解知识点。每个例子都是作者精心选择的，投资者反复练习，举一反三，就可以真正掌握交易技巧，从而学以致用。

本书适用于原油交易的初学者和爱好者，也适用于想参与炒原油的股民，更适用于那些有志于在这个充满风险、充满寂寞的征程上默默前行的征战者和屡败屡战、愈挫愈奋并最终战胜失败、战胜自我的勇者。

图书在版编目（CIP）数据

电脑炒原油从新手到高手 / 张亮等编著. —北京：电子工业出版社，2016.7
（从新手到高手系列）
ISBN 978-7-121-28752-7

Ⅰ. ①电… Ⅱ. ①张… Ⅲ. ①原油－投资－基本知识 Ⅳ. ①F830.9

中国版本图书馆 CIP 数据核字（2016）第 096447 号

责任编辑：高洪霞
印　　刷：北京京师印务有限公司
装　　订：北京京师印务有限公司
出版发行：电子工业出版社
　　　　　北京市海淀区万寿路 173 信箱　　邮编：100036
开　　本：787×980　1/16　印张：18.25　字数：332 千字
版　　次：2016 年 7 月第 1 版
印　　次：2016 年 7 月第 1 次印刷
定　　价：59.00 元

凡所购买电子工业出版社图书有缺损问题，请向购买书店调换。若书店售缺，请与本社发行部联系，联系及邮购电话：（010）88254888，88258888。

质量投诉请发邮件至 zlts@phei.com.cn，盗版侵权举报请发邮件至 dbqq@phei.com.cn。

本书咨询联系方式：（010）51260888-819，faq@phei.com.cn。

原油——大宗商品市场的重量级品种

原油是目前世界上最重要的一次性能源之一。原油产品复杂多样，通过一定的炼制加工流程可以生产各种原油产品，其不仅是能源的主要供应者，与现代交通工业发展和燃料能源供应息息相关，同时也是材料工业的重要支柱。原油产品基本渗透了工业生产的各个部门。另外原油产品还促进了农业的发展，也是新兴材料的主要原材料。由于原油对一国工业与经济极其重要，因此原油在国际社会中往往具有较大的政治与军事影响力。

二战后，全球经历了数次石油危机。在 1973 年第一次石油危机中，为打击以色列及其支持者，石油输出国组织（OPEC）中的阿拉伯成员国年末宣布收回原油标价权，同时将基准原油价格从 3.011 美元/桶提高到 10.651 美元/桶。原油价格突然间上涨超过 250%，直接引发西方发达国家经济衰退，美国工业生产下降了 14%，日本的工业生产下降幅度更是超过 20%。1978 年年底，世界第二大石油出口国伊朗的政局发生剧烈变化，伊朗亲美的温和派国王巴列维下台，引发第二次石油危机。西方主要工业国家尚未在第一次石油危机中恢复元气，再度遭受沉重打击。在 1978 年第二次石油危机爆发后，美国 CPI 则一路走高，最高于 1980 年 3 月达到 14.80%，同时，GDP 同比增速由 1978 年第四季度的+6.68%一路下降至 1980 年第三季度的－1.61%。第二次石油危机直接造成了美国经济战后最严重的滞涨阶段。在第二次石油危机中爆发的两伊战争直接影响了石油的产量，从每天 580 万桶骤降到 100 万桶以下，打破了当时全球原油市场上供求关系的脆弱平衡。随着产量剧减，全球市场上每天都有 560 万桶的缺口。油价在 1979 年开始暴涨，从每桶 13 美元猛增至 1980 年的 34 美元。

历史已清晰地告诉我们原油的重要性。数据显示，2015 年我国进口原油 670 万桶/天，原油产量 430 万桶/天，均创出历史纪录，同样反映着原油在当前我国经济中占据的重要性日益提高。然而，由于我国原油进口量仍大幅超过自身产量，我国原油对外依存度较高。以 2015 年进口数据测算，原油价格每上涨 1 美元，全年原油进口将多支付 24 亿美元。不算原油价格上涨造成工业冲击对 GDP 的影响，原油价格每上涨 10 美元仅因进口造成的影响就将拉低 GDP

增速超过 0.2 个百分点。

国际油价波动对我国宏观经济及相关行业影响越来越大，我国迫切需要建立自己的原油期货市场。尽管中国是世界重要的石油进口与消费大国，但对国际油价几乎没有发言权，更谈不上什么定价权。为改变原油价格波动对经济造成的冲击与影响，加强对国际油价定价权的争夺，2004 年上海期货交易所建立石油期货上市工作组。2013 年 11 月，上海国际能源交易中心成立，目前正紧锣密鼓筹备推出原油期货标准合约。预计我国原油期货的正式推出，对我国原油安全与经济安全将起到极大的积极作用。

目前，国际市场主要的大宗商品期货品种都已在我国上市交易，未来原油期货的推出将填补我国商品市场投资对这一重要品种的空缺。对投资者而言，原油是容量大、活跃度高、流动性好的交易品种。以 IPE 原油期货市场交易商持仓数据来看，目前总持仓已超过 200 万张。因此，未来我国原油期货的上市，也将为投资者提供一个新的投资渠道。然而在此之前，做好原油投资的知识储备是必不可少的。张亮与梁雷超两位分析师在期货市场沉淀多年，具有扎实的投研功底，他们的这本《电脑炒原油从新手到高手》以既通俗易懂又具体务实的方式介绍了原油投资中的必备知识与技巧，一定可以帮助到你！

长江期货研究部副总经理王旺
2016 年 6 月

前　　言

在金钱遍地、充满魔力、迷人的原油交易市场中，利益的驱动使投资者对市场的认识陷入了一种非理性状态，从而导致屡犯错误。然而市场没有记忆，同类的错误总是不断地沉渣泛起，让人一犯再犯，逐渐步入深渊。所以，投资者一定要认清市场的本质，认识到市场只有赢家和输家，弄清市场操作的通病，理解市场基本的教义，并以此为镜。

本书作者在投资生涯前期，也曾走过很长时间的弯路，也曾几度陷入经济危机和心理危机，也曾怀疑市场上有无走出痛苦、走向成功的方法。事实上成功并不遥远，财富就在身边。这就是本书写作的主题。

为什么要写这本书

现在，市面上关于原油投资的书不算少，但大多只讲解一些投资理念和原则，虽然在某种程度上使投资者受益，但没有讲解高胜算的操作模式，没有把原油行情分析软件融入原油交易的实战操作中。

本书重点通过实例剖析讲解电脑炒原油的 K 线、趋势线、管道线、压力线和支撑线、黄金分割线、形态、EXPMA、MACD、BOLL、KDJ、均线、分时图、基本面分析技巧，最后讲解电脑炒原油的理念与方法技巧、管理策略技巧、实战技巧。

本书在讲解上由浅入深，循序渐进，并且先着眼于原油投资实战应用，然后探讨深层次的技巧问题。

本书结构

本书共 14 章，具体章节安排如下。

- 第 1 章：讲解电脑炒原油的基础知识，如原油的定义、分布、属性、战略原油储备及其作用；接着讲解原油的投资品种和原油的历史价格走势，最后讲解原油行情分析软件。

- 第 2 章至第 4 章：讲解电脑炒原油的日 K 线分析技巧，即 K 线分析技巧、趋势分析技巧、形态分析技巧。
- 第 5 章至第 9 章：讲解电脑炒原油的投资技巧，技术指标的分析技巧，即 EXPMA 分析技巧、MACD 分析技巧、BOLL 分析技巧、KDJ 分析技巧、均线分析技巧。
- 第 10 章至第 11 章：讲解电脑炒原油的分时图分析技巧和基本面分析技巧。
- 第 12 章至第 13 章：讲解电脑炒原油的投资理念、方法技巧与管理策略技巧。
- 第 14 章：讲解电脑炒原油的实战技巧，即纸原油和原油期货的实战技巧。

本书特色

本书的特色有以下 4 点。

- 实用性：本书首先着眼于电脑炒原油实战应用，然后再探讨深层次的技巧问题。
- 详尽的例子：本书每一章都附有大量的例子，通过这些的例子讲解知识点。每个例子都是作者精心选择的，投资者经过反复练习，举一反三，就可以真正掌握操盘技巧，从而学以致用。
- 全面性：本书包含了电脑炒原油的所有知识，分别是电脑炒原油的基础知识、原油行情软件的下载、安装和使用技巧、K 线分析技巧、趋势分析技巧、形态分析技巧、EXPMA 分析技巧、MACD 分析技巧、BOLL 分析技巧、KDJ 分析技巧、均线分析技巧、分时图分析技巧、基本面分析技巧、理念与方法技巧、管理策略技巧、纸原油和原油期货的实战技巧。
- 内容表现上“形象生动，图文并茂”：为了能够让原油投资者在学习知识的时候不觉得枯燥，在内容表现上，本书采用了大量的图表、图形，使整本书的风格显得生动、形象。

本书适合的读者

本书适用于原油交易的初学者和爱好者，也适用于想参与炒原油的股民，更适用于那些有志于在这个充满风险、充满寂寞的征程上默默前行的征战者和屡败屡战、愈挫愈奋并最终战胜失败、战胜自我的勇者。

创作团队

本书由张亮、梁雷超编写，下面人员对本书的编写提出过宝贵意见并参与了部分编写工作，他们是刘志隆、王冲冲、吕雷、王高媛、张志伟、周飞、葛钰秀、王英茏、陈锐杰、周峰等。

由于时间仓促，加之水平有限，书中难免有错漏和不足之处，敬请读者批评指正。

编著者

2016 年 6 月

目　录

第 1 章

电脑炒原油快速入门

近来，原油交易相当火爆，并且越来越多的人开始关注并参与原油交易。那么，到底如何炒原油？原油的交易品种有哪些呢？本章就来详细讲解一下。

本章主要内容包括：

- 什么是原油
- 原油的分布和属性
- 战略原油储备及其作用
- 国际原油和纸原油
- 原油期货和现货原油
- 原油的历史价格走势
- 原油行情分析软件——博易大师
- 原油投资专业术语解释

1.1 原油概述

要想成为原油交易市场中的赢家，首先要了解什么是原油、原油的分布、原油的属性和战略原油储备及其作用，下面就来详细讲解一下。

1.1.1 什么是原油

原油是世界上最重要的动力燃料与化工原料，被广泛用于生产生活的各个方面。原油，又称石油，是一种粘稠的、深褐色液体。地壳上层部分地区储存有原油，其主要成分是各种烷烃、环烷烃、芳香烃的混合物。它是古代海洋或湖泊中的生物经过漫长的演化形成的，属于化石燃料。原油主要被用来作为燃油和汽油，也是许多化学工业产品如溶液、化肥、杀虫剂和塑料等的原料，如图 1.1 所示。

图 1.1 原油

1.1.2 原油的分布

原油的分布从总体上来看极端不平衡：从东西半球来看，约 3/4 的原油资源集中于东半球，西半球仅占 1/4；从南北半球看，原油资源主要集中于北半球；从纬度分布看，主要集中在北纬 20°～40° 和 50°～70° 两个纬度带内。

波斯湾及墨西哥湾两大油区和北非油田均处于北纬 20°～40° 内，该带集中了 51.3%的世界原油储量；50°～70° 纬度带内有著名的北海油田、俄罗斯伏尔加及西伯利亚油田和阿拉斯加湾油区。

约 80%可开采的原油储藏位于中东，其中 62.5%位于沙特阿拉伯（12.5%）、阿拉伯联合酋长国、伊拉克、卡塔尔和科威特这些国家。

1.1.3 原油的属性

原油是现代工业文明的血液。原油的大规模使用影响了一个半世纪以来的世界政治经济格局。原油具有多重属性，具体如下：

（1）原油是一种不可再生的自然资源，现代社会对原油高度依赖

作为可耗竭资源，原油无法被制造。作为现代社会的基本动力，让人类对这种商品产生了极大的依赖性，原油具有不可替代的地位。按照传统的霍特林定理，对于不可再生但在一定程度上可以替代的资源，它的价格由其稀缺性和替代资源的成本来决定。

（2）原油也是一种商品，并且是一种在全球范围内大规模生产与大规模消费的工业产品

作为商品，按照经济学的商品定价理论，原油的价格应该由其边际生产成本来决定，即满足全球原油需求的最后一桶油的生产成本决定原油的价格。

（3）原油是世界上最大宗的国际贸易商品

2015 年，全球的原油产量为 50 亿吨，其中有一半的原油被用于国际贸易。相比之下，全球的铁矿石贸易量仅为 9 亿吨，煤炭的全球贸易量为 9 亿吨左右。作为大宗贸易的商品，原油的定价由供需平衡来决定。在紧张的供需平衡中，边际需求与边际供应都对油价产生了很大的影响。

（4）原油的地缘政治属性

原油资源的分布极不平衡。沙特阿拉伯、伊朗、伊拉克、科威特、阿联酋、委内瑞拉、俄罗斯、利比亚、尼日利亚 9 个主要产油国拥有全球 80%的原油储量，其中中东地区就拥有全球 2/3 的剩余探明储量。而在世界前十大能源消费国中，最主要的原油资源在大部分国家都存在缺口，只有俄罗斯、加拿大和英国的原油能够满足本国需要，其他能源消费大国同时也是原油净进口大国。

由于原油产量与出口比较集中，发生在产油国的、影响原油生产的事件也就对原油的价格产生了重要的影响。另外对于许多产油国来说，原油是整个国家的国民收入与政府预算的主要来源，因此原油价格不光要考虑到在这些国家生产的成本，还要考虑到满足这些国家经济与社会发展要求所需要的价格水平。高度的依赖性和分布的不平衡使得原油具有明显的政治属性，

并成为国家之间博弈的工具和武器。

政治属性表明，原油作为商品，并不完全遵循市场规则，有时甚至背离价格。因此，原油天然地与国家经济安全联系在了一起，从一种普通的燃料演化为最重要的战略商品，进而影响着世界经济的发展，国际格局的形成，乃至国家之间的冲突与结盟。

法国有个学者在谈及原油与地缘政治时也指出："在华盛顿主宰美国事务的部分政治家眼里，原油是与国防同等敏感的要害领域。正是在这种思维逻辑的指导下，一些本应主宰原油市场运行规律的经济和财政因素，有时不得不让位于地缘政治的考量。"

（5）国际原油市场具有垄断与半垄断的属性

从 1859 年第一口油井在宾夕法尼亚州开始生产以来，世界原油行业（主要是美国原油市场）在经历了短暂的竞争之后马上被洛克菲勒集团的标准原油公司所垄断。

1911 年，美国根据 1890 年的《谢尔曼反托拉斯法》拆分了标准原油公司，但没过几年就形成了由西方七大原油公司组成的"七姐妹"寡头垄断。自 1971 年起，由 13 个原油输出国组成的欧佩克代替了"七姐妹"，对全球原油供应实行了寡头集团垄断。这一寡头集团的垄断在 20 世纪 80 年代已经被实质性地打破，原油市场进入了非常有竞争性的全球化市场，欧佩克曾经在 1986 年和 1998 年两度陷入崩溃的边缘。但是，作为全球大宗商品市场里唯一的一个原油组织，欧佩克还是对原油市场起着至关重要的作用。今天，欧佩克占全球原油产量的 40%和贸易量的 60%，它为应对油价暴涨或暴跌所采取的集体增产或减产计划对国际油价产生着重要的影响。

（6）随着原油商品的金融化，原油也成为了金融投资的对象，具有了金融产品的一些属性

原油价格在世界上的几个大宗商品交易所（如纽约的 NYMEX，伦敦的 ICE，新加坡的 SGX）的交易中产生，而在这些交易所形成的标杆原油（如北海的 Brent 和美国德克萨斯州的 WTI）价格成为场外双边原油贸易的参照价格。伴随着原油期货的出现和利用纸面合同作为套期保值工具，金融市场里越来越多的因素对油价的形成起着重要的作用。

在美元作为国际原油计价货币的市场里，美元相对于其他货币的汇率和美国的货币政策也在很大程度上影响着原油价格。由于原油具有极高的流动性，在原油金融化的市场里，大量的金融资本将原油当作投机套利的对象，原油的价格也因此具有了股票的一些属性。

（7）原油的神秘性

由于原油在 20 世纪两次世界大战中作为机械化武器的主要动力来源，加上 1973 年阿拉伯

原油输出国对西方的原油禁运造成了第一次大规模的原油危机，原油至今仍然披着战略物资的神秘面纱，并被各种媒体、各类分析家用作解释地区冲突与国家之间利益博弈的借口与素材。

由于原油具有以上多种属性，原油价格的剧烈波动也就无法用一种简单的方式解释，如商品的边际成本、商品贸易中的供需平衡、金融市场的投机炒作等。任何对于原油价格的解释都有必要考虑以上这些属性，特别是前 6 个属性。

1.1.4 战略原油储备及其作用

战略原油储备，是应对短期原油供应冲击（大规模减少或中断）的有效办法之一。它本身服务于国家能源安全，以保障原油的供给不断为目的，同时具有平抑国内油价异常波动的功能。

战略原油储备是能源战略的重要组成部分，世界众多发达国家都把原油储备作为一项重要战略加以部署实施。当前存在战略储备与平准库存两种原油储备，战略原油储备是以战争或自然灾难时保障国家原油的供给不断为目的，而以平抑油价波动为目的的原油储备是平准库存。战略储备体系应该考虑市场化的因素，但战略储备体系本身是服务于国家能源安全的，几乎不盈利。

战略储备的主要经济作用是通过向市场释放储备油来减轻市场心理压力，从而降低原油价格不断上涨的可能性，达到减轻原油供应短缺对整体经济的冲击。对原油进口国而言，战略储备是对付原油供应短缺而设置的头道防线，其真正的作用不在于弥补损失的进口量，而在于抑制油价的上涨。此外，战略原油储备还有以下作用：

（1）可以给调整经济增长方式，特别是能源消费方式争取时间；

（2）可以起到一种威慑作用，使人为的供应冲击不发生或至少不会频繁发生。在原油输出国组织欧佩克交替实行“减产保价”和“增产抑价”的政策时，战略储备能够使进口国的经济和政治稳定，不会受到人为原油供应冲击的影响。

1.2 原油投资的种类

原油投资的种类主要有 4 种，分别是国际原油、纸原油、原油期货和现货原油，如图 1.2 所示。

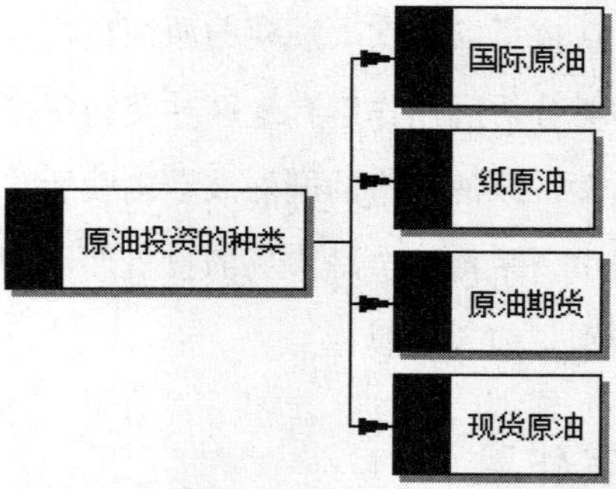

图 1.2　原油投资的种类

提醒：国内原油交易品种，有的与国际原油交易品种走势一模一样，有的虽有一些小的差别，但大的方向与节奏是一样的。

1.2.1　国际原油

20 世纪 70 年代初发生的石油危机，给世界石油市场带来巨大冲击，石油价格剧烈波动，直接导致了石油期货的产生。石油期货出现以后，其交易量一直呈快速增长之势，已经超过金属期货，是国际期货市场的重要组成部分。

原油期货是最重要的石油期货品种，世界上重要的原油期货合约有 4 个，具体如下：

纽约商业交易所（NYMEX）的轻质低硫原油期货，即西德克萨斯中质原油期货、高硫原油期货；

伦敦国际石油交易所（IPE）的布伦特原油期货；

新加坡国际金融交易所（SIMEX）的迪拜酸性原油期货。

其他石油期货品种还有取暖油、燃料油、汽油、轻柴油等。

NYMEX 的西德克萨斯中质原油期货规格为每手 1000 桶，报价单位为美元/桶，该合约推出后交易活跃，是有史以来最成功的商品期货合约，它的成交价格成为国际石油市场关注的焦点。

国际原油市场定价，都是以世界各主要产油区的标准油为基准。比如在纽约期交所，其原油期货就是以美国西得克萨斯出产的“中间基原油（WTI）”为基准油，所有在美国生产或销往美国的原油，在计价时都以轻质低硫的 WTI 作为基准油。

因为美国这个超级原油买家的实力，再加上纽约期交所本身的影响力，以 WTI 为基准油的原油期货交易，就成为全球商品期货品种中成交量的龙头。通常来看，该原油期货具有良好的流动性及很高的价格透明度，是世界原油市场上的三大基准价格之一。公众和媒体平时谈到油价突破多少美元时，主要就是指这一价格。图 1.3 显示了美原油连（CONC）的日 K 线图。

图 1.3　美原油连（CONC）的日 K 线图

然而，世界原油三分之二以上的交易量，却是以同样轻质低硫的北海布伦特（Brent）原油为基准油作价。1988 年 6 月 23 日，伦敦国际石油交易所（IPE）推出布伦特原油期货，西北欧、北海、地中海、非洲以及也门等地区和国家均以此为基准。由于这一期货合约满足了石油工业的需求，被认为是“高度灵活的规避风险及进行交易的工具”，成功跻身于国际原油价格的三大基准。伦敦也因此成为三大国际原油期货交易中心之一。布伦特原油期货及现货市场所构成的布伦特原油定价体系，交易量最多时涵盖了世界原油交易量的 80%，即使在纽约原油价格日益重要的今天，全球仍有约 65%的原油交易量是以北海布伦特原油为基准油作价。图 1.4 显示了布油连续（OILC）的月 K 线图。

提醒：国际原油用美元标价，受制于国外法律监管，杠杆很高，获利机会大，利润高，但相应的风险也很大。国内投资者参与境外代理商的原油交易，不受国内法律保护，所以资金不安全，出现问题很难解决。投资者在参与国际原油品种交易时要特别谨慎，最好不参与，即使参与也只能投入少量资金参与。

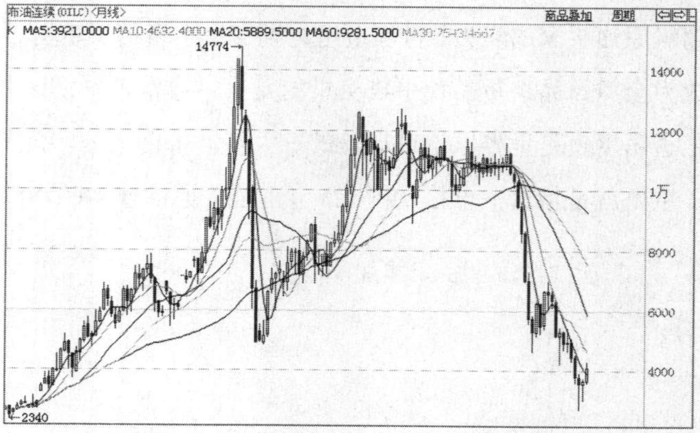

图 1.4　布油连续（OILC）的月 K 线图

1.2.2　纸原油

纸原油，是一种个人凭证式原油，是中国国内商业银行推出的首个针对个人投资的原油买卖产品。投资者按银行报价在账面上买卖“虚拟”原油，通过把握国际油价走势进行操作，赚取原油价格的波动差价。

个人可通过工商银行网上银行、电话银行等电子银行渠道发起交易指令进行账户原油的实时交易、挂单交易、账务管理和查询等业务。

按照报价参考对象不同，账户原油可分两种，分别是账户北美原油和账户国际原油。其中，账户北美原油参考纽约商业交易所西德克萨斯轻质低硫原油（WTI）期货合约的价格报价，账户国际原油参考纽约商业交易所或洲际交易所布伦特（Brent）原油期货合约的价格报价，如图 1.5 所示。

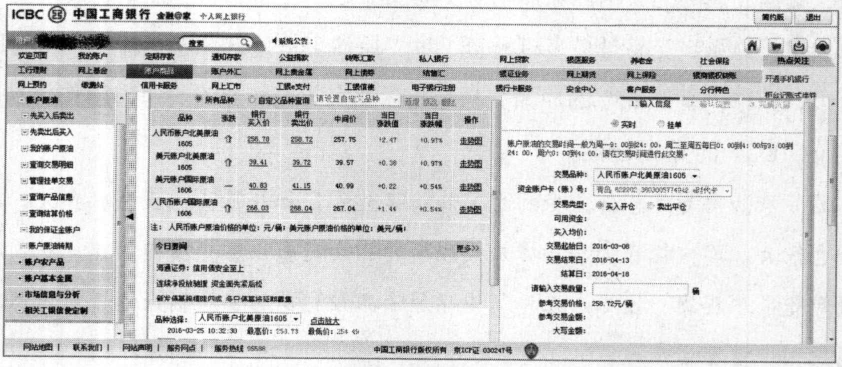

图 1.5　账户原油的交易品种和报价信息

工行在综合考虑全球相关原油市场走势、国内人民币汇率走势、市场流动性等因素的基础上向客户提供交易报价，并有权根据市场情况对交易报价进行调整。

1.2.3 原油期货

我国原油期货已经获批上市。2014 年 12 月 12 日，中国证监会正式批准上海期货交易所在其国际能源交易中心开展原油期货交易，原油期货上市工作正在稳步推进中。

中国已成为全球最大的原油进口国，多年来的经济高速增长导致对原油的需求逐日上升，对进口原油的依赖程度也随之提高，承受的风险也随之变大。我国着手推出原油期货的根本目的有两点，具体如下：

第一：增强我国的原油话语权，原油定价权；

第二：为国内产业链上下游厂家提供套保工具，规避原油价格波动的风险。

目前，世界上有 4 个重要的原油合约，随着中国原油期货的推出，将为我国在全球原油价格当中的影响争得自己的一席之地。

除了能够增强原油价格话语权和提供套保工具两大作用以外，原油期货的上市还有推进中国商品进一步国际化的作用，原油期货的上市将考虑引进境外投资者。而《期货交易管理条例》新增“符合规定条件的境外机构，可以在期货交易所从事特定品种的期货交易”的规定，为原油期货引进境外投资者铺平了道路。

总而言之，原油期货的上市肩负的意义超过了以往一切商品。境外投资者的引入将打造出一个重要的全球原油价格定价中心，而伴随原油期货结算机制的确定，也将推进我国的金融机制改革，为中国进一步走向国际市场开启大门。

1.2.4 现货原油

现货原油交易在国内的起步较晚，但随着市场经济的复苏，近几年被视为最有发展潜力的投资产品之一。

现货原油的交易特点如下：

（1）交易便捷：T+0 即时买卖、及时获利、无需等待，随时平仓，资金即时到账；

（2）双向交易操作：既可以买涨，也可以买跌，可以同时买也可以同时卖，因此无论价格是涨是跌，投资者始终有获利的机会；

（3）保证金交易：1∶33.3 的杠杆比例，可以提高资金利用率；

（4）交易时间灵活：由于工作和生活的缘故，很多投资者白天往往不能时刻关注盘面，这是中小投资者投资股市失败的原因，而现货原油交易时间在北京时间凌晨 6 点～次日凌晨 4 点，完全有充足的时间进行交易；

（5）无法操纵：现货原油交易不像投资股票还需选股，原油交易只有买入卖出并且双向获利，不存在人为操纵，甚至国家也无法操纵；

（6）风险控制：原油价格的上涨、下跌是受市场供求影响的，所以改变石油大的运行方向比较困难，且交易系统设有止损、止盈，限价的功能，让你无时间看盘时也不忧愁，达到你的理想值自动帮你建仓、平单，把风险控制在可控范围内，达到真正的现代投资享受。

提醒：由于现货原油交易的杠杆很高，有 30 多倍的杠杆，控制不好仓位，很容易爆仓。所以做这类交易，一般投资者是不适合的。真的想做现货原油交易，必须认真学习各项技术，并且要选好平台。

1.3 原油的历史价格走势

为了投资者更好地炒原油，下面就来回顾一下原油的历史价格走势。

1.3.1 1973 年以前的低油价阶段

1960 年 OPEC（欧佩克）成立以前，石油的生产和需求受西方国家控制，油价处于 1.5～1.8 美元/桶的垄断低水平。

1960 年 9 月，OPEC 在伊拉克首都巴格达成立，成立后围绕着石油的生产权和定价权不断与西方跨国公司进行斗争。从 OPEC 成立到 1970 年，原油价格一直保持在 1.8～2 美元/桶的水平上，可见在整个 20 世纪 60 年代 OPEC 在国际石油市场上控制油价的能力微不足道。

1970—1973 年，随着 OPEC 在一系列谈判中的胜利，原油价格的决定权主体开始发生变化，原油标价出现上升迹象，到 1973 年 10 月油价接近 3 美元/桶。

提醒：1960 年 9 月，伊朗、伊拉克、科威特、沙特阿拉伯和委内瑞拉的代表在巴格达开会，决定联合起来共同对付西方石油公司，维护石油收入。14 日，五国宣告成立石油输出国组织（Organizationol Petroleum Exporting Countries，OPEC），简称"欧佩克"。随着成员的增加，欧佩克发展成为亚洲、非洲和拉丁美洲一些主要石油生产国的国际性石油组织。欧佩克总部设在维也纳。现在，欧佩克旨在通过消除有害的、不必要的价格波动，确保国际石油市场上石油价格的稳定，保证各成员国在任何情况下都能获得稳定的石油收入，并为石油消费国提供足够、经济、长期的石油供应。

1.3.2　第一次石油危机期

1973 年 10 月—1978 年，出现了第一次石油危机。

这一时期，OPEC 成员国家在实现石油资源国有化的基础上，进而联合起来，夺取了国际石油定价权，并以石油为武器打击欧美发达国家，维护民族利益。

1973 年 10 月，第四次中东战争爆发，油价急剧上涨，从 10 月的接近 3 美元/桶涨到 1974 年 1 月的 11.65 美元/桶，造成西方国家第一次能源危机。1974 年 2 月，在尼克松建议下召开了第一次石油消费国会议，成立了国际能源机构（IEA），能源问题成为国际政治外交中的重要议题，OPEC 的国际地位迅速上升。1974—1978 年，原油价格稳定维持在 10～12 美元/桶的水平。

1.3.3　第二次石油危机

1979—1981 年第二次能源危机时，布伦特油价狂涨到 36.83 美元/桶。借助两次石油危机，OPEC 从国际石油垄断资本手中完全夺回了石油定价权。

1981—1986 年为 OPEC 实行原油产量配额制的较高油价时期，布伦特油价从 36.83 美元/桶缓慢降到 27.51 美元/桶。随着非 OPEC 产油国原油产量的增长以及节能和替代能源的发展，OPEC 对油价的控制能力不断下降，原油价格也开始不断回落。1986 年，油价急剧下跌到 13 美元/桶左右。

1.3.4　市场定价的较低油价时期

1986—1996 年，由于石油勘探开发技术的进步，石油成本不断下降，产量增加，国际油价的决定主体从 OPEC 单方面决定，转向由 OPEC、石油需求和国际石油资本共同决定的局面，国际油价基本实现市场定价。布伦特原油均价在 14.3～20 美元/桶的水平上徘徊波动（1990—1991 年的海湾战争时油价出现短期大幅度的涨落除外）。

1997 年，受亚洲金融危机、需求下降以及 OPEC 不合时宜的增产，布伦特原油价格从 1997 年 1 月的 24.53 美元/桶下降到 1998 年 12 月的 9.25 美元/桶，这个价格是历史低价。然后从 1999 年 3 月开始反弹并一路攀升，于 2000 年 8 月突破 30 美元/桶，2000 年 10 月 13 日最高时达到 36.95 美元/桶，短短 18 个月涨幅达 3 倍之多，创“海湾战争” 以来的油价新高，如图 1.6 所示。

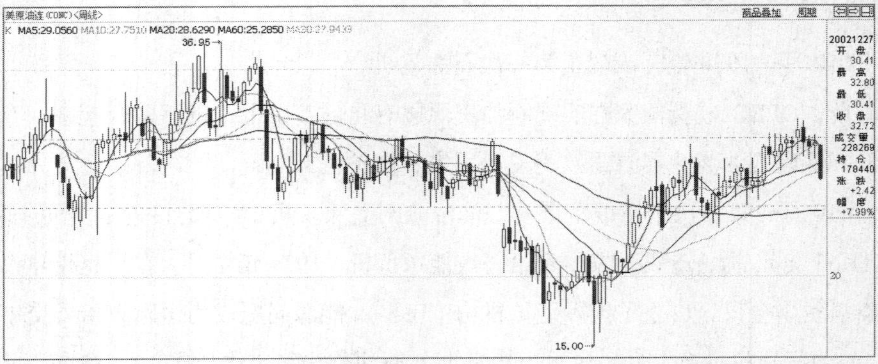

图 1.6 美原油连（CONC）2000 年 1 月 20 日至 2002 年 10 月 25 日的周 K 线图

1.3.5 第三次石油危机

第一、二次石油危机后，国际原油价格经历了长达 20 年的稳定期。20 年后，国际原油价格再次步入一个全新的快速上升通道，第三次石油危机终于爆发。

2003 年初，国际原油价格再次突破 30 美元/桶，并一路持续攀升。

2004 年 9 月，受伊拉克战争影响，国际原油价格再次突破 40 美元/桶，之后继续上涨，首次突破 50 美元。

2005 年 6 月，国际原油价格首次突破 60 美元/桶，并加速上涨。

2005 年 8 月，墨西哥遭遇“卡特里”飓风，国际原油价格首次突破 70 美元/桶。

2007 年 9 月 12 日，国际原油价格首次突破 80 美元/桶，随后，继续加速上涨。

2007 年 10 月 18 日，国际原油价格首次突破 90 美元/桶，并在年底直逼 100 美元/桶。

2008 年国际原油价格出现大幅飙升，7 月国际原油价格创出 147.25 美元/桶的历史高点，如图 1.7 所示。

图 1.7　美原油连（CONC）2002 年 2 月至 2008 年 7 月的月 K 线图

1.3.6　2008 年至今原油价格的波动

2008 年后半年，受金融危机冲击，国际油价出现大幅回落，2009 年 1 月 16 日国际油价跌至 33.20 美元/桶，为 2004 年 4 月以来新低。

国际油价在 2008 年触底之后，伴随着世界经济的回升，油价也相应进入了回升阶段，并于 2011 年达到 115 美元/桶之后在高位宽幅度震荡。

2014 年，随着中东叙利亚战争局面的不断扩大，国际油价开始快速下跌，在 2016 年 2 月，创出 26.05 美元/桶的低点，如图 1.8 所示。

图 1.8　美原油连（CONC）2007 年 7 月至 2016 年 3 月的月 K 线图

1.4 原油行情分析软件——博易大师

想在原油市场中盈利，不仅要时时关注全球动态，特别是与原油价格走势相关的信息，还要不断学习投资技术和策略。通过基本面分析，投资者可以预测未来一段时间内原油价格涨跌的可能性，但在具体买卖操作时，还需要技术分析来落实、把关。

提醒：投资者一般利用基本面对原油价格的大趋势作出判断，然后再利用技术分析进行确认。

为了更好地进行原油交易，下面来讲解一下原油行情分析软件——博易大师的下载、安装与基本操作技巧。

1.4.1 博易大师软件的下载

在浏览器的地址栏中输入“http://www.sd-autd.com”，然后按回车键，就进入山东现货投资网的首页，如图 1.9 所示。

图 1.9 山东现货投资网的首页

单击导航栏中的“下载中心”，进入下载页面，如图 1.10 所示。

图 1.10 下载页面

在下载页面中，单击“渤海商品交易所—【行情分析软件】”超链接，进入行情分析软件汇总页面，如图 1.11 所示。

图 1.11 行情分析软件汇总页面

单击“渤海商品交易所博易大师”超链接，弹出“文件下载”提示对话框，如图 1.12 所示。

单击“保存”按钮，然后选择保存位置，再单击“保存”按钮，就开始下载该软件，此时会弹出下载提示对话框，如图 1.13 所示。

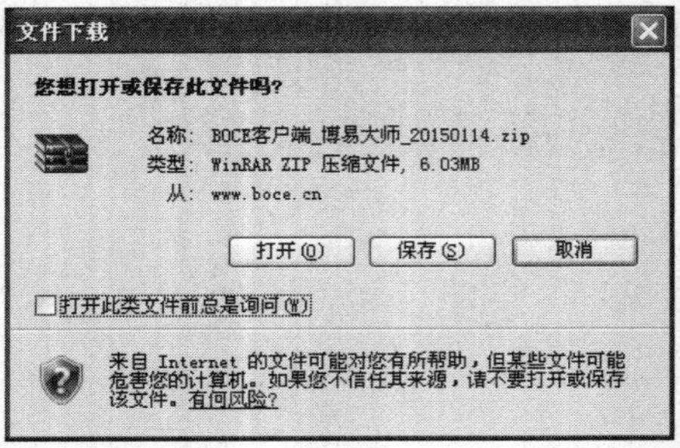

图 1.12　文件下载提示对话框

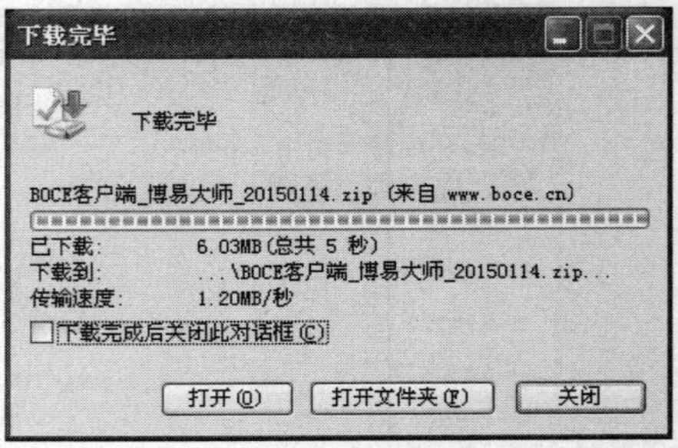

图 1.13　下载提示对话框

下载完成后得到的是一个压缩文件，需要解压该文件，方法是：选择该文件单击右键，然后单击“解压到当前文件夹”命令即可。

1.4.2 博易大师软件的安装和登录

文件解压后，就可以看到一个安装文件，双击该安装文件，弹出“博易大师—渤海商品交易客户端”对话框，如图 1.14 所示。

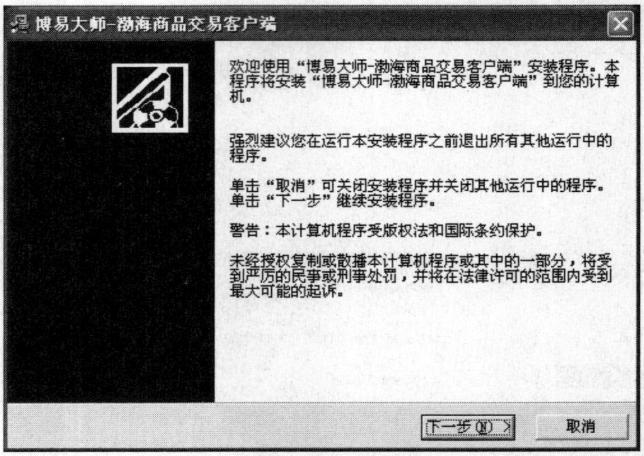

图 1.14　渤海商品交易所博易大师客户端对话框

单击“下一步”按钮，就可以看到该软件的授权使用许可协议，如图 1.15 所示。

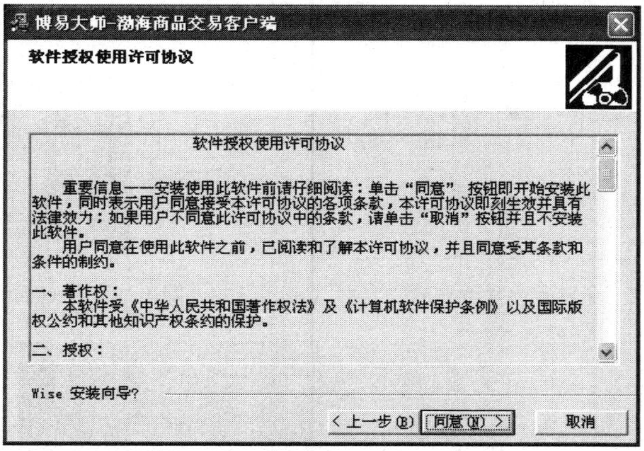

图 1.15　软件授权使用许可协议

单击“同意”按钮，就可以选择软件的安装位置，在这里采用默认，即安装在“C:\博易大师—渤海商品交易版”文件夹，如图 1.16 所示。

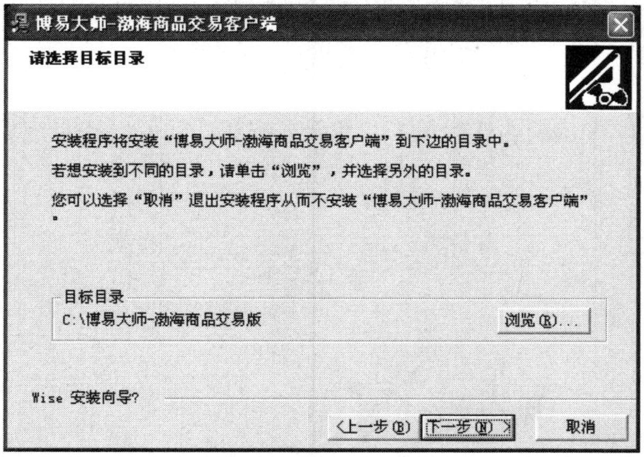

图 1.16　选择软件的安装位置

单击“下一步”按钮，就开始安装，弹出安装提示对话框，如图 1.17 所示。

安装完成后，会在桌面上创建一个快捷图标，如图 1.18 所示。

安装成功后，双击桌面上的快捷图标，弹出博易大师登录对话框，如图 1.19 所示。

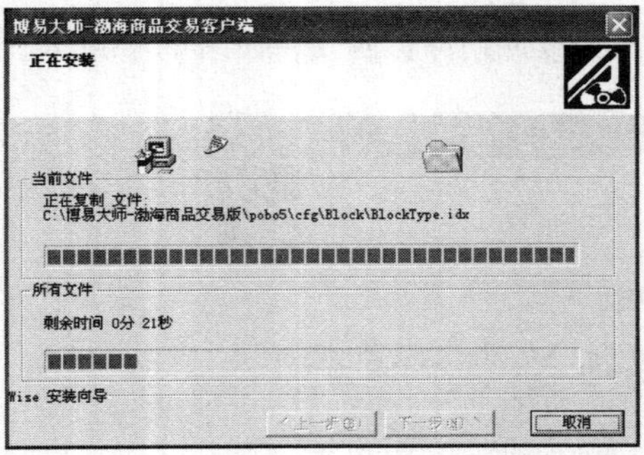

图 1.17　安装提示对话框

图 1.18　在桌面上创建一个快捷图标

图 1.19　博易大师登录对话框

用户名和密码都为“boce”，然后单击“登录”按钮，就可以登录该软件。登录成功后，如图 1.20 所示。

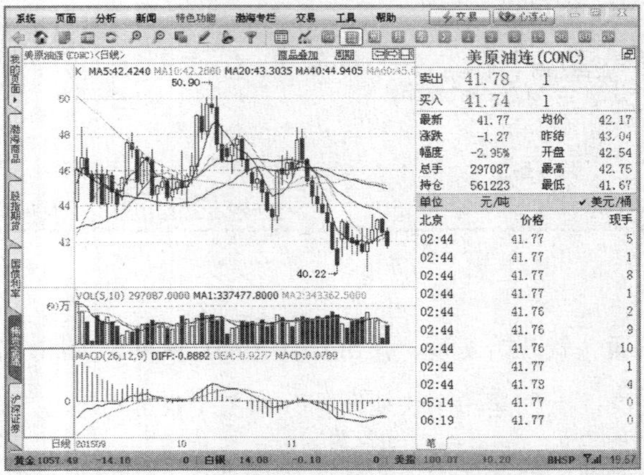

图 1.20　成功登录软件的界面

1.4.3 博易大师软件的基本使用

在日 K 线图状态下，按下“Enter”键，就可以看到 CME 能源交易所的美原油和美燃油的各投资品种的报价信息，如图 1.21 所示。

序	名称	最新	现手	买价	卖价	买量	卖量	成交量	持仓量	涨跌	昨结
1	美原油连	41.77	0	41.74	41.78	1	1	297087	561223	-1.27	43.04
2	美原油01	41.77	0	41.74	41.78	1	1	297087	561223	-1.27	43.04
3	美原油02	43.08	1	43.00	43.65	7	10	44103	142672	-1.31	44.39
4	美原油03	44.14	0	44.01	44.73	1	2	25293	177177	-1.32	45.46
5	美原油04	45.06	2	44.44	46.44	1	1	9084	63956	-1.29	46.35
6	美原油05	45.80	3	43.30	46.65	1	2	7302	57888	-1.29	47.09
7	美原油06	46.35	0	46.25	47.25	1	1	12448	109507	-1.30	47.65
8	美原油07	46.85	1	45.00	48.88	3	1	4544	33441	-1.26	48.11
9	美原油08	47.27	1	——	50.55	3	1	1520	27352	-1.23	48.50
10	美原油09	47.67	0	——	55.00	1	1	2757	57215	-1.21	48.88
11	美原油10	48.07	1	45.95	54.40	1	2	559	27467	-1.13	49.25
12	美原油11	48.49	1	48.00	49.90	2	2	444	21594	-1.15	49.64
13	美原油12	48.90	0	48.75	49.25	1	1	8816	151971	-1.13	50.03
14	美燃油连	1.3800	0	1.3800	1.3900	29	1	30110	105797	***	1.4262
15	美燃油01	1.3800	0	1.3800	1.3900	29	1	30110	105797	***	1.4262
16	美燃油02	1.4000	0	1.4000	1.4200	100	4	9341	56305	***	1.4475
17	美燃油03	1.4200	1	1.4200	1.5600	5	2	5538	45018	***	1.4649
18	美燃油04	1.4300	3	1.4000	——	1	0	2947	29262	***	1.4739
19	美燃油05	1.4500	1	1.4200	1.5500	1	3	2289	17315	***	1.4892
20	美燃油06	1.4600	1	1.4400	1.5200	1	11	2378	30641	***	1.5052

图 1.21 CME 能源交易所的美原油和美燃油各投资品种的报价信息

双击“美原油连”，可以看到美原油连的分时走势图，如图 1.22 所示。

图 1.22 美原油连（CONC）的分时走势图

输入“OILC”，回车，就可以看到布油连续（OILC）的分时走势图，如图 1.23 所示。

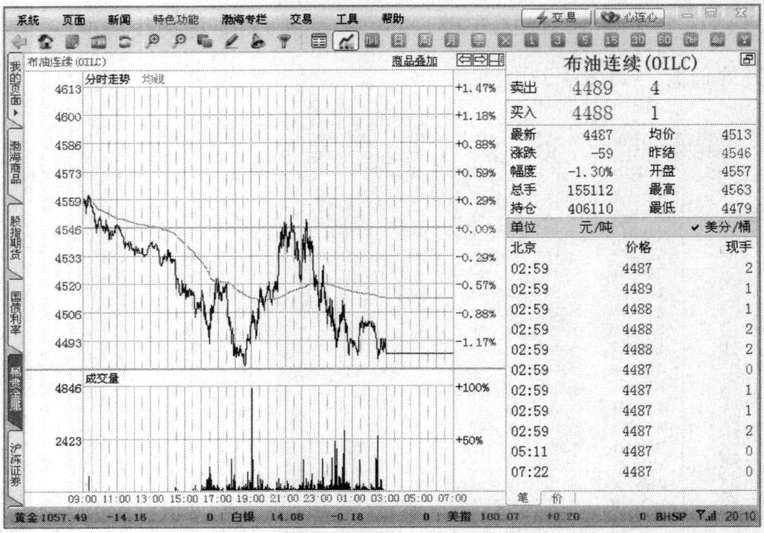

图 1.23 布油连续（OILC）的分时走势图

在分时走势状态下，按下键盘上的“Enter”键，就可以看到布油连续（OILC）的日 K 线图，如图 1.24 所示。

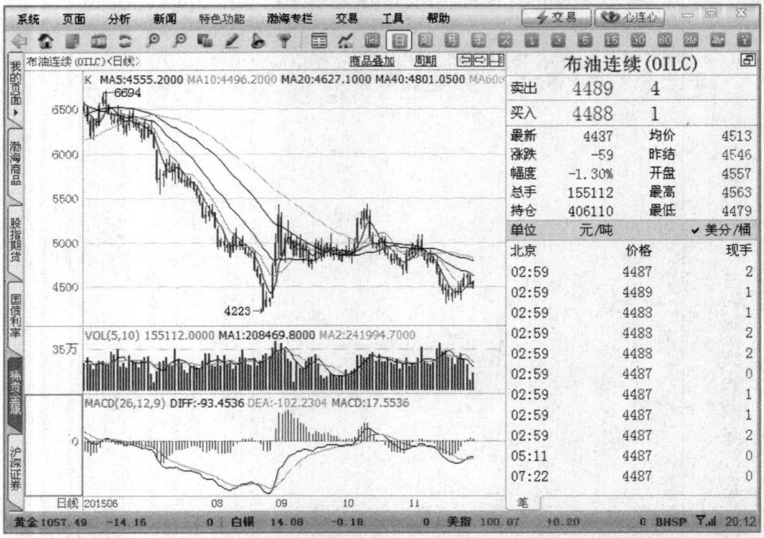

图 1.24 布油连续（OILC）的日 K 线图

在日 K 线图状态下，按下"Enter"键，就可以看到 ICE 能源交易所的布油和柴油的各投资品种的报价信息，如图 1.25 所示。

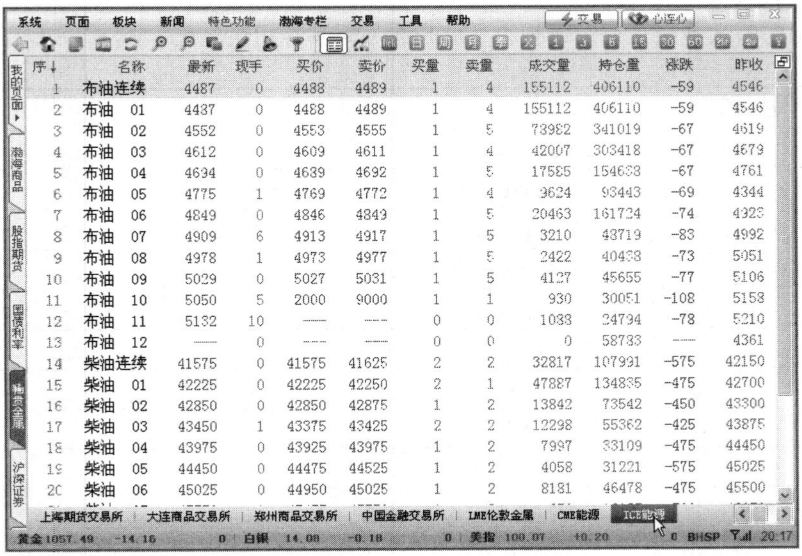

序	名称	最新	现手	买价	卖价	买量	卖量	成交量	持仓量	涨跌	昨收
1	布油连续	4487	0	4488	4489	1	4	155112	406110	-59	4546
2	布油 01	4487	0	4488	4489	1	4	155112	406110	-59	4546
3	布油 02	4552	0	4553	4555	1	5	73982	341019	-67	4619
4	布油 03	4612	0	4609	4611	1	4	42007	303418	-67	4679
5	布油 04	4694	0	4689	4692	1	5	17585	154688	-67	4761
6	布油 05	4775	1	4769	4772	1	4	9624	93443	-69	4344
7	布油 06	4849	0	4846	4849	1	5	20463	161724	-74	4923
8	布油 07	4909	6	4913	4917	1	5	3210	43719	-83	4992
9	布油 08	4978	1	4973	4977	1	5	2422	40438	-73	5051
10	布油 09	5029	0	5027	5031	1	5	4127	45655	-77	5106
11	布油 10	5050	5	2000	9000	1	1	930	30051	-108	5158
12	布油 11	5132	10	——	——	0	0	1033	24794	-78	5210
13	布油 12	——	0	——	——	0	0	0	58733	——	4361
14	柴油连续	41575	0	41575	41625	2	2	32817	107991	-575	42150
15	柴油 01	42225	0	42225	42250	2	1	47887	134835	-475	42700
16	柴油 02	42850	0	42850	42875	1	2	13842	73542	-450	43300
17	柴油 03	43450	1	43375	43425	2	2	12298	55362	-425	43875
18	柴油 04	43975	0	43925	43975	1	2	7997	33109	-475	44450
19	柴油 05	44450	0	44475	44525	1	2	4058	31221	-575	45025
20	柴油 06	45025	0	44950	45025	1	2	8181	46478	-475	45500

图 1.25　ICE 能源交易所的布油和柴油的各投资品种的报价信息

利用博易大师，不仅可以查看 CME 能源交易所和 ICE 能源交易所的信息，还可以查看国内期货信息，即上海期货交易所、大连期货交易所、郑州期货交易所所有商品期货信息。另外还可以查看现货商品的信息，也可以查看所有股票信息，还可以查看外汇、国外大宗商品的各种信息。图 1.26 显示的是国际贵金属市场中所有商品的报价信息。

序	名称	代码	最新	买价	卖价	涨跌	昨收	开盘	最高	
1	现货黄金	AU	1206.90	1206.90	1207.40	1.07	1205.83	1205.83	1211.50	119
2	现货白银	AG	16.39	16.39	16.41	-0.02	16.41	16.40	16.59	1
3	现货白金	AP	1186.00	1186.00	1191.00	0.50	1185.50	1186.40	1191.39	117
4	现货钯金	PD	827.50	827.50	831.20	-0.13	827.63	827.50	829.73	81
5	香港黄金	GT	11208	11208	11214	7	11201	11199	11245	1
6	台两黄金	TWGD	45635	45635	45672	-74	45709	45694	45892	4

图 1.26　国际贵金属市场中所有商品的报价信息

1.4.4 博易大师软件的常用快捷键

快捷键可以快速、方便地完成一系列的操作，许多应用系统或软件都提供了这项功能。为了更好地使用博易大师进行行情分析，下面来看一下其常用快捷键。

快 捷 键	含 义
ESC	后退
F1 或 01	成交明细列表
F2 或 02	价量分布图
F3 或 03	上证领先指标
F4 或 04	深证领先指标
F5 或 05	切换走势图与技术分析图
F6 或 06	自选品种
F7 或 07	窗口放大、还原
F8 或 08	技术分析图周期循环
F9 或 09	新闻
F10 或 10	背景资料
F12	网上交易
0	闪电图
1 至 9、M、D	技术分析图周期切换
16	信息地雷
.0 至.64	切换自定义页面
←和→	报价窗口切换板块，走势图技术分析图查价
Ctrl + ←和→	闪电图、技术分析图向左、右移动整屏
Shift + ←和→	闪电图、技术分析图向左、右移动半屏
/和*	技术分析指标循环
-	循环报价
↑和↓	闪电图、技术分析图放大、缩小
Del	技术分析图删除选中的指标或自画线
Ctrl+S	页面循环
Shift+Ctrl+S	反向页面循环
Ctrl+Z	设为自选
Ctrl+L	走势图、技术分析图显隐信息窗口
Ctrl+O	技术分析图商品叠加

续

快 捷 键	含　　义
Ctrl+A	技术分析图套利
Ctrl+R	技术分析图坐标反转
Ctrl+F	技术分析图指标管理
Alt+F12	技术分析图画线
Ctrl+M	报价窗口添加板块
Ctrl+C	报价窗口关闭板块
Ctrl+F4	关闭窗口
Ctrl+P	全屏显示

1.5　原油投资专业术语解释

（1）保证金交易：是指在买卖业务中，市场参与者不需对投资物进行全额资金划拨，只需按照标的总额支付一定比例的价款，作为标的物交收时的履约保证。

（2）交易账号：按照交易所细则编制的用于客户进行原油交易的专用代码，也称“客户编码”、“保证金账号”，实行一户一码、专码专用原则。

（3）买入/卖出价：当前可供客户买入/卖出的价格。

（4）摘牌：买入或卖出原油商品合约的交易行为。

（5）持牌：持有原油商品合约的交易行为。

（6）转让：为了结持有的合约，而进行的反向交易。

（7）止损：当商品价格向亏损方向运行，达到设定的数值，及时转让出局。

（8）止盈：当商品价格向盈利方向运行，达到预期的水平，及时获利了结。

（9）点差：价格最小变化的单位，通常称为“点”，一般点差为 1 元。可分为报价点差（买入价与卖出价的差值）、市价点差（市价委托时，委托价格与实际成交价格的差值）、限价点差（限价委托时，委托价格与当前价格的差值）。

（10）市价指令：以当前价格买入或卖出原油商品的指令。因行情变化太快，最新当前价格可能和委托价格存在差距，导致不能成功成交。可设置合理的市价点差（0～100），保证成功成交。

（11）限价指令：以限定（固定）价格买入或卖出原油商品合约的指令。因行情波动较大，当进行限价委托指令时，委托价格不能处于报价牌提示的限价点差范围内。

（12）头寸：未进行转让处理的买或卖商品订单的数量。对买进者，称多头头寸；对卖出者，称空头头寸。

（13）资金流水：客户交易账户的出入金和其他资金变动情况的明细。

（14）结算：根据交易结果和交易所有关规定，对保证金、盈亏、手续费、延期费等有关款项进行的计算、划拨。

（15）结算价：取交易日收市前 10 分钟的买价和卖价的平均价为结算价，并以结算价作为计算当日盈亏以及下一交易日商品的持牌价的依据。

（16）持牌价：如是当日摘牌，持牌价等于摘牌价；如是历史持牌，持牌价等于上一交易日结算价。

（17）浮动盈亏：由于盘中价格变动，导致最新转让价与持牌价相比产生的盈利或亏损。计算方法为：（最新价－持牌价）×持牌数量×合约单位×方向。

（18）结算盈亏：由于结算价与持牌价变动，导致最新结算价与持牌价相比产生的盈利或亏损。计算方法为：（结算价－持牌价）×持牌数量×合约单位×方向。

（18）转让盈亏：是持牌被转让导致的盈利或亏损。计算方法为：（转让价－持牌价）×持牌数量×合约单位×方向。

（19）实际盈亏：是实际的盈利或亏损。计算方法为：（转让价－摘牌价）×持牌数量×合约单位×方向。

（20）占用保证金：持牌占用的保证金。计算方法为：摘牌价×持牌数量×合约单位×保证金比例。

（21）冻结保证金：限价委托未成交时冻结的保证金。计算方法为：限价×委托数量×合约

单位 × 保证金比例。

（22）可用保证金：当前可以用于交易的有效保证金，盘中出入金、扣除手续费、浮动盈亏都会导致可用保证金变化。

（23）余额：交易账户内保证金的实际金额，是所有保证金之和。

（24）净值：交易账户内余额加上浮动盈亏之和。

（25）风险率：净值与占用保证金的百分比比率。计算方法为：净值/占用保证金 × 100%。

第 2 章

电脑炒原油的 K 线分析技巧

K 线分析是最基本的技术分析手段，是投资者入市之初就必须掌握的内容。对于短线投资者来说，K 线分析更是其行走市场的重要法宝，甚至是其唯一有效的获利工具。

本章主要内容包括：

- K 线的组成与分类
- K 线运用要注意的问题
- 单根 K 线及其应用技巧
- K 线实战做多技巧
- K 线实战做空技巧

2.1　K 线概述

K 线起源于日本德川幕府时代的 1710 年以后。当时日本大阪的堂岛大米会所开始经营世界最早的期货合约，K 线就是为记录大米每天涨跌的价格而发明的。下面来具体讲解一下 K 线的组成、分类及 K 线运用要注意的问题。

2.1.1　K 线的组成

K 线是由价格的开盘价、收盘价、最低价和最高价组成，打开博易大师软件，输入“CONC”，回车，就可以看到美原油连（CONC）的 K 线走势图，如图 2.1 所示。

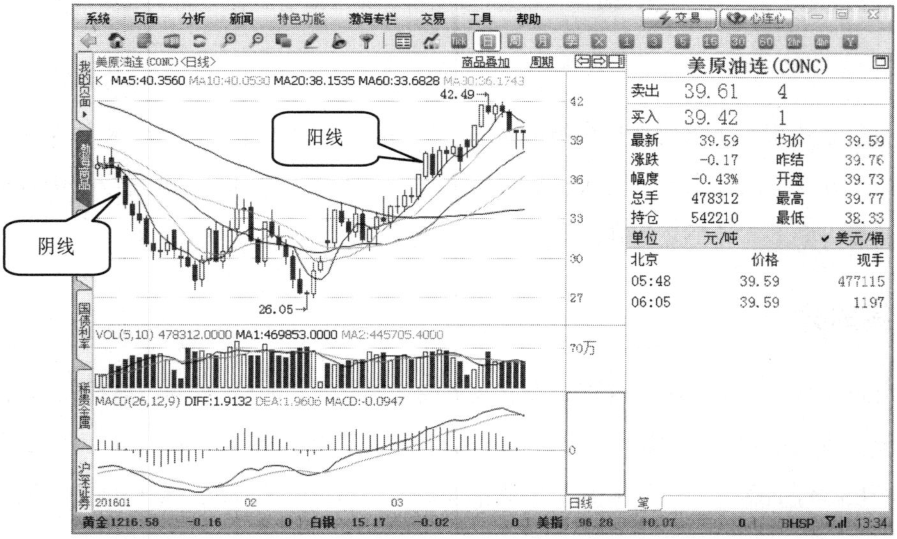

图 2.1　美原油连（CONC）的 K 线走势图

由图 2.1 可以看出，K 线是一条柱状的线条，由实体和影线组成。在实体上方的影线称为上影线；在实体下方的影线称为下影线。实体分阳线和阴线，当收盘价高于开盘价时，实体部分一般是红色或白色，称为阳线；当收盘价低于开盘价时，实体部分一般是绿色或黑色，称为阴线，如图 2.2 所示。

K 线具有直观、立体感强、携带信息量大的特点，它吸收了中国古代阴阳学说，蕴涵着丰富的东方哲学思想，能充分显示价格趋势的强弱，显示买卖双方力量平衡的变化，从而较准确地预测后市。

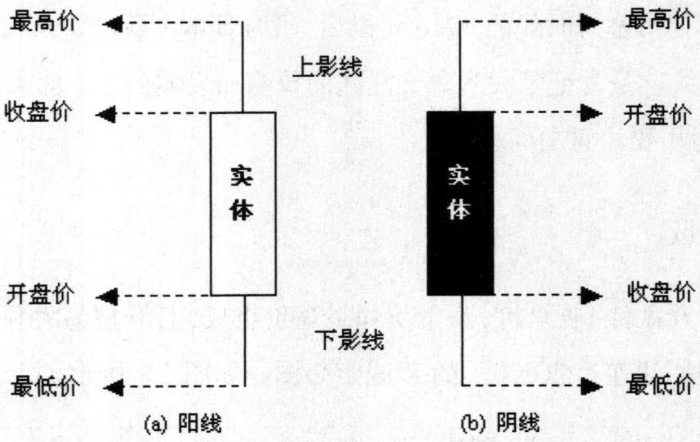

图 2.2　阳线和阴线

利用 K 线图，投资者可以对变化多端的市场行情有一目了然的直接感受。K 线图最大的优点是简单易懂，并且运用起来十分灵活；最大的特点在于忽略了价格在变化过程中的各种复杂的影响因素，而将其基本特征显示在投资者面前。

2.1.2　K 线的分类

K 线按形态来分，共有 3 种，分别是阳线、阴线和同价线。阳线，即收盘价高于开盘价的 K 线，阳线按实体大小可分为大阳线、中阳线和小阳线，如图 2.3 所示。

阴线，即收盘价低于开盘价的 K 线，阴线按实体大小可分为大阴线、中阴线和小阴线，如图 2.4 所示。

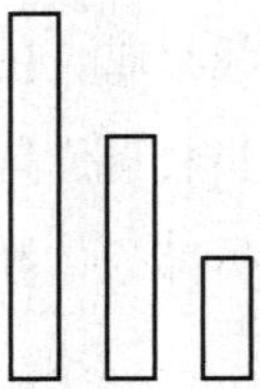

图 2.3　大阳线、中阳线和小阳线

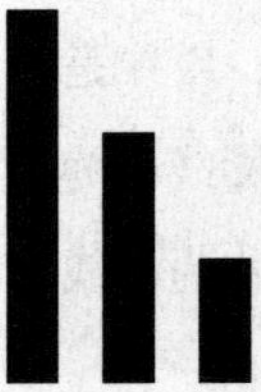

图 2.4　大阴线、中阴线和小阴线

同价线是指收盘价等于开盘价，两者处于同一个价位的一种特殊形式的K线，同价线常以“十”字形和“T”字形表现出来，所以又称十字线和T字线。同价线按上、下影线的长短、有无，又可分为长十字线、十字线、T字线、倒T字线和一字线，如图2.5所示。

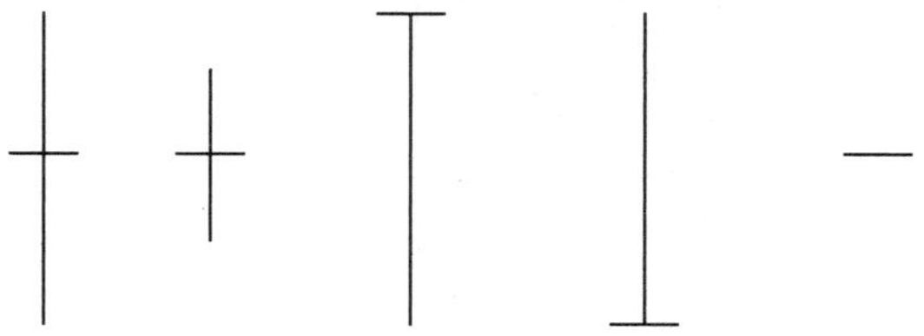

图2.5 长十字线、十字线、T字线、倒T字线和一字线

按时间来分，K线可以分为二种，分别是短周期K线和中长期K线。其中短周期K线包括5分钟K线、15分钟K线、30分钟K线、60分钟K线、2小时K线、4小时K线、日K线等。

打开博易大师软件，在日K线图状态下，单击工具栏中的“30”按钮，就可以看到美原油连（CONC）的30分钟K线图，如图2.6所示。

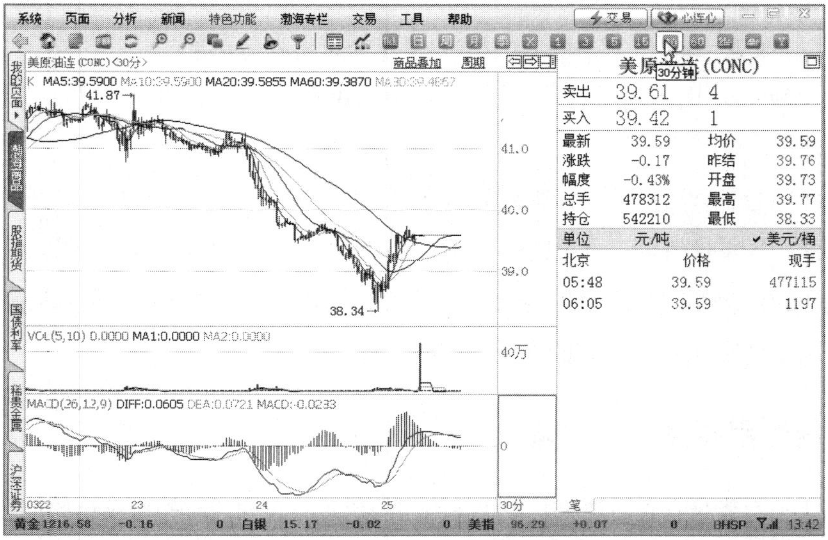

图2.6 美原油连（CONC）的30分钟K线图

单击“2hr”按钮，可以看到美原油连（CONC）的120分钟K线图。

中长周期K线包括周K线、月K线、季K线等。在下拉菜单中，单击工具栏中的“周”按钮，就可以看到美原油连（CONC）的周K线图，如图2.7所示。

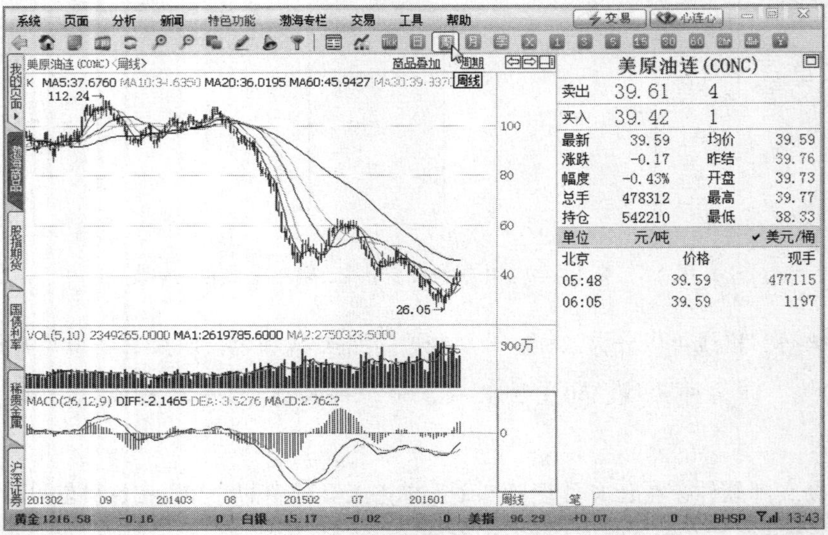

图2.7 美原油连（CONC）的周K线图

提醒：按下键盘上的“F8”键，可以实现不同分析周期的切换。

不同的K线，有不同的作用。短周期K线，反映的是价格短期走势；长周期K线，反映的是价格中长期走势。

所有K线的绘制方法都相同，即取某一时段的开盘价、收盘价、最高价、最低价进行绘制。如绘制周K线，只须找到周一的开盘价、周五的收盘价、一周中的最高价和最低价，就能把线绘制出来。现在电脑软件已相当普及，不需要手工绘制各种K线图，但投资者最好懂得其原理及绘制方法，这样对研究判断原油走势是很有好处的。

2.1.3 K线运用要注意的问题

初学K线，不能只看表面现象，K线在不同的位置、不同的时间所表达的信息是不同的。在运用K线时要注意具体问题具体分析，如下：

第一，市场中没有百发百中的方法，利用K线分析市场也仅仅是经验性的方法，不能迷信。

第二，分析K线必须结合关键位置上的表现，即要看价格在支撑位、压力位、成交密集区、有意义的整数区、绝对高位、相对高位、绝对低位、相对低位等关键位置的表现形式。

第三，K线分析方法必须与其他方法相结合，用其他分析方法已经做出了买卖决策后，再用K线选择具体的出入市时机。

第四，注意对关键K线的分析，即对大阳线、大阴线及重要的K线组合的分析，另外还要关注重要K线的成交量。

第五，分析K线，要看一系列K线的重心走向，也就是K线均价的走向。

第六，根据自己的实战经验，加深认识和理解K线和K线组合的内在和外在的意义，并在此基础上不断修改、创造和完善一些K线组合，做到"举一反三，触类旁通"。

总之，对于K线，最重要的是它的相对位置，不同的位置意味着不同的价格区间；其次是它是什么模样，即是带影线还是不带影线，多长或多短等；最后才是它的颜色，是阴线或是阳线。千万不要因为大阳线或大阴线就匆忙下结论。

2.2 单根K线

无数的K线组成了一幅连续的K线分析图，但每根K线都有其自身的含义。K线可以分为强势K线、较强势K线、弱强势K线和无势K线。

2.2.1 强势K线

强势K线，共有4种，分别是光头光脚阳线、光头光脚阴线、大阳线和大阴线。如果这些强势K线出现在趋势的末端，则很可能盛极而衰，如图2.8所示。

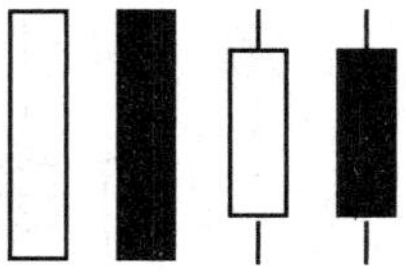

图2.8 强势K线

（1）光头光脚阳线：意味着极端强势上涨，后市看多；

（2）光头光脚阴线：意味着极端强势下跌，后市看空；

（3）大阳线：意味着强势上涨，后市看多；

（4）大阴线：意味着强势下跌，后市看空。

2.2.2 较强势K线

较强势K线，共有4种，分别是光头阳线、光头阴线、光脚阳线和光脚阴线。如果这些较强势K线出现在趋势的末端，则已显示疲软之势，如图2.9所示。

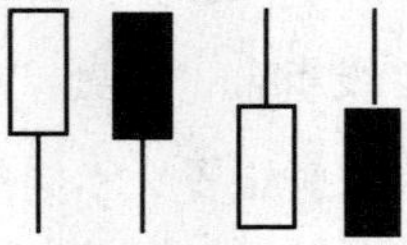

图2.9 较强势K线

（1）光头阳线：意味着较强势上涨，影线表示曾一度遭遇空方反击；

（2）光头阴线：意味着较强势下跌，影线表示曾一度遭遇多方反击；

（3）光脚阳线：意味着较强势上涨，影线表示遇到空方反击了；

（4）光脚阴线：意味着较强势下跌，影线表示遇到多方反击了。

提醒：这四种K线都说明对方曾经反击过，尽管尚未成功，但要注意，反击开始了。

2.2.3 弱强势K线

弱强势K线从图形上来看是4种，其实是两种，1和2是一种，3和4是一种。如果弱强势K线出现在趋势的末端，往往有变局的意味，如图2.10所示。

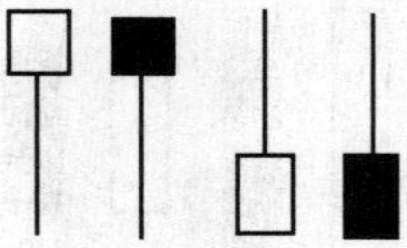

1 2 3 4

图2.10 弱强势K线

1 和 2 如果出现在连续上涨的顶部，则称之为上吊线，表示曾遇到剧烈反击，后市有变；如果出现在连续下跌的底部，则称之为锤子线，表示曾遇到过剧烈反击，后市有变。

3 和 4 如果出现在连续上涨的顶部，则称之为射击之星或流星线，意味着摸高受阻，后市有变；如果出现在连续下跌的底部，则称之为倒锤子线，意味着曾经大涨，后市有变。

提醒：弱强势 K 线都有较长的影线，出现在连续运动后，说明对手剧烈反击过，后市有变。

2.2.4 无势 K 线

无势 K 线表示趋势僵持不下，但如果出现在趋势的末端，类比前面的大阴、阳线，更有变局之意，如图 2.11 所示。

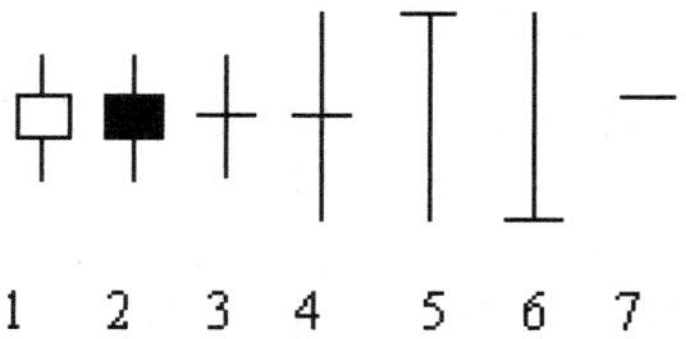

图 2.11 无势 K 线

1、2 和 3 分别表示小阳线、小阴线、十字星线，当它们出现时，一般不能确定后市运动方向。但在连续上涨后出现，说明涨势停顿，后市有变；在连续下跌后出现，说明跌势停顿，后市有变。

4 表示长十字线，又称为长十字星线，其意义与十字星线一样，但疲软的性质和僵持的意义更强烈。

5 如果出现在连续上涨的顶部，称之为风筝线，这表明曾遇到剧烈反击，后市有变；如果出现在连续下跌的底部，则称之为多胜线，这表明曾遇到剧烈反击，后市有变。

6 如果出现在连续上涨的顶部，称之为灵位线，这表明摸高受阻，后市有变；如果出现在连续下跌的底部，则称之为空胜线，这表明曾遇到过剧烈反击，后市有变。

提醒：前面这 6 种无势 K 线，说明多、空双方僵持不下，失去了方向感，但在连续涨、跌势的末端，则往往意味着情况不妙。

7 一字线，说明开盘价、收盘价、最高价、最低价在同一价位，出现于股市中的涨跌停板处。

总体来说，阳线实体越长，越有利于价格上涨，阴线实体越长，越有利于价格下跌；但连续强势上涨后，谨防盛极而衰；连续强势下跌之后，可能否极泰来。如果影线相对实体来说非常小，则可以忽略不计，即等同于没有；如果影线很长，则说明多、空双方争斗非常剧烈，后市不确定。十字星的出现往往是过渡信号，而不是反转信号，它意味着市场暂时失去了方向感，投资者可以继续观察几个交易日。

2.2.5 单根 K 线应用技巧

投资者往往用单根K线分析后市行情，并且利用单根K线进行交易的冲动投机者不在少数，所以市场主力常常在单根 K 线上做文章，企图获取较高的收益。所以，在日常交易中，经常可以看到一些奇怪的现象。例如，在收盘前几分钟突然价格大幅上涨或下跌，收盘价被拉高或打压很多。或在日 K 线图中，价格突然在极短时间内大涨或大跌，然后价格又迅速回到先前水平，就跟什么也没有发生一样。

这些都是主力在利用拉抬和打压价格的手法，用来控制 K 线的变动，诱使投资者进行交易的一种手法。这种方法对于主力来说简单易行，用极小的代价就可以换取丰厚的利润，所以一个交易日的 K 线多容易出现骗线。这种现象几乎每天都会出现，并最终造成 K 线分析者的亏损。

K 线的理论意义是从大量的实践和统计中总结出来的，在准确性上来看也是相对较高，但是在操作中还必须认真配合 K 线所处的位置，而不能仅仅以类似的经验简单推断。

未来价格走势判断必须是建立在整体价格趋势的基础上，才有它的价值，而不能仅仅以一两天价格的动向就轻易下结论。以点带面、管中窥豹是十分危险而且不负责任的。

例如，同样一根大阳线，在突破头肩底形态时，它的意义是可以代表买气的旺盛，第二天价格很可能借势上涨。但在连续大幅暴跌后出现，它所代表的只是一个超跌反弹而已，决不能代表买气旺盛。

再例如，一根大阴线通常代表卖气衰竭，卖方占绝对优势，预示着第二个交易日价格通常会继续下跌。但是，在实际交易中，我们有时可以见到这样的情况，价格在一个价位处波动，突然有一日价格一开盘就高开，随后价格迅速下跌，在昨天收盘价处止跌企稳，随后整日横向波动直至收盘。从 K 线图上看，这是一个典型的光头光脚的大阴线，但事实上，它是高开的结果，但不具有任何指导意义，更不能单纯地以前面所述的大阴线意义来对待。

因此，投资者一定要明白，前面讲解的单根K线的意义只是它的理论含义。而在实战操作中，投资者判断的重点在于价格所处的位置，如果价格处于大跌后的底部区域，则任何K线都是为主力建仓做多服务的；如果价格处于上涨趋势中，则任何K线都是为价格继续上涨服务的；只要价格处于顶部阶段，任何K线都是为主力出货或做空建仓服务的；只要价格处于下降趋势中，任何K线都是为价格继续下跌服务的。

2.3 K线实战做多技巧

K线实战做多技巧共有5个，分别是早晨之星实战做多技巧、平底实战做多技巧、锤头线实战做多技巧、两红夹一黑实战做多技巧、塔形底实战做多技巧。

2.3.1 早晨之星实战做多技巧

早晨之星，又称启明星，市场开始处于下降趋势中，第一个交易日是一根大阴线；第二个交易日是一根小阳线或小阴线；第三个交易日是一根阳线，它将市场推进到第一个交易日阴线的价格变动范围之内。

在理想形态下，第二个交易日与第一个交易日的图形之间形成向下的跳空缺口，而第三个交易日的阳线与第二个交易日的小阳线或小阴线之间出现一个向上的跳空缺口，早晨之星如图2.12所示。

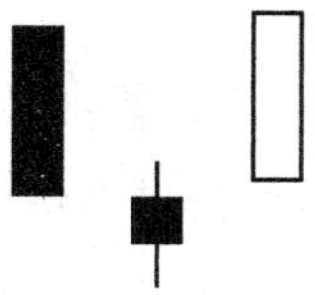

图2.12 早晨之星

早晨之星形成的心理分析：市场原本在已经确定的下降趋势中运行，一根大阴线的出现支持了这种趋势，这样市场将在这一行为的带动下继续走熊；但第二个交易日市场向下跳空开盘，全天价格波动不大，最后价格又回到收盘价，这表明市场主力对未来的发展趋势犹豫不决；第三个交易日市场高开，并且买盘踊跃，继续向上推高价格，市场趋势反转信号出现。

图 2.13 显示的是美原油连（CONC）2009 年 6 月 12 日至 2010 年 1 月 4 日的日 K 线图。

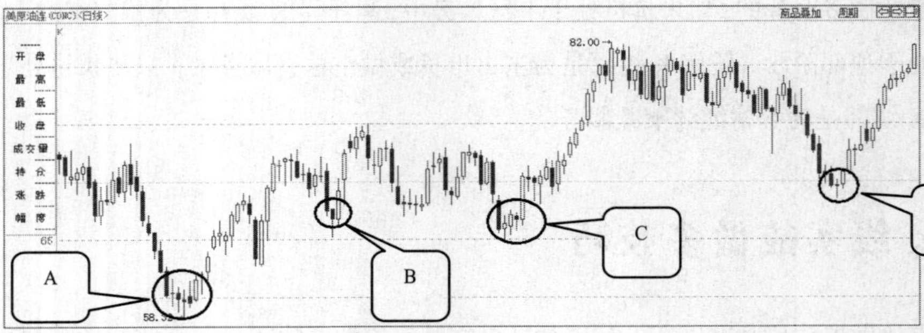

图 2.13　美原油连（CONC）2009 年 6 月 12 日至 2010 年 1 月 4 日的日 K 线图

美原油连（CONC）经过一波快速下跌之后，开始在低位震荡，连续收了带有长长下影线的见底 K 线，然后又出现一根中阳线，即 A 处。A 处出现的 K 线组合，就是变形的早晨之星，是一个做多信号，所以如果手中还有空单，就要及时出局了。这里可以以最低点 58.32 美元/桶为止损，开始逢低做多了。

从其后走势来看，变形的早晨之星见底信号出现后，价格就开始震荡上涨，并且阳线多于阴线，即多方力量强，所以多单可以持有，继续关注盘中回调做多机会。

在 B 处，价格回调再度出现变形的早晨之星，这也是一个做多信号，所以 B 处仍可以做多。

在这里可以看到，随着价格的上涨，上方的力量越来越弱，所以为了保护好盈利，盘中急拉，空单要注意减仓止盈。

价格经过较长时间的震荡盘整后，在 C 处，再度出现变形的早晨之星，由于震荡时间较长，所以易出现波段性上涨，所以 C 处是比较好的做多机会。

C 处见底后，价格出现了一波较长幅度的上涨，创出 82 美元/桶高点。随后价格开始在高位震荡，并且高点越来越低，低点也是越来越低，这表明价格将有回调，所以多单要注意逢高止盈了。

价格在高位震荡下跌之后，又出现了一波快速下跌，然后在 D 处，价格出现早晨之星见底信号，所以在这里，如果有空单，就要止盈了，并且要关注新的做多机会。

2.3.2 平底和塔形底实战做多技巧

平底，又称钳子底，出现在下跌趋势中，由两根或两根以上的K线组成，但这些K线的最低价在同一水平位置上。平底的标准图形如图2.14所示。

平底是见底回升的信号，如果出现在较大的跌势之后，所提示的价格反转的可能性就很大。投资者见到此K线形态，可考虑适量买进。平底的变化图形如图2.15所示。

图2.14 平底

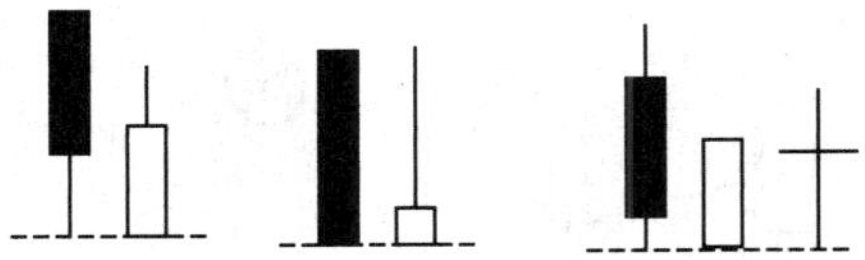

图2.15 平底的变化图形

塔形底，因其形状像一个倒扣的塔顶而命名，其特征是：在一个下跌行情中，价格在拉出长阴线后，跌势开始趋缓，出现了一连串的小阴、小阳线，随后窜出一根大阳线，这时升势确立。塔形底的图形如图2.16所示。

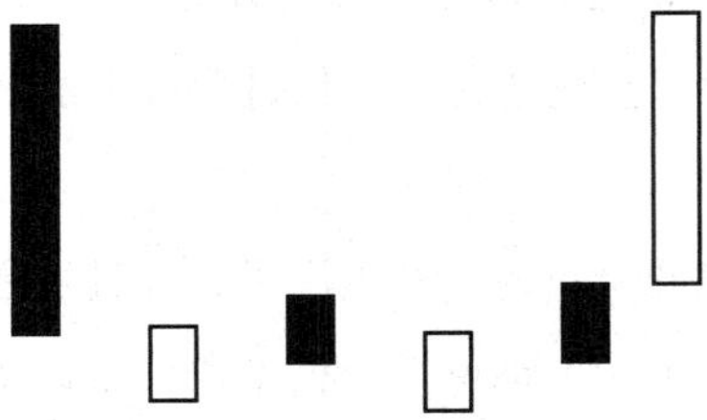

图2.16 塔形底

一般来说，价格在低位形成塔形底后，并且有成交量的配合，往往会有一段较明显的涨势出现。投资者见此K线组合后，应抓准机会，跟进做多。

图2.17显示的是布油连续（OILC）2010年4月20日至2011年4月8日的日K线图。

布油连续（OILC）经过几波下跌之后，创出6903美分/桶的低点，需要注意的是，在创出低点这一天，价格却收了一根带有长长下影线的锤头线，这是一个见底K线，所以空单要注意止盈了，同时要关注其后的做多机会。

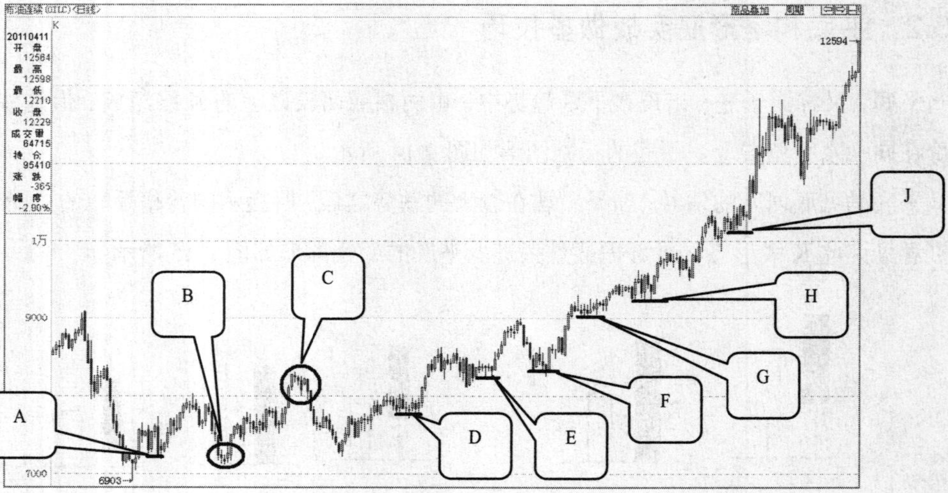

图 2.17　布油连续（OILC）2010 年 4 月 20 日至 2011 年 4 月 8 日的日 K 线图

随后价格开始震荡上涨，在 A 处，价格出现了平底，这是一个见底信号，所以 A 处可以做多。

价格震荡上涨之后，再度出现诱空下跌，并且下跌速度很快，连续收阴线。快速下跌之后，在 B 处收了一个塔形底，这是一个见底信号，所以 B 处可以做多。

价格在 B 处见底后，又开始了震荡上涨，但经过两波上涨之后，在 C 处出现了明显的塔形顶，所以多单要注意先止盈出来。

这一波调整结束后，价格就开始新的一波上涨了，并且不断出现平底，由于价格处在明显的上涨形态之中，所以每次出现平底，都可以介入多单，所以 D、E、F、G、H 和 J 处，都可以介入多单。

2.3.3 锤头线和倒锤头线实战做多技巧

锤头线出现在下跌趋势中，阳线或阴线的实体很小，下影线大于或等于实体的两倍，一般没有上影线，即使有，也短的可以忽略不计。锤头线的标准图形如图 2.18 所示。

通常，在价格大幅下跌后，出现锤头线，则价格止跌回升的可能性较大，其效果与以下 3 点有关：（1）锤头实体越小，下影线越长，止跌作用就越明显；（2）价格下跌时间越长、幅度越大，锤头线见底信号就越明确；（3）锤头线有阳线锤头与阴线锤头之分，作用意义相同，但阳线锤头力度要大于阴线锤头。激进型投资者见到下跌行情中的锤头线，可以试探性地做多；稳健型投资者可以多观察几天，如果价格能放量上升，可以适量做多。锤头线的变化图形如图 2.19 所示。

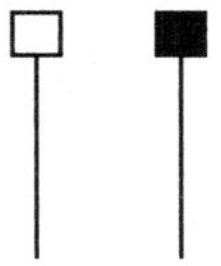

图 2.18　锤头线

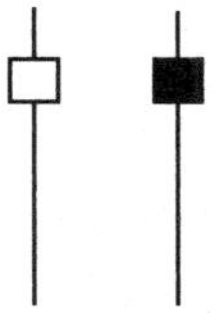

图 2.19　锤头线的变化图形

倒锤头线出现在下跌趋势中，因其形状像个倒转锤头而得名。阳线或阴线的实体很小，上影线大于或等于实体的两倍，一般没有下影线，即使有，也短的可以忽略不计。倒锤头线的标准图形如图 2.20 所示。

倒锤头线出现在下跌过程中，具有止跌回升的意义。如果它与早晨之星同时现出，则行情反转向上的可能性更大，投资者可以适量参与做多。倒锤头线的变化图形如图 2.21 所示。

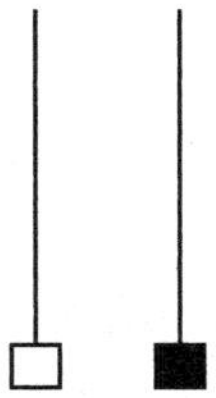

图 2.20　倒锤头线

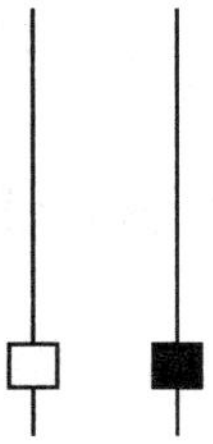

图 2.21　倒锤头线的变化图形

图 2.22 显示的是美原油连（CONC）2001 年 8 月 28 日至 2002 年 9 月 23 日的日 K 线图。

美原油连（CONC）经过较长时间的震荡下跌之后，创出 15 美元/桶的新低，即 A 处。需要注意的是，在价格创新低这一天，价格却收了一根带有长长下影线的锤头线，并且第二个交易又收了一根锤头线。由于这是长时间下跌后出现了锤头线，这表明价格已见底，所以 A 处，有空单的要注意出局，并且关注盘中回调做多机会。

提醒：从历史走势来看，15 美元/桶是一个历史低点，直到 2016 年 3 月，仍没有见到比 15 美元/桶更低的价格。

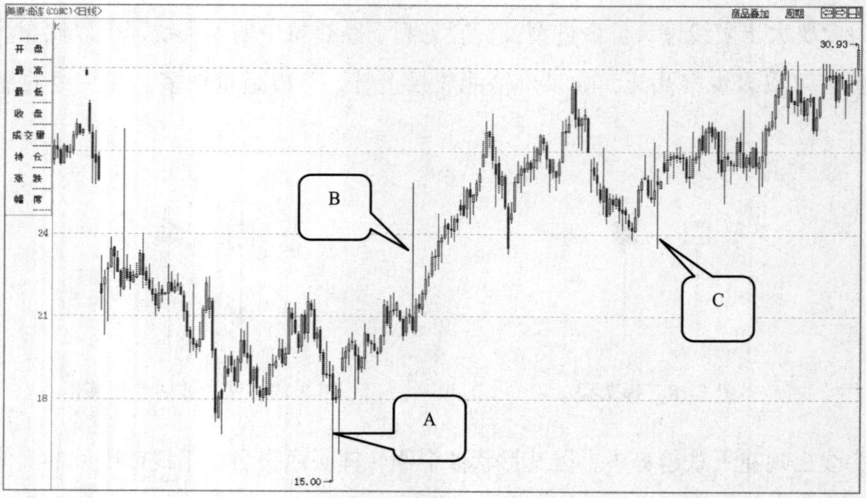

图 2.22　美原油连（CONC）2001 年 8 月 28 日至 2002 年 9 月 23 日的日 K 线图

价格在 A 处见底后，就开始震荡上涨。在震荡上涨过程中，又出现见底 K 线，如在 B 处，出现了倒锤头线见底 K 线，这样多单可以继续持有，没有多单的继续关注做多机会。

价格经过几波上涨之后，出现了调整，在调整过程中又出现锤头线见底 K 线，仍可以继续做多，所以 C 处也是不错的做多机会。

2.3.4　红三兵和两红夹一黑实战做多技巧

红三兵的特征是：在上涨趋势中，出现 3 根连续创新高的小阳线。注意，当 3 根小阳线收于最高或接近最高点时，称为“3 个白色武士”，其作用要强于普通的红三兵，投资者应高度重视。红三兵的图形如图 2.23 所示。

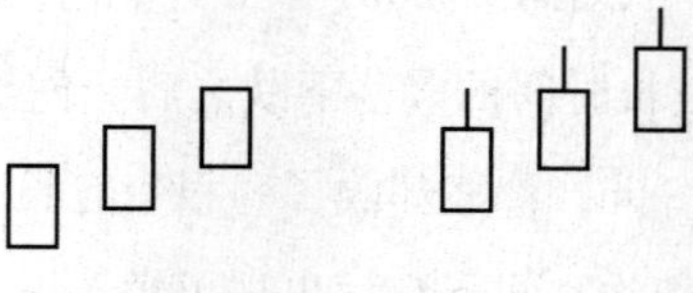

图 2.23　红三兵

红三兵是推动价格上涨的信号。一般来说，在价格见底回升或横盘后出现红三兵，表明多方正在积蓄力量，准备发力上攻。如果在红三兵后，价格上冲时成交量能同步放大，说明已有主力加入，后面继续上涨的可能性极大。投资者见此K线组合，应大胆买进，从而轻松、快速地获利。

两红夹一黑的特征是：左右两边是阳线，中间是阴线，3根K线的中轴基本上是处在同一水平位置上，两根阳线的实体一般比阴线实体长。两红夹一黑的图形如图2.24所示。

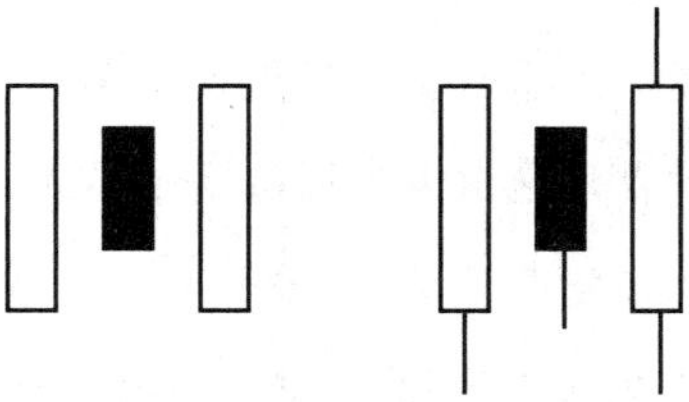

图 2.24 两红夹一黑

如果两红夹一黑出现在跌势中，则暗示价格会暂时止跌，或有可能见底回行；在上涨趋势中，特别是在上升初期，表示价格经过短暂的休整，还会继续上涨。

图2.25显示的是美原油连（CONC）2009年1月28日至2009年6月11日的日K线图。

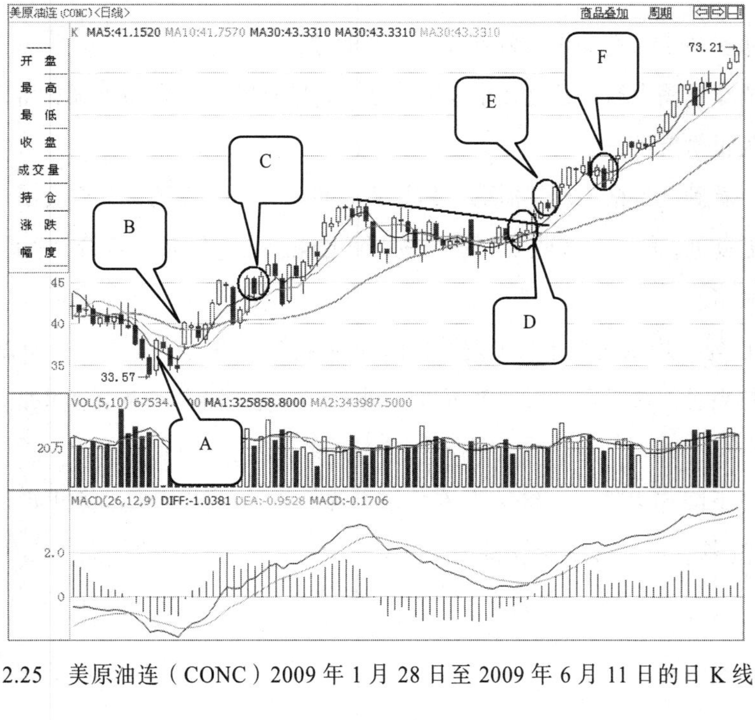

图 2.25 美原油连（CONC）2009年1月28日至2009年6月11日的日K线图

美原油连（CONC）经过一波震荡下跌后，创出 33.57 美元/桶的低点，但随后价格没有继续下跌，反而走出一根中阳线，即 A 处。这表明抄底做多的力量比较强，价格随时都有反弹上涨的力量。

A 处出现中阳线后，价格没有立即上涨，反而三天诱空，即连续三天下跌，但要注意下跌的力量很小，三天下跌也没有跌破中阳线的低点。

三天下跌之后，再度高开高走，即 B 处。B 处这根阳线，看起来不大，但实际上是一根大阳线，因为它是高开高走的。所以，这根大阳线改变了技术走势，具体如下：

第一：均线开始慢慢走多，首先 5 日均线上穿 10 日均线，均线做多信号；

第二：MACD 指标开始出现金叉，MACD 指标的做多信号；

第三：高开高走的大阳线，也是一个明显的 K 线做多信号。

在 B 处，如果手中还有空单，就要注意盘中回调、空单出局，然后关注逢低做多机会。

从其后走势来看，价格开始沿着 10 日均线开始震荡上涨，慢慢均线变成多头形态。

在价格震荡上涨过程中，C 处出现两红夹一黑 K 线组合，这是一个明显的做多信号，可以继续做多。

提醒：在明显的上涨趋势中，所有做多信号都可以采用。

随后价格继续震荡上涨，经过几小波上涨之后，MACD 指标出现死叉，所以多单要注意先逢高止盈，因为价格要震荡了。

在这里可以看到，价格出现了震荡，但注意是窄幅震荡，震荡十几个交易日后，均线也开始粘合，然后在 D 处，价格连续收了三根阳线，即出现了红三兵 K 线组合，这是一个做多信号，所以这里可以做多。

另外，在 D 处，均线又开始向上发散，而且 MACD 指标再出现金叉，所以 D 处要重仓做多。从其后走势来看，这里重仓做多就可以获利丰厚的投资回报，因为这里是新一波趋势上涨的开始。

红三兵突破下降趋势线后，继续沿着均线上涨，新的一波上涨趋势开始。在明显的上涨趋势中，出现做多信号就可以继续做多，所以 E 和 F 处出现的两红夹一黑做多信号都可以做多。

2.4　K线实战做空技巧

K线实战做空技巧共有5个，分别是黄昏之星实战做空技巧、平顶实战做空技巧、射击之星实战做空技巧、两黑夹一红实战做空技巧、塔形顶实战做空技巧。

2.4.1　黄昏之星实战做空技巧

黄昏之星出现在上升势趋中，是由3根K线组成，第1根K线是一根实体较长的阳线；第2根K线是实体较短的阳线或阴线，如果是阴线，则其下跌力度要强于阳线；第3根K线是一根实体较长的阴线，并深入到第1根K线实体之内。黄昏之星的标准图形如图2.26所示。

黄昏之星是价格见顶回落的信号，预测价格下跌的可靠性较高，有人统计准确率达80%以上。所以投资者见到该K线组合，应及时减持多单，并逢高建立空单。黄昏之星常见的变化图形如图2.27所示。

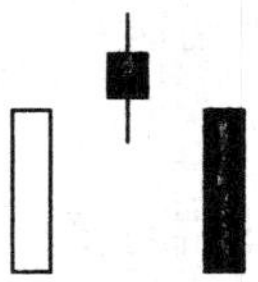

图2.26　黄昏之星

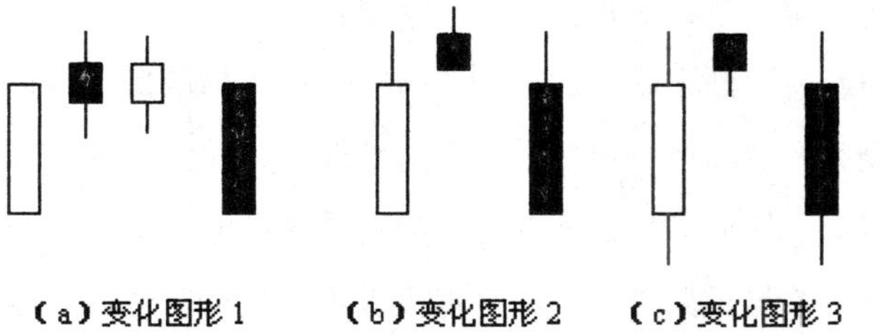

图2.27　黄昏之星常见的变化图形

黄昏之星的技术意义是：盘中做多的能量，在拉出一根大阳线或中阳线后就戛然而止，随后出现一个冲高回落的走势，这反映了多方的最后努力失败了。然后从右边出现一根大阴线或中阴线，将左边的阳线吞吃，此时空方已完全掌握了局势，行情开始走弱。如果价格重心开始下移，那么就是明显的见顶信号，即接下来是慢慢或快速的大幅回调。

图2.28显示的是布油连续（OILC）2014年9月2日至2015年8月24日的日K线图。

布油连续（OILC）处于明显的下降趋势中，在反弹过程中出现了见顶 K 线，要敢于大胆做空。

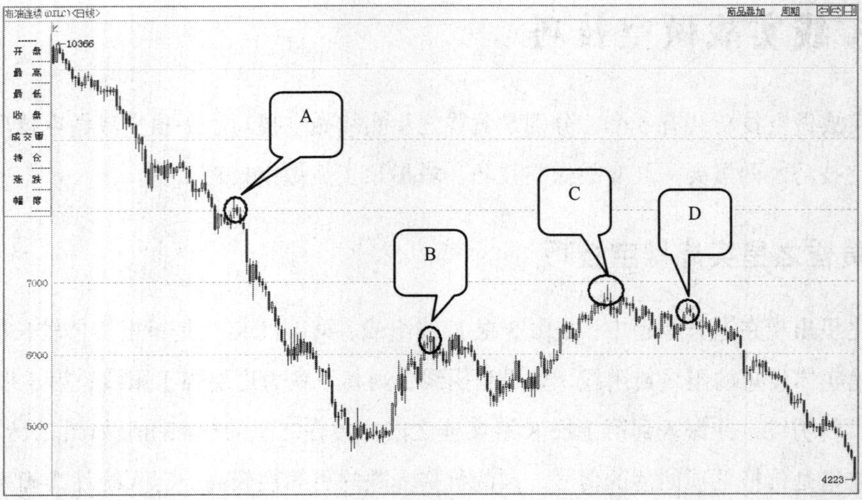

图 2.28　布油连续（OILC）2014 年 9 月 2 日至 2015 年 8 月 24 日的日 K 线图

在 A 处，价格处在明显的下跌趋势中，反弹出现了变形的黄昏之星见顶信号，所以 A 处要敢于大胆做空。从其后走势来看，这里做上空单，在较短的时间内，投资会获得丰厚的收益。

价格经过不断下跌之后，创出 4640 美分/桶的低点，然后低位震荡，突破大阳线拉起，开始一波反弹行情。但一定要记住，这里仅仅是反弹，所以反弹无力时，出现见顶 K 线，还要关注做空机会。因此，B 处出现变形的黄昏之星见顶信号，仍可以空。

B 处价格见顶后再度下跌，但没有再创新低，然后再度反弹，在反弹末端再度出现见顶信号，即在 C 处出现了黄昏之星见顶信号，所以 C 处又是一个极佳的做空机会。

在震荡下跌过程中出现反弹，反弹出现黄昏之星见顶信号，可以继续做空，即 D 处也是不错的做空位置。

2.4.2　平顶和塔形顶实战做空技巧

平顶，又称钳子顶，出现在涨势行情中，由两根或两根以上的 K 线组成，但这些 K 线的最高价在同一水平位置上。平顶的标准图形如图 2.29 所示。

平顶是见顶回落的信号，它预示价格下跌的可能性大，特别是与吊颈线、射击之星等其他见顶 K 线同时出现时。投资者见到此 K 线形态，只有“三十六计，走为上计”，即快快躲开这个是非之地。平顶的变化图形如图 2.30 所示。

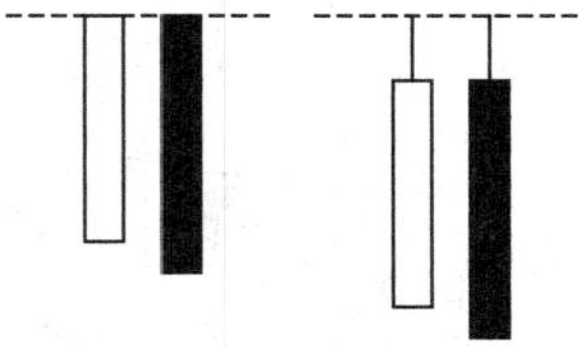

图 2.29 平顶

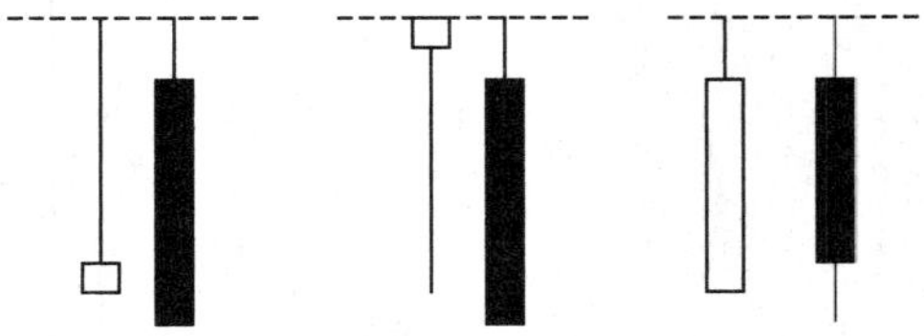

图 2.30 平顶的变化图形

塔形顶的特征是：在上涨趋势中，首先拉出一根较有力度的大阳线或中阳线，然后出现一连串向上攀升的小阳线或小阴线，之后上升速度减缓，接着出现一连串向下倾斜的小阴线或小阳线，最后出现一根较有力度的大阴线或中阴线，这样塔形顶就形成了。塔形顶的图形如图 2.31 所示。

当价格在上涨时，出现塔形顶 K 线形态，投资者就要高度警惕，应及时抛空出局。塔形顶的变化图形如图 2.32 所示。

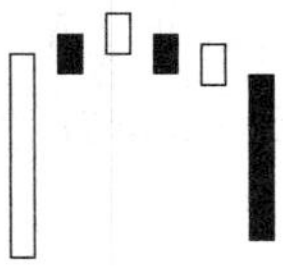

图 2.31 塔形顶

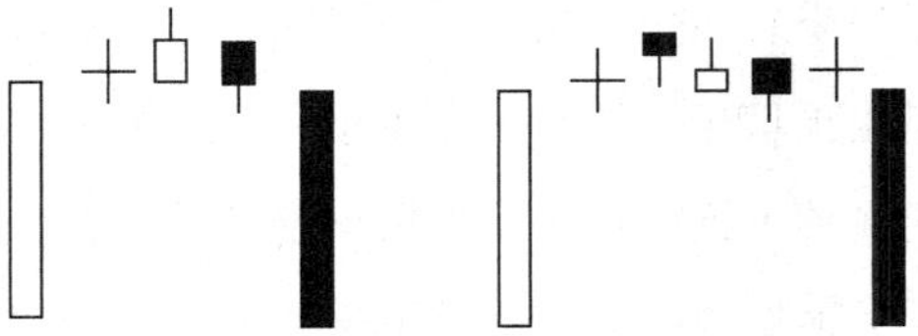

图 2.32 塔形顶的变化图形

提醒：塔形顶的左右两根实体较长的大阳、大阴线之间，聚集的 K 线越多，其见顶信号越强；左右两根 K 线的实体越长，特别是右边的阴线实体越长，信号就越强。

根据多年实战经验，投资者一旦发现见顶信号，应及早作好撤退准备或先卖出一部分筹码，接下来紧盯盘面，如果看到后面的 K 线走势将见顶信号进行确认，多单就应果断出局，并逢高建立空单。

图 2.33 显示的是布油连续（OILC）2012 年 12 月 6 日至 2013 年 4 月 17 日的日 K 线图。

布油连续（OILC）经过一波快速上涨之后，开始在高位震荡。连续震荡 7 个交易日后，一根大阴线跌了下来，这样就形成了塔形顶，即 A 处。

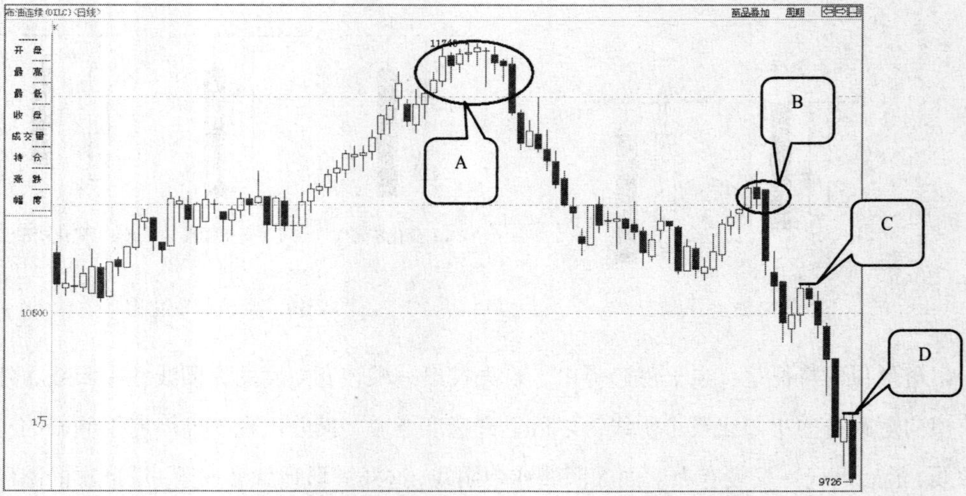

图 2.33 布油连续（OILC）2012 年 12 月 6 日至 2013 年 4 月 17 日的日 K 线图

塔形顶是一个明显的见顶信号，所以手中还有多单的要第一时间出局，并且要敢于反手做空。

从其后走势来看，价格见顶后，出现了一波下跌，然后又出现了反弹。在 B 处，价格再度出现黄昏之星见顶信号，所以 B 处是新一波下跌的开始，也是极佳的做空位置。

价格在明显的下跌行情中，如果出现了反弹，反弹出现见顶信号，都可以做空。在 C 处和 D 处，出现了平顶见顶信号，都是不错的做空位置。

2.4.3 射击之星和吊颈线实战做空技巧

射击之星，因其像弓箭发射的样子而得名，另外，人们还根据其特点给它起了一些混名，如扫帚星、流星。射击之星的特征是：在上涨行情中，并且已有一段升幅，阳线或阴线的实体很小，上影线大于或等于实体的两倍，一般没有下影线，即使有，也短的可以忽略不计。射击之星的图形如图 2.34 所示。

射击之星是一种明显的见顶信号，它暗示着价格可能由升转跌，投资者要及时止盈多单，并且可以逢高试空。

提醒：射击之星与倒锤头线形状是相同的，不同之处是射击之星必须在上升势趋中出现，而倒锤头线必须在下降趋势中出现。

吊颈线，又称绞弄线，其特征是：在上涨行情的末端，阳线或阴线的实体很小，下影线大于或等于实体的两倍，一般没有上影线，即使有，也短的可以忽略不计。吊颈线的图形如图 2.35 所示。

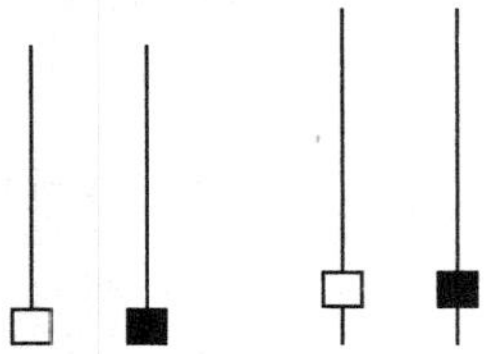

图 2.34　射击之星

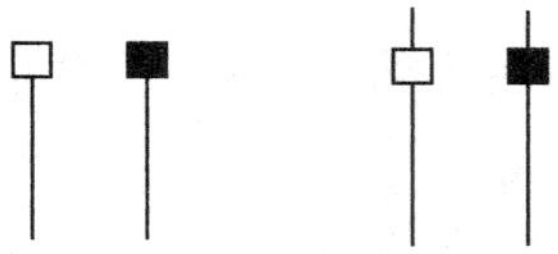

图 2.35　吊颈线

一般来说，在价格大幅上涨后出现的吊颈线，是明显的见顶信号。投资者见到此 K 线，应高度警惕，不管后市如何，多单要减仓或全部出局观望一下。

图 2.36 显示的是美原油连（CONC）2013 年 6 月 19 日至 2014 年 1 月 9 日的日 K 线图。

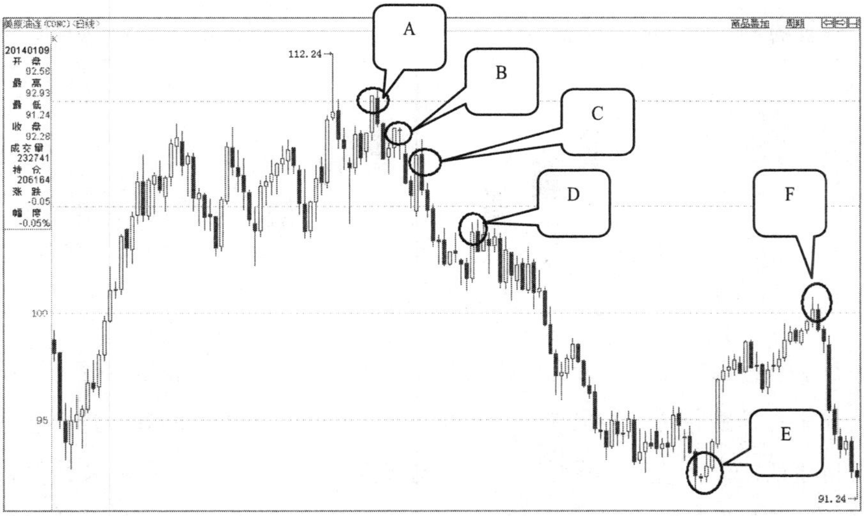

图 2.36　美原油连（CONC）2013 年 6 月 19 日至 2014 年 1 月 9 日的日 K 线图

美原油连（CONC）经过一波较大幅度的反弹，创出 112.24 美元/桶的高点，但在创出高点这一天，价格却收了一根带有长长上影线的射击之星，这是明显的见顶信号，所以多单要注意逢高止盈。

在 A 处，价格再度上涨，但大阳线上涨之后，立即来一根中阴线，即出现了乌云盖顶见顶信号，所以A处可以介入空单。

同理，在B处，价格反弹后出现了吊颈线，这也是一个见顶信号，所以在B处，如果手中有空单，可以继续持有，没有空单，则可以介入空单。

总之，在震荡下跌过程中，出现明显的见顶信号，都可以介入空单，即C处和D处，都可以介入空单。

价格经过一波大幅下跌之后，在E处出现了早晨之星见底信号，所以空单要注意止盈，当然这里可以抄底做多。

经过一波上涨之后，在F处，出现了倾盆大雨见顶信号，所以在F处，抄底多单要注意止盈出局，同时可以反手建立空单。

2.4.4 黑三兵和两黑夹一红实战做空技巧

黑三兵的特征是：连续出现3根小阴线，其最低价一根比一根低。因为这3根小阴线像3个穿着黑色服装的卫兵在列队，故名为“黑三兵”。黑三兵的图形如图2.37所示。

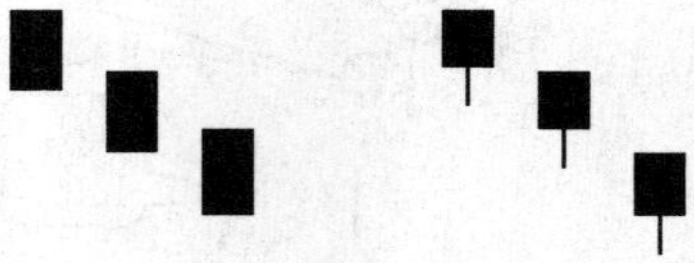

图2.37 黑三兵

黑三兵在上升行情中出现，特别是价格有了较大升幅之后出现，暗示着行情快要转为跌势；黑三兵如果在下跌行情后期出现，特别是价格已有一段较大的跌幅或连续急跌后出现，暗示下跌行情短期内即将结束，并可能转为一轮升势。所以投资者见到该K线组合，可根据其所在位置，决定投资策略。即在上升行情中出现，要适量做空；在下跌行情中出现，要适量做多。

两黑夹一红的特征是：左右两边是阴线，中间是阳线，两根阴线的实体一般要比阳线的实体长。两黑夹一红的图形如图2.38所示。

图 2.38　两黑夹一红

在下跌行情中，尤其是在下跌的初期阶段，出现两黑夹一红 K 线组合，表明价格经过短暂整理后，还会继续下跌。在上涨行情中，出现两黑夹一红 K 线组合，表明价格升势已尽，很有可能见顶回落。投资者无论是在升势或跌势中见此 K 线组合，都要保持高度警惕，及时减仓多单，并逢高建立空单。

图 2.39 显示的是美原油连（CONC）2014 年 9 月 8 日至 2015 年 1 月 5 日的日 K 线图。

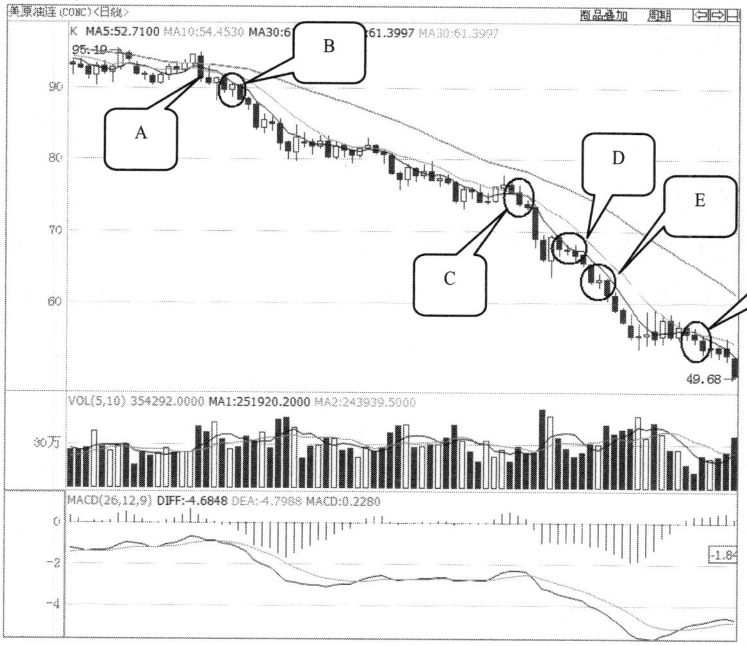

图 2.39　美原油连（CONC）2014 年 9 月 8 日至 2015 年 1 月 5 日的日 K 线图

美原油连（CONC）在震荡下跌过程中，出现了反弹，反弹站上 30 日均线，但随后就是一根大阴线，跌破所有均线，即 A 处。这表明价格反弹结束，又要开始下跌了，如果手中有空单可以继续持有，没有空单，在这里继续大胆介入空单。

随后价格继续沿着均线下跌，虽然有反弹，但反弹都没有站上 5 日均线，所以空单仍可以继续持有，并且当价格反弹到 5 日均线附近，仍可以介入空单。

在下跌过程中，B 处又出现两黑夹一红 K 线组合，这是一个看空信号，所以空单可以继续持有，并且仍可以介入空单。

随后价格继续沿着均线下跌，虽然有反弹，但价格反弹很弱，都没有站上 10 日均线，所以空单耐心持有，然后手中的空单头寸盈利会不断扩大。

在 C 处，价格先是出现了反弹，并且站上 10 日均线，但明显 30 日均线仍在下行，反弹太弱了。随后价格就出现了三连阴，即在 C 处出现了黑三兵 K 线组合，这是一个看空信号，所以没有空单的，在这里可以继续介入空单，有空单的继续持有。

C 处黑三兵后，又出现一根大阴线，价格继续大跌。连续大跌后，价格出现了反弹，但仍没有站上 5 日均线，所以空单继续持有。

在 D 处，价格反弹后，又出现了黑三兵 K 线组合，这是看空信号，所以空单继续持有。

E 处出现了两黑夹一红看空信号，继续持有空单。

F 处出现了黑三兵看空信号，继续持有空单。

总之，只要不出现标制性的大阳线或价格没有有效站上 30 日均线，高位空单都可以持有，而短线空单可以灵活操作，即价格运行了均线，就先止盈，等反弹到均线附近，再重新介入空单。

第 3 章

电脑炒原油的趋势分析技巧

在利用技术分析原油行情时，趋势的概念绝对是核心内容。技术分析者使用的全部工具，如支撑线、压力线、K 线形态、趋势线等，其唯一目的就是辅助投资者估量市场趋势，从而顺应着趋势的方向做交易。在市场上，“永远顺着趋势交易”、“决不可逆趋势而动”、“趋势即良友”等等这些话，已经是老生常谈了。

本章主要内容包括：

- 上升趋势、横向整理趋势和下降趋势
- 趋势线的定义、类型、作用
- 上升趋势线应用实战
- 下降趋势线应用实战
- 趋势线应用注意事项
- 管道线应用实战
- 压力线和支撑线应用实战
- 黄金分割线应用实战

3.1 趋势概述

价格随着时间的推移，会在K线图上留下运动的轨迹，这一轨迹显示出一定的方向性，体现着价格整体向上或向下或水平运动的特征。趋势就是价格波动的方向，也是原油市场运动的方向。

在市场中，如果出现了一段上升或下降的趋势，则价格的波动必然朝着这个方向运动，直到有外力改变它的方向。价格上升的行情中，虽然会出现一些短暂的下降行情，但不影响价格上升的大方向；价格下降的行情中，虽然会出现一些短暂的反弹运动，也不会改变价格最终的下降趋势。

趋势的方向有三种，分别是上升趋势、横向整理趋势和下降趋势。

3.1.1 上升趋势

如果随着时间的推移，K线图中的每个价格高点依次上升，每个价格低点也依次上升，那么这种价格运动趋势就是上升趋势。

每当价格回调时，还没有等到跌到前一次的低点时，买家就迫不急待地涌入，推动价格继续上涨；而当价格临近前一次的高位时，买家又毫不犹豫地持续买入，使价格再创新高。如此来回几次，便形成一系列依次上升的波峰和波谷，这是牛市特征。

注意，当这种波峰和波谷不断抬高的现象中断时，往往意味着上升趋势即将结束。上升趋势如图3.1所示。

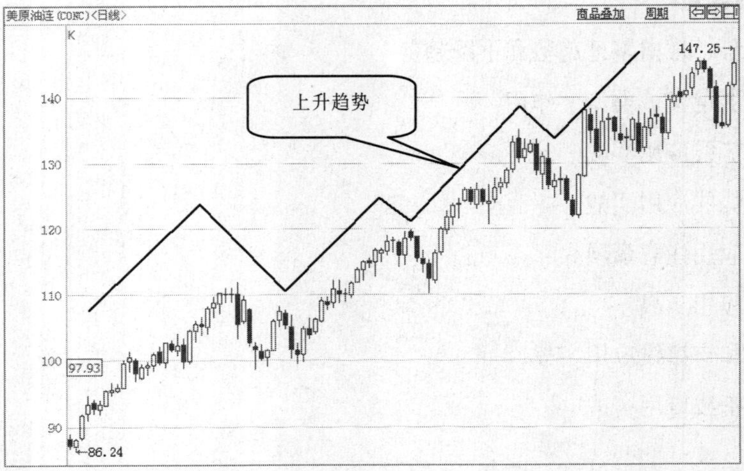

图3.1 上升趋势

3.1.2 横向整理趋势

横向整理趋势，又称水平趋势，即随着时间的推移，K 线图中的价格没有创出新高，也没有创出明显的新低，基本上就是在两条水平线之间做折返运动。

这种趋势不适合判断未来的价格运动方向，价格只有突破上面的水平压力线或下面的水平支撑线时，才能看到市场真正的运动方向，这就是牛市特征。横向整理趋势如图 3.2 所示。

图 3.2 横向整理趋势

3.1.3 下降趋势

同上升趋势相反，如果随着时间的推移，K 线图中的每个价格高点依次下降，每个价格低点也依次下降，那么这种价格运动趋势就是下降趋势。

每当价格反弹时，还没有涨到前一次的高点时，卖家就迫不急待地抛售，促使价格回落；而当价格临近前一次的低点时，卖家又毫不犹豫地卖出，使价格再创新低。如此来回几次，便形成一序列依次下降的波峰和波谷，这是熊市特征。

注意，当这种波峰和波谷不断降低的现象中断时，往往意味着下降趋势即将结束。下降趋势如图 3.3 所示。

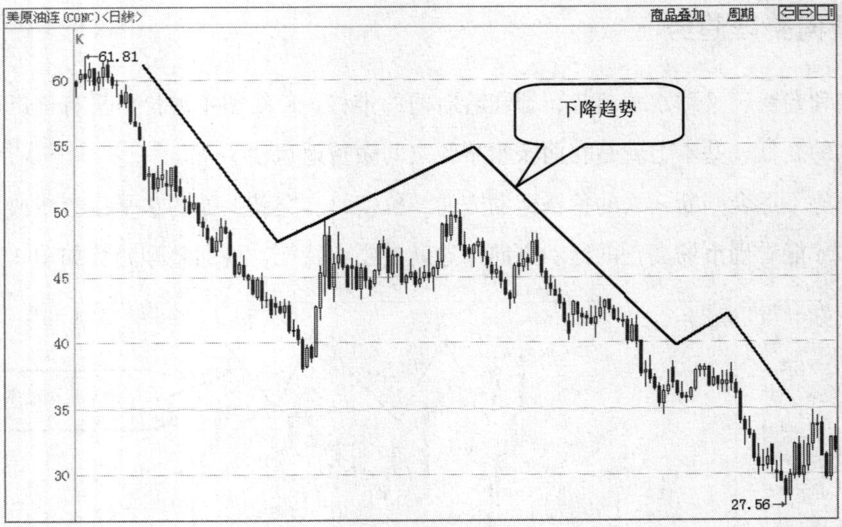

图 3.3 下降趋势

3.2 趋势线应用实战

在分析趋势时，常常通过绘制趋势线进行分析。绘制趋势线是衡量趋势发展的手段，并且可以从趋势线的方向明确地看到价格的发展方向。

3.2.1 趋势线的定义

在投资市场中有一种形象的说法，叫作“一把直尺闯天下”。意思是说只要有一把直尺就能画出趋势线，看清价格运行的趋势，从而做到在上升趋势中看多、做多，在下降趋势中看空、做空。这样就可以在投资市场时把握住一些大的机会，少犯一些原则性的错误，从而成为市场中的赢家。

趋势线的绘制方法很简单，在上升趋势中，将两个明显的反转低点连成一条直线，就可以得到上升趋势线，上升趋势线起支撑作用；在下降趋势中，将两个明显的反转高点连成一条直线，就可以得到下降趋势线，下降趋势线起阻力作用，如图 3.4 所示。

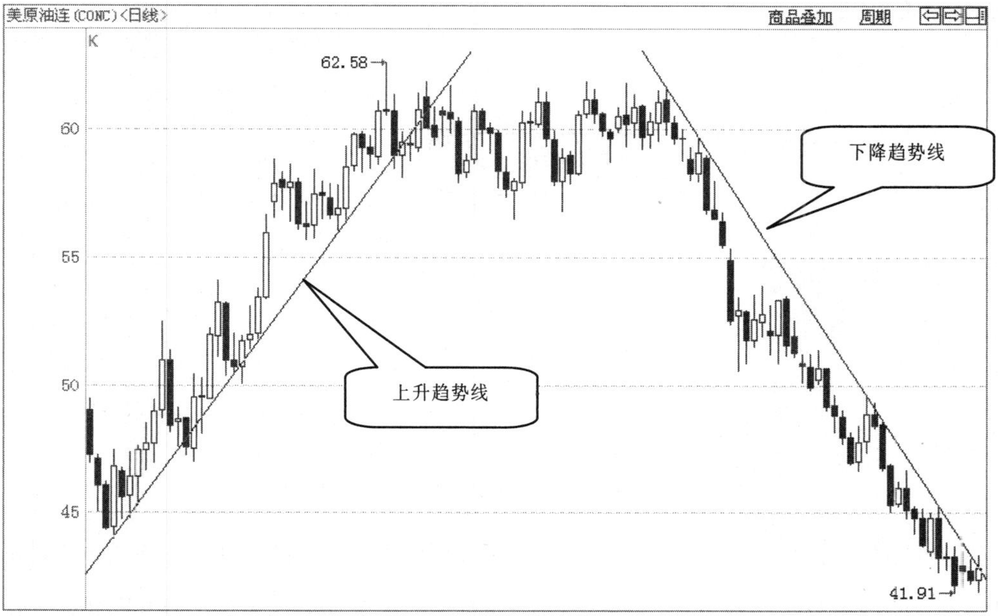

图 3.4　美原油连（CONC）的日 K 线图

3.2.2　趋势线的类型

从方向上来说，趋势线可分为上升趋势线和下降趋势线。上升趋势线预示价格的趋势是向上的；下降趋势线预示价格的趋势是向下的。

从时间上来说，趋势线可分为长期趋势线、中期趋势线和短期趋势线。长期趋势线是连结两大浪的谷底或峰顶的斜线，跨度时间为几年，它对市场的长期走势将产生很大的影响；中期趋势线是连结两中浪的谷底或峰顶的斜线，跨度时间为几个月，甚至一年以上，它对市场的中期走势将产生很大的影响；短期趋势线是连结两小浪的谷底或峰顶的斜线，跨度时间不超过两个月，通常只有几个星期，甚至几天时间，它对市场的走势只起短暂影响，如图 3.5 所示。

3.2.3　趋势线的作用

趋势线简单、易学，而且它对原油的中长期走势有着相当重要的作用。投资市场有句名谚："不要与趋势抗衡"，就是说，要顺应潮流，跟着趋势走。所以在市场中，只有看清长期趋势，分清中期趋势，不为短期趋势的反向波动所困惑，才能成为真正的赢家。

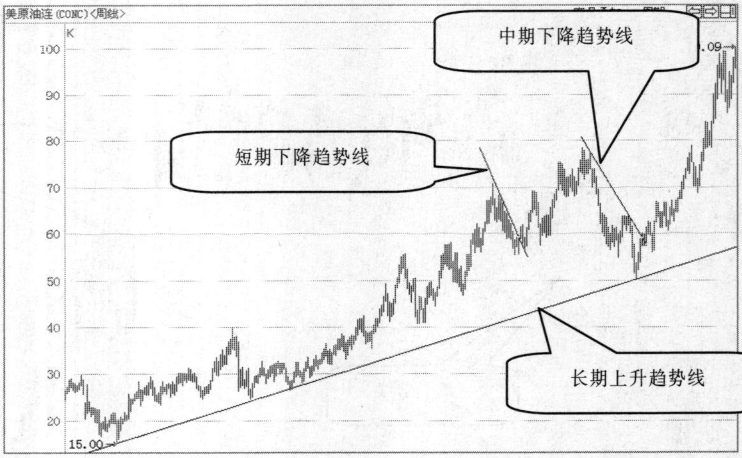

图 3.5　美原油连（CONC）的长、中、短期趋势线

趋势线对后市的价格起约束作用，上升趋势线可以支撑价格的上涨；下降趋势线对价格起压制作用。当趋势线被突破后，价格下一步的走势将沿新的趋势线运行，原有趋势线的作用会转换。上升趋势线的作用如图 3.6 所示。下降趋势线的作用如图 3.7 所示。

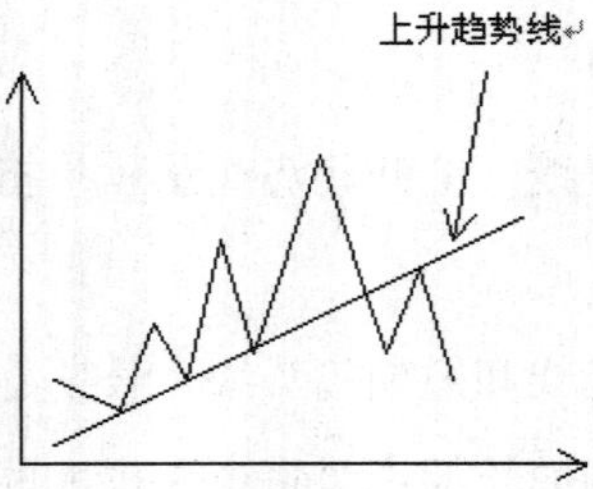

图 3.6　上升趋势线的作用

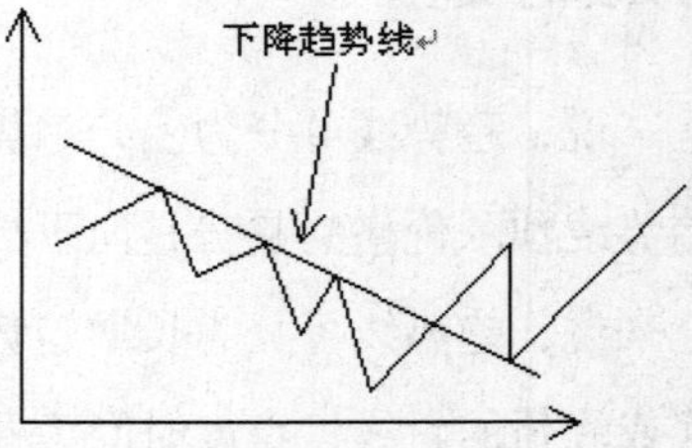

图 3.7　下降趋势线的作用

提醒：影响趋势线的可靠性因素一般有趋势线被价格触及的次数、趋势线的倾斜角度、趋势线形成的时间跨度。一般来说，趋势线被价格触及的次数越多、倾斜角度越小、形成的时间跨度越长，则其预测价格波动的可靠性越大。

3.2.4　上升支撑线和下降压力线

上升支撑线，又称上升趋势线，其特征是：价格回落的低点呈现明显的上移态势，此时，如果将最先出现或最具有代表意义的两个低点连结，就会形成一条向上的斜线。上升支撑线的图形如图 3.8 所示。

从技术上来说，上升支撑线的出现，表示空方的气势越来越弱，而多方的气势越来越强，投资者可以逢低吸筹，在转向之前持筹待涨，这样可以获得不错的收益。

下降压力线，又称下降趋势线，其特征是：价格回落的低点呈现明显的下移态势，此时，如果将最先出现或最具有代表意义的两个高点连结，就会形成一条向下的斜线。下降压力线的图形如图 3.9 所示。

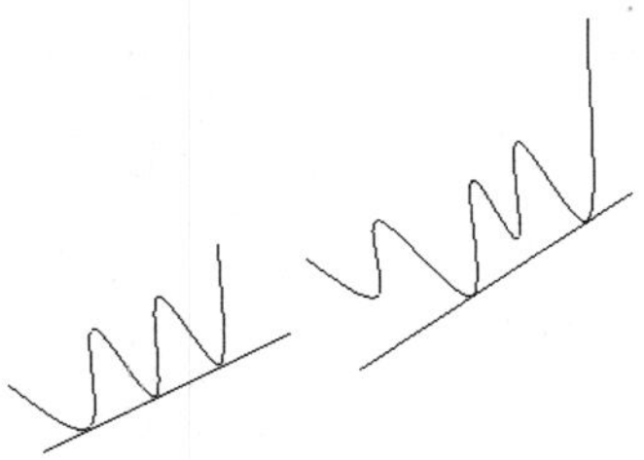

图 3.8 上升支撑线

图 3.9 下降压力线

从技术上来说，下降压力线的出现，表示多方的气势越来越弱，而空方的气势越来越强，投资者可以看空、做空。

3.2.5 慢速上升趋势线和慢速下降趋势线

慢速上升趋势线出现在以慢速上升趋势为主的快慢趋势线组合中，其维持时间比快速上升趋势线长，预示了价格运行的中长期趋势是向上的，具有长期支持价格上升的作用。慢速上升趋势线的图形如图 3.10 所示。

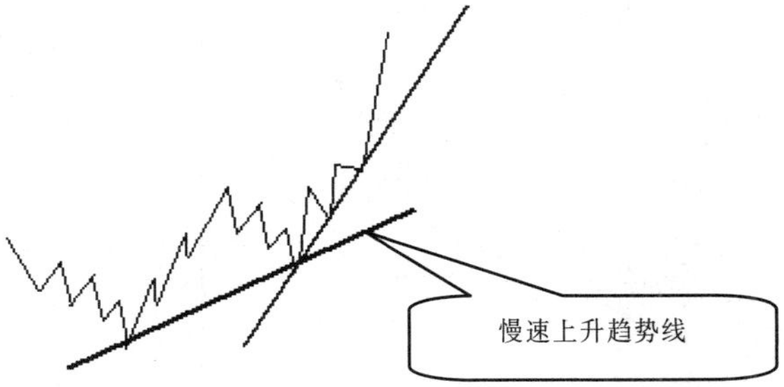

图 3.10 慢速上升趋势线

价格只要在慢速上升趋势上方运行，就应该坚持看多、做多，采取逢低做多的策略。

慢速下降趋势线出现在以慢速下降趋势为主的快慢趋势线组合中，其维持时间比快速下降趋势线长，预示了价格运行的中长期趋势是向下的，具有长期压制价格上升的作用。慢速下降趋势线的图形如图 3.11 所示。

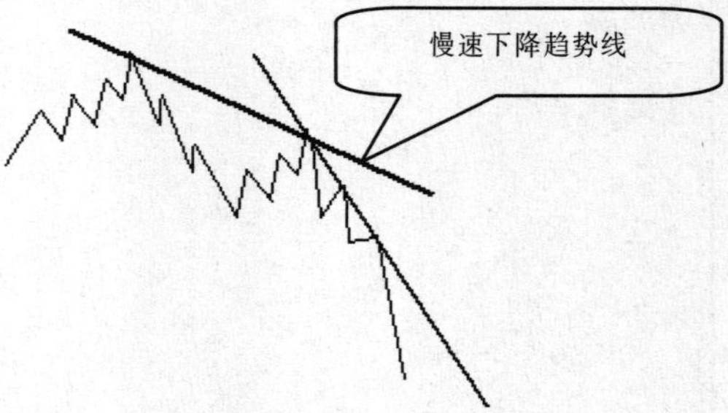

图 3.11　慢速下降趋势线

价格只要在慢速下降趋势线下方运行，就应该坚持看空、做空，采取逢高做空的策略。

3.2.6　快速上升趋势线和快速下降趋势线

快速上升趋势线可以出现在以慢速上升趋势为主的快慢趋势线组合中，也可以出现在以慢速下降趋势为主的快慢趋势线组合中，其维持时间比慢速趋势线短。快速上升趋势线的图形如图 3.12 所示。

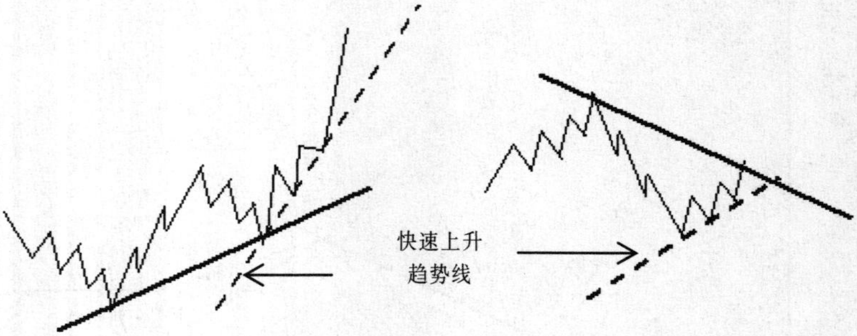

图 3.12　快速上升趋势线

快速上升趋势线预示了价格运行的短期趋势是向上的，具有短期支持价格上升的作用。但是，快速上升趋势线在以慢速上升趋势线为主，和以慢速下降趋势线为主的快慢趋势线组合中发挥的作用是不一样的。前者因为价格总体是向上的，投资者在快速上升趋势线上方做多获利机会较多，而后者因价格总体处于下降态势，投资者在快速上升趋势线上方做多，风险很大，一不小心就会被套。所以，快速上升趋势出现在以慢速下降趋势线为主的快慢趋势线组合中时，除非是激进型投资者，同时对市场变化又十分敏感，可用少量资金做多搏反弹，否则，还是看空、做空为妙。

快速下降趋势线可以出现在以慢速上升趋势为主的快慢趋势线组合中，也可以出现在以慢速下降趋势为主的快慢趋势线组合中，其维持时间比慢速趋势线短。快速下降趋势线的图形如图 3.13 所示。

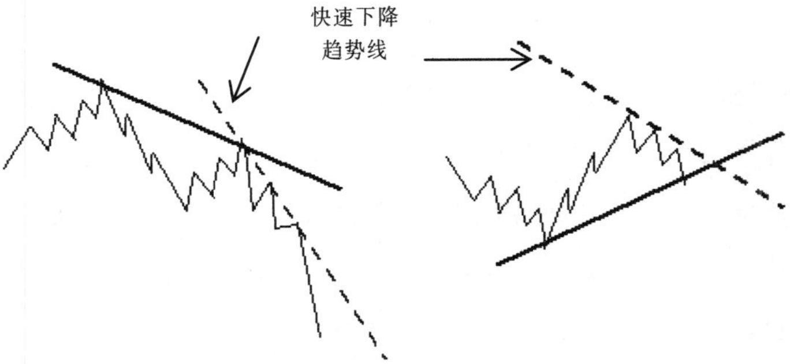

图 3.13　快速下降趋势线

快速下降趋势线预示了价格运行的短期趋势是向下的，具有短期压制价格上升的作用。但是，并不是快速下降趋势线出现后，就看空、做空。只有当快速下降趋势线出现在以慢速下降趋势线为主的快慢趋势线组合中时，才需要及时停损离场。

当快速下降趋势线出现在以慢速上升趋势线为主的快慢趋势线组合中时，因为价格总体是向上的，价格回落无论是在时间上，还是在空间上都较有限，价格最终还会继续上行。所以在这里如果过分看空、做空，则很容易失去筹码，即被主力清洗出局。

总之，当快速下降趋势线出现在以慢速上升趋势线为主的快慢趋势线组合中时，除非是激进型投资者，并且对市场变化十分敏感，可以适时做空。一般投资者可以不理会短期波动，持仓待涨，这样就可以成为市场中的赢家。

3.2.7 新的上升趋势线和新的下降趋势线

新的上升趋势线的特征是：在上涨行情中，上升趋势线向下破位后，不是反转向下，而是继续上升且收盘创出新高。新的上升趋势线的图形如图 3.14 所示。

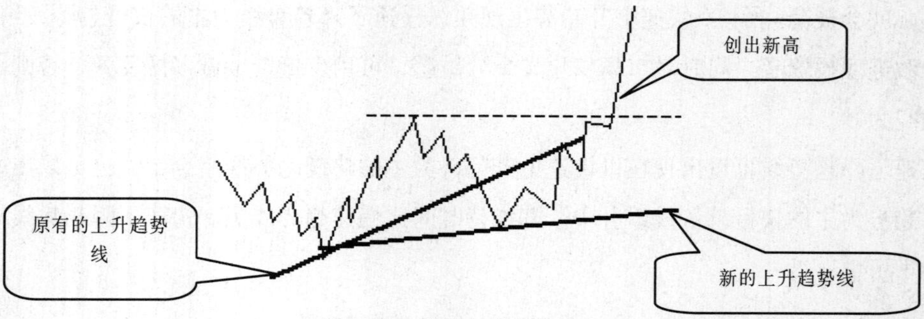

图 3.14 新的上升趋势线

从技术上来说，新的上升趋势线是做多信号，并且新的上升趋势线出现后，往往都有一段比较好的升势。另外还要注意，新的上升趋势线出现后，原有的上升趋势线就失去参考意义。

新的上升趋势线确定后，就可以说明前期价格下穿原先的上升趋势线，是主力刻意打压所致，是为了诱空而故意设置的一个空头陷阱，目的是为了清洗浮筹，蓄势后再次发动新的一轮上攻。投资者这时应该看多做多，多单准备随时进场。

新的下降趋势线的特征是：下降趋势线被有效突破后，不是反转向上，而是继续下降且收盘创出新低。新的下降趋势线的图形如图 3.15 所示。

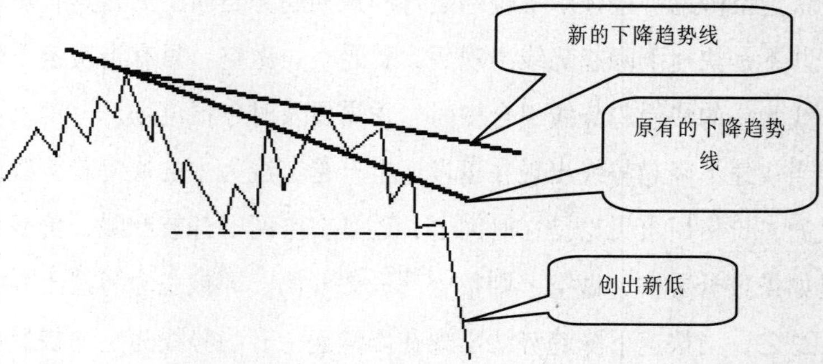

图 3.15 新的下降趋势线

从技术上来说，新的下降趋势线是看跌信号，它表明市场正处于空方的控制之下。原先的下降趋势线被有效突破后，多方没有继续上攻，空方却发动了新一轮的攻势。另外还要注意，新的下降趋势线出现后，原有的下降趋势线就失去参考意义。

3.2.8 上升趋势线的实战技巧

图 3.16 显示的是美原油连（CONC）2003 年 8 月 27 日至 2004 年 4 月 28 日的日 K 线图。

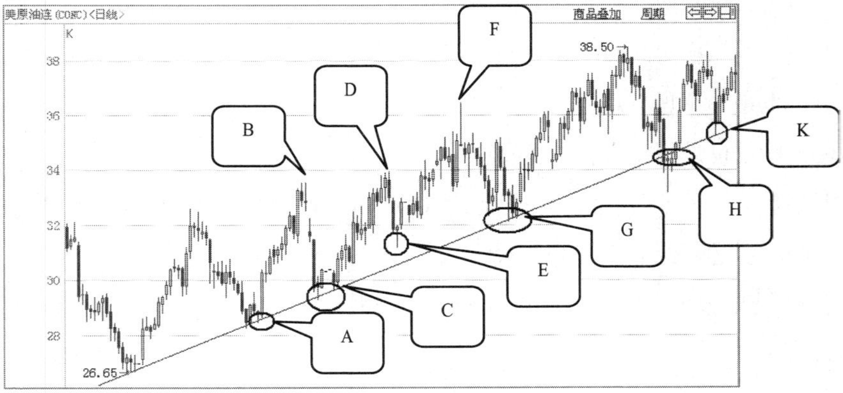

图 3.16　美原油连（CONC）2003 年 8 月 27 日至 2004 年 4 月 28 日的日 K 线图

经过几波下跌之后，美原油连（CONC）创出 26.65 美元/桶的低点，在创出低点时，价格连续几天收带有下影线的见底 K 线。价格见底后，就开始震荡上涨，经过三小波上涨之后，连续两天收带有上影线的见顶 K 线，然后价格开始震荡下跌，回调结束后，价格在 A 处见底，形成一个小双底，然后开始上涨。

利用低点 26.65 美元/桶和 A 处的低点，绘制一条上升趋势线。在 A 处，投资者可以介入多单，也可以在大阳线拉起后，盘中回调介入多单。

随后价格开始快速上涨，经过十个交易日的上涨之后，在 B 处，连续两天收带有上影线的见顶 K 线，并且这两天都是收阴线，这表明价格短线见顶了，多单要及时止盈。当然，也可以以 B 处的高点为止损，介入短线空单。

在 B 处价格见顶后，又快速下跌到上升趋势线附近，即 C 处，价格再见底，然后开始上涨。所以在 C 处，空单要注意止盈，然后介入多单。

经过三小波反弹上涨，在 D 处出现了平顶，然后再度回调，这一次没有回调到上升趋势线附近，就出现了见底 K 线，即 E 处，所以 E 处可以介入多单。

然后价格继续震荡上涨，在 E 处，价格再度见顶 K 线，可以多单及时出局，然后反手建立空单。

这一波下跌，正好回调到上升趋势线附近，即 G 处，又是新的多单介入位置。

G 处价格得到支撑后，又开始震荡上涨，经过三波上涨，创出 38.5 美元/桶的高点，但创出高点这一天，价格收了一根带有上影线的见顶 K 线，随后价格又开始震荡回调。

这一波回调，虽然跌破了上升趋势线，但很快又重新收到上升趋势线之上，所以 H 处是一个假突破，也是一个做多位置。

同理，K 处也是一个做多位置。

按下键盘上的“↓”，缩小美原油连（CONC）日 K 线图，就可以发现随后的价格上涨创出了新高，所以要重新绘制上涨趋势线。

由于 H 处出现了假突破，所以要利用 26.65 美元/桶的低点和 H 处的低点绘制新的上升趋势线，如图 3.17 所示。

图 3.17　绘制新的上升趋势线

鼠标指上旧趋势线，单击右键，然后在弹出的右键菜单中单击“删除”命令，就可以删除旧的趋势线。

再按下键盘上的“↓”，进一步缩小美原油连（CONC）日K线图，就可以看到新的上升趋势线起到的支撑做多作用，即在A、B、C和D处，都是新的做多位置，如图3.18所示。

图3.18 新的上升趋势线支撑做多的位置

在这里可以看到，在上一条上升趋势线上，做多的机会很少。另外，一波明显的上涨行情，也很可能抓不住。所以，在一波明显的上涨趋势中，可以多绘制几条快速的上涨趋势线，这样就可以找到更多的介入点。

3.2.9 下降趋势线的实战技巧

原油的价格形成下跌趋势之后，一条下降趋势线如同一把利剑将价格的上升之路封死，每当它们反弹到这条下降趋势线附近时，就会在该利剑的威逼下，调头向下，如图3.19所示。

一般情况下，一剑封喉一旦形成，它将在较长的一段时间内对做多的投资者产生强大的威慑力。因此有经验的投资者会在反弹到该剑附近位置时，抄底多单及时止盈出局，并且果断地逢高做空。

原油价格形成下跌趋势之后，由于价格下跌的越来越快，反弹越来越弱，所以常常需要绘制慢速和快速下降趋势线，如图3.20所示。

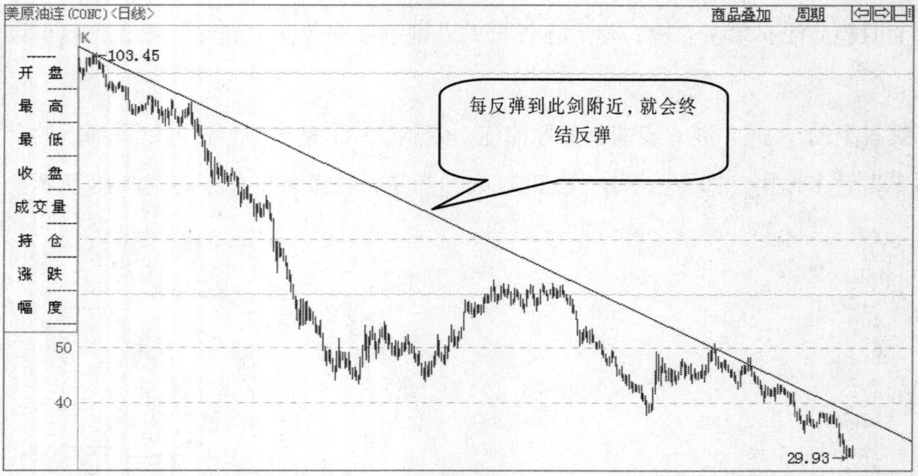

图 3.19　美原油连（CONC）2014 年 7 月 14 日至 2016 年 1 月 14 日的日 K 线图

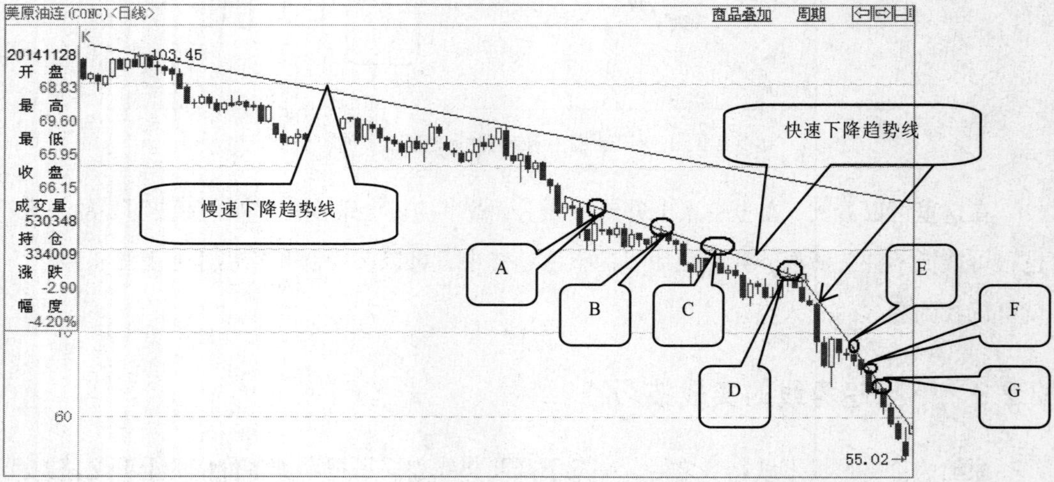

图 3.19　美原油连（CONC）2014 年 7 月 11 日至 2014 年 12 月 15 日的日 K 线图

在 A、B、C 和 D 处，价格反弹到快速下降趋势线附近，价格出现了滞涨信号，所以可以逢高做空，并且安全性较高，即风险小，收益大。

随后价格下跌速度越来越快，可以继续绘制更快速下跌趋势线，这样当价格反弹到更快速下跌趋势线附近，价格出现了滞涨信号，就可以继续做空，即 E、F 和 G 处仍可以继续做空。

3.2.10 趋势线应用注意事项

根据趋势线价格波动时间的长短分为长期趋势线、中期趋势线和短期趋势线，长期趋势线应选择长期波动点作为画线依据，中期趋势线则是中期波动点的连线，而短期趋势线建议利用30分钟或60分钟K线图的波动点进行连线。

画趋势线时应尽量先画出不同的实验性线，待价格变动一段时间后，保留经过验证能够反映波动趋势、具有分析意义的趋势线。

趋势线的修正。以上升趋势线的修正为例，当价格跌破上升趋势线后又迅速回到该趋势线上方时，应将原使用的低点之一与新低点相连接，得到修正后的新上升趋势线，能更准确地反映出价格的走势。

趋势线不应过于陡峭，否则很容易被横向整理突破，失去分析意义。在研判趋势线时，应谨防主力利用趋势线做出的"陷阱"。一般来说，在价格没有突破趋势线以前，上升趋势线是每一次下跌的支撑，下降趋势线则是价格每一次回升的阻力。价格在突破趋势线时，如果出现缺口，反转走势极可能出现，并且出现反转后价格走势有一定的力度。价格突破下降趋势线的阻力而上升时，一般需要大成交量的配合，而价格向下突破上升趋势线时，成交量一般不会放大，而是在突破后几天内成交量急剧放大。

3.3 管道线应用实战

管道线是在趋势线的反方向画一根与趋势线平行的直线，该直线穿越近期价格的最高点或最低点。这两条线将价格夹在中间运行，有明显的管道或通道形状，如图3.20所示。

通道的主要作用是限制价格的变动范围，不能让它变得太离谱。通道一旦得到确认，那么价格将在这个通道里变动。管道线一旦被价格有效突破，往往意味着趋势将有一个较大的变化。当管道线被价格突破后，趋势上升的速度或下降的速度会加快，出现新的价格高点或低点，原有的趋势线就会失去作用，要重新依据价格新高或新低画趋势线和管道线。

如果价格处于明显上升趋势的管道线中，价格上涨到管道线的上边压力线时，多单及时出局，而轻仓跟空，然后等回调到管道线的下边支撑线时，空单出局，多单进场。即在A、B、C和D处，空单出局，多单入场；而在E、F、H、J、K和P处，多单出局，轻仓做空，如图3.21所示。

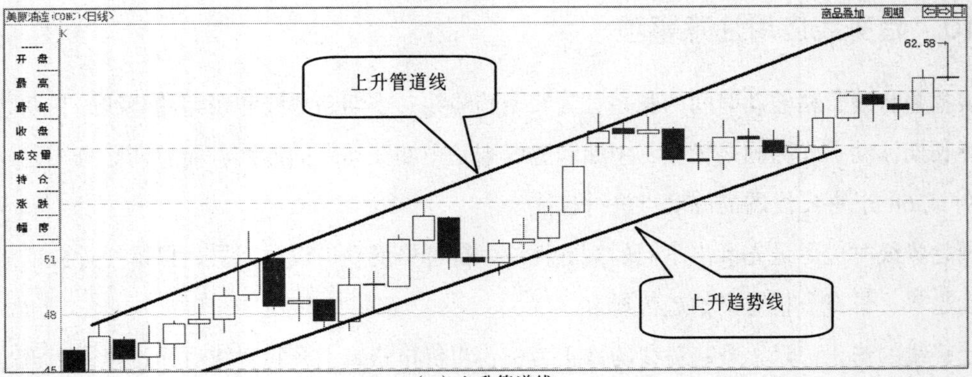

（a）上升管道线

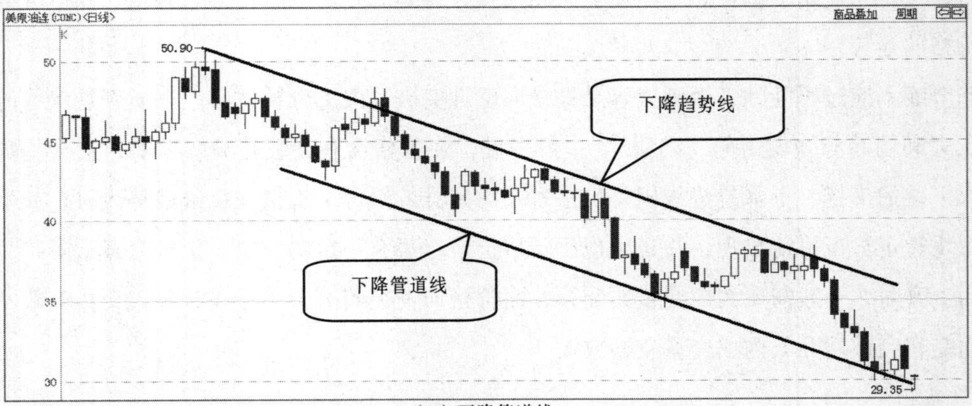

（b）下降管道线

图 3.20　管道线

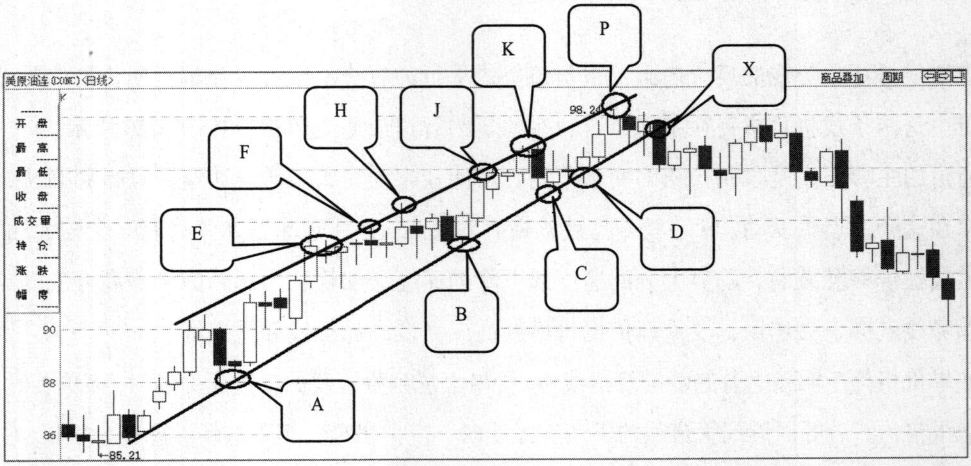

图 3.21　美原油连（CONC）2012 年 12 月 7 日至 2013 年 3 月 1 日的日 K 线图

在X处，价格跌破了上升趋势线，短线多单和中线多单都要及时出局，并且要敢于顺势跟空。当然，投资者一定要明白，上升趋势中以做多为主，即做多时重仓，做空时轻仓。

提醒：如果没有较高的短线操作水平，在上升趋势中，最好只做多，不做空。

在下降趋势中，价格上涨到管道线的上边压力线时，多单要果断出局，敢于做空，等回调到管道线的下边支撑线时，空单出局，可以轻仓试多，也可以不操作，如图3.22所示。

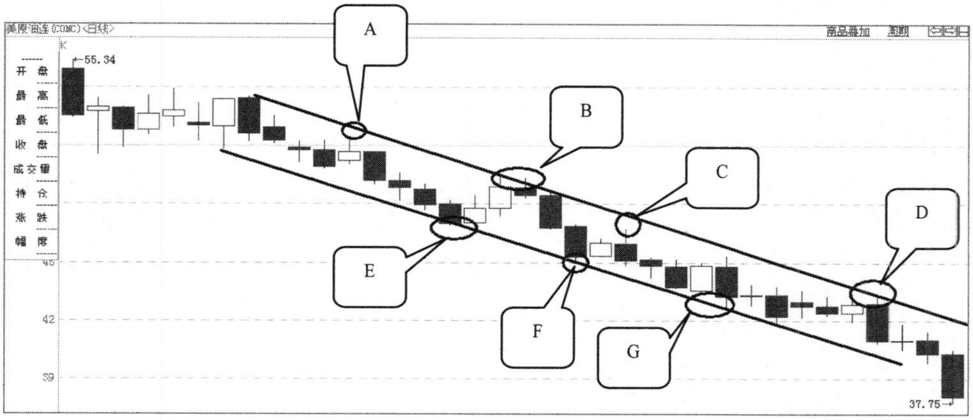

图 3.22 美原油连（CONC）2015 年 7 月 6 日至 2015 年 8 月 24 日的日 K 线图

在A、B、C、D处，多单要及时出局，并且敢于逢高做空；在E、F、G处，空单最好及时出局，可以轻仓试多，一旦有不好信号，多单要及时出局。

提醒：管道线与趋势线是相互作用的一对，先有趋势线，再有管道线，但趋势线比管道线重要的多，也更为可靠。同时，趋势线可独立存在，而管道线则不可以独立存在。

3.4 压力线和支撑线应用实战

压力线与支撑线一般出现在前高点、前低点、重要均线、成交密集区、整数位置等。前面讲解的是趋势线、管道线可以作为压力线或支撑线，现在来重点讲解一下压力线和支撑线。

3.4.1 压力线和支撑线的含义

压力线，又称阻力线，是指当价格上涨到某价位附近时，将会引起空方在此积极卖出，造成价格止涨回跌。这个阻止或暂时阻止价格继续上升的位置，就是压力线所在的位置。

支撑线，又称抵抗线，是指当价格跌到某个价位附近时，将会引起多方在此积极买入，造成价格止跌回升的现象。这个阻止或暂时阻止价格继续下跌的位置，就是支撑线所在的位置。

压力线和支撑线如图 3.23 所示。

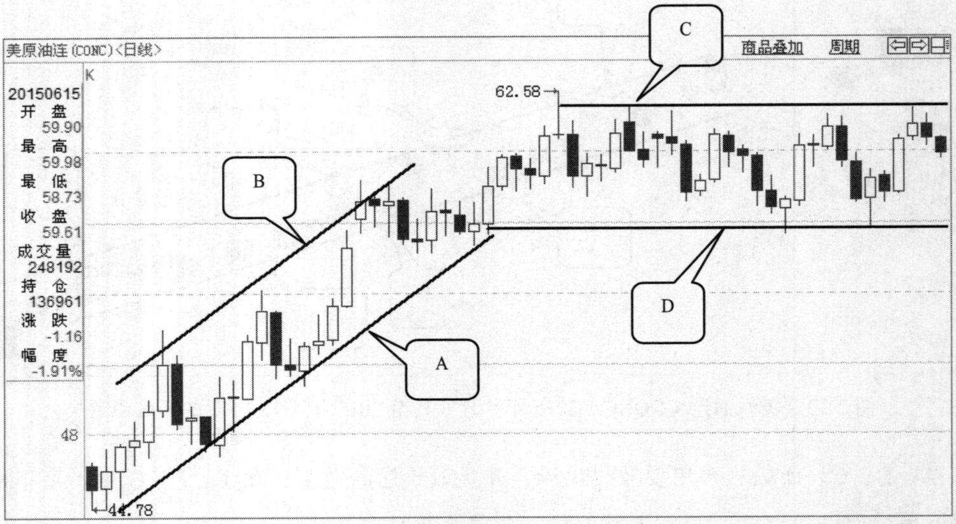

图 3.23 美原油连（CONC）的日 K 线图

A 处是一个上升趋势线，对价格有支撑作用。但是一旦价格跌破该趋势线，则该趋势线就变成了压力线。

B 处是一个压力线。对价格有压制作用，价格有可能短时突破该压力线，但很难真正突破。一旦有效突破该压力线，则价格就进入了一个新的趋势行情中。

C 处是一个水平压力线，对价格有明显的压制作用，价格一旦上涨到该位置，就有投资者卖出，从而使价格很难突破该水平压制线。

D 处是一个水平支撑线，当价格跌到该位置时，就有投资者抄底买进，从而使该水平线起到一定的支撑作用。但是，价格一旦有效突破该支撑线，则该水平支撑线就变成了压力线，即价格很难再次站上该水平线。

3.4.2 支撑线和压力线的作用

支撑线会维持或暂时维持价格向一个方向继续运动，压力线则会阻止或暂时阻止价格向一个方向继续运动，这是它们的基本作用。

但是价格的运动趋势是会发生反转的，一旦价格运动趋势发生反转，就必定会冲破阻止其继续向前的障碍。

例如，价格要继续下跌的行情，就必须突破支撑线的阻力和干扰，创造出新的价格低点；价格要继续上升的行情，就必须突破压力线的阻力和干扰，创造出新的价格高点。

可见，支撑线和压力线迟早会被价格突破，它们不足以长久地维持价格运动现状。

注意，支撑线或压力线又有彻底阻止价格按原方向变动的可能性。当一个趋势到头了，它就不可能创出新的低价或高价，这时的支撑线或压力线就显得异常重要。

提醒：众多的支撑线和压力线迟早都会被突破，只会有一根是最后的支撑线或压力线，它们高高的在上或低低的在下，彻底地终止了价格趋势的运行方向。

支撑线和压力线之所以能起到支撑作用和压力作用，很大程度上是由投资者的心理因素引起的，久而久之就约定俗成了，这就是支撑线和压力线的理论依据。

支撑线和压力线的重要性往往取决于价格穿越它们的幅度，只有当价格从支撑线或压力线上穿越得足够远时，才会使投资者确信自己判断错误，进而意识到支撑线和压力线的重要性，它们的身份互换才会有意义。

3.4.3 支撑线和压力线的重要性及突破确认

支撑线和压力线对投资者相当重要，但投资者还要明白，在不同的分析周期内，其重要性是不一样的。日K线图上的支撑线和压力线往往只是针对短暂趋势来说，它们很容易被价格突破；而周K线图上的支撑线和压力线则要牢靠得多，它们往往代表着价格运动的中期趋势；至于月K线图则能提供更广阔的视角，在它上面形成的支撑线和压力线，往往代表着价格长期趋势的变化信号。

对于一条横在价格上方的压力线，在判断其是否能够被价格有效突破时，要注意以下三点：

看成交量：一般来说，原来压力线处的成交量越大，多头反击时所受到的压力就越大。

看时间：即看这条压力线的产生时间和当前时间间隔有多远。距离越远，则多头无所顾忌；距离越近，则压力将持续发挥作用。

看次数：即看多头曾经向这条压力线发起过几次进攻。从没有进攻到频繁进攻，说明了多头集结兵力积极反击的信号；同时，随着几次多头反击的行为，空头的卖压也会逐渐被消化掉。

注意，由于价格变动，经常会发现原来确认的支撑线或压力线可能不再具有支撑或压力的作用，那么必须对支撑线和压力线进行调整，这和趋势线需要被调整是一样的道理。但到底该如何调整，由于不同的投资者对支撑区域或压力区域的理解不同，所以调整方式也不同。

提醒：投资者不要过分依赖绘制的各种压力线或支撑线，真正要揣摩的是这些压力线或支撑线后面显现出来的市场含义和群众心理，以及随之而来的反向思维。

3.5 黄金分割线应用实战

黄金分割可以用来预测市场价格回撤或反弹的空间，是现货市场主要的分析手段之一。黄金分割是一个古老的数学方法，对于它的各种神奇的作用和魔力，数学上至今也没有明确的解释，只是发现它屡屡在实际中发挥意思不到的作用。

黄金分割源于一组奇异的数字组合，即 1、2、3、5、8、13、55、89、144……，任何一个数字都是前两个数字的和，如：2=1+1，3=2+1，5=3+2；13=8+5。

这一组数字的任一个数字与相邻的后一个数字之比，均趋向于 0.618；而任意一个数字与相邻的前一个数字之比，约等于 1.618。这组数字被称为神秘数字，而 0.618 和 1.618 就叫黄金分割率。黄金分割率的基本公式是将 1 分割成 0.618 和 0.328。

在应用黄金分割时，要注意以下几点：

（1）黄金分割是以一波行情的底到顶作为区间，注意不同的区间反映的结果表达不同的级别；

（2）一波上涨行情，如果回调到强势区域企稳，就会继续上升，目标是再创新高，但高点会受到压制，强势区域企稳一般会走出一个整理形态，这个形态以完成时不破位为稳；

（3）一波上涨行情，如果下跌到强势区域以下整理，则继续下跌的概率较大；

（4）回调的中位在短线行情中多数为探针触及，很少停留，操作意义不大。

如果价格处在明显的上升趋势中，价格出现了回调，在回调到黄金分割重要位置时，出现做多信号，要敢于进场做多，如图 3.24 所示。

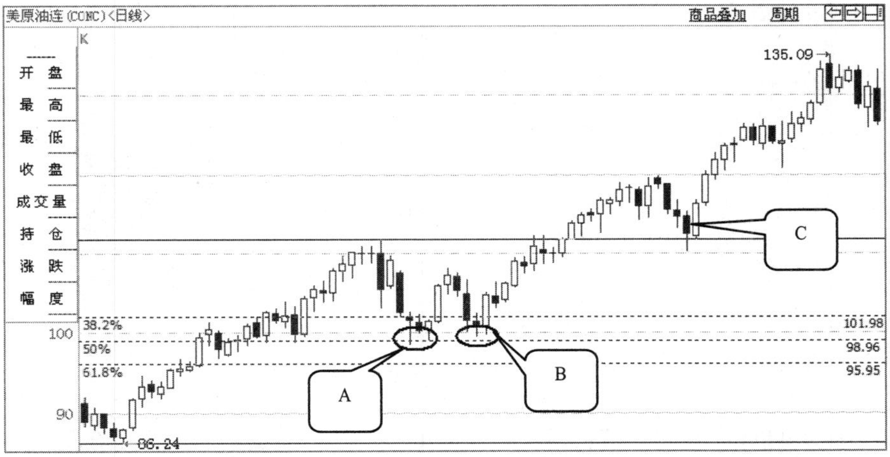

图 3.24 美原油连（CONC）的日 K 线图

美原油连（CONC）经过一波回调，创出 86.24 美元/桶的低点，但在创出低点这一天，价格却收了一根带有下影线的小阳线，这表明下方已出现抄底做多力量。

随后价格继续震荡上涨，经过一波上涨之后，价格出现了回调。由于当前处在明显的上涨行情之中，所以如果价格回调到黄金分割线重要支撑位时，出现见底 K 线，要敢于做多。

利用低点 86.24 美元/桶和第一波上涨的高点 118.80 美元/桶，画出黄金分割线。在这里可以看到，价格震荡回调到 0.5 黄金分割位置时，连续出现见底 K 线，所以这里是一个短多位置，即 A 处。

但这一次反弹没有创出新高，随后又开始回调，又是在 0.5 黄金分割位置出现见底 K 线，开始上涨，即 B 处，所以 B 处又是一个做多位置。

随后价格开始震荡上涨，并创出新高。价格创出新高后，又出现了一波回调，正好回调到前期高点附近，即 C 处，价格再度上涨，所以 C 处也是极好的做多位置。

如果价格处在明显的下跌趋势中，价格出现了反弹，在反弹到黄金分割重要位置时，出现做空信号，要敢于进场做空，如图 3.25 所示。

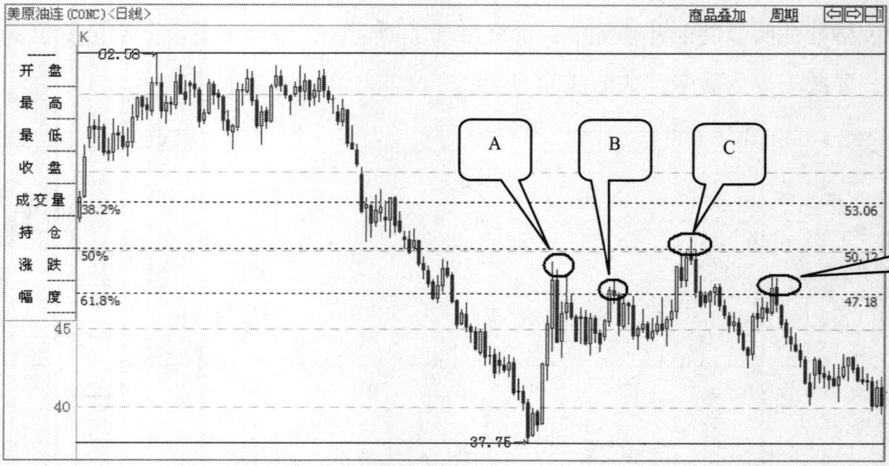

图 3.25 美原油连（CONC）的日 K 线图

美原油连（CONC）经过一波反弹后，创出 62.58 美元/桶的高点，然后在高位震荡之后，再度出现一波趋势性下跌，最低创出 37.75 美元/桶的低点。随后价格出现了反弹，由于当前是下跌趋势，所以反弹到黄金分割线的重要位置，出现见顶 K 线，就可以关注做空机会。

利用低点 37.75 美元/桶和高点 62.58 美元/桶，画出黄金分割线。在这里可以看到，价格反弹到 0.382 黄金分割位置时，价格出现大幅震荡，即 A 处，在 A 处，多单要注意止盈，同时可以短空。

随后价格震荡后，再度上冲 0.382 黄金分割位置，又出现见顶 K 线，即 B 处，在 B 处也可以短空。

价格震荡之后，再度反弹上涨，这一波正好上冲到 0.5 黄金分割位置，并且出现了见顶 K 线，即 C 处，所以 C 处是极佳的做空位置。

价格在 C 处见顶后，价格出现了一波下跌，然后再度反弹，这一波又反弹到 0.382 黄金分割位置，再度出现见顶 K 线，即 D 处，在 D 处是新的做空机会。

从其后走势来看，D 处反弹结束后，价格就开始了新的一波下跌行情，并创出新低，即 26.05 美元/桶，如图 3.26 所示。

总之，在 C 处和 D 处，敢于重仓做空，并且敢于持有的投资者，都是市场最大的赢家。

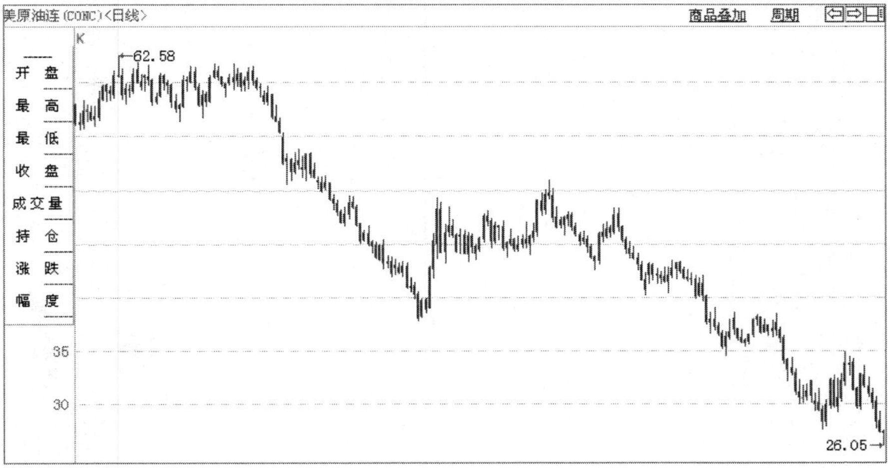

图 3.26 美原油连（CONC）创出 26.05 美元/桶的低点走势

第 4 章

电脑炒原油的形态分析技巧

根据多年实战经验可知，利用 K 线和 K 线组合，可以预测未来 1～3 天的价格行情，即可以利用 K 线和 K 线组合技术做短线操作。如果想抓往 3 周到 3 个月的中期趋势行情，即波段行情，就要好好学习和训练 K 线形态技术。

本章主要内容包括：

- 什么是反转形态
- 反转形态的特征
- 什么是持续形态
- 头肩形反转形态实战技巧
- 倒头肩形反转形态实战技巧
- 双重顶和双重底反转形态实战技巧
- V 形反转形态实战技巧
- 三角形持续形态实战技巧
- 旗形持续形态实战技巧
- 楔形持续形态实战技巧

4.1 形态概述

价格的运行总伴随着上涨和下跌，根据前面讲解的趋势分析可知，如果在某一时期，趋势向上，虽然有时出现下跌，但不影响升势，即价格不断创出新高，使投资者看好后市；如果在某一时期，趋势向下，虽然有时出现上涨，但不影响跌势，即价格不断创出新低，使投资者看淡后市。

从一种趋势向另一种趋势转换，通常需要一段酝酿的时间。在这段时间内，趋势如果转换成功，就是反转形态，如果转换不成功，还按原来的趋势运行，就是持续形态。

4.1.1 反转形态

反转形态，意味着趋势正在发生重要反转，价格运行方向也会随之改变，由原来的上升趋势转换为下降趋势，或由原来的下降趋势转换为上升趋势。

反转形态的形成起因于多空双方力量对比失去平衡，变化的趋势中一方的能量逐渐被耗尽，另一方转为相对优势。它预示着趋势方向的反转，价格在多空双方力量平衡被打破之后探寻新的平衡。在外汇市场中，反转形态是重要的买入或卖出信号，所以投资者要掌握并灵活运用反转形态。反转形态如图 4.1 所示。

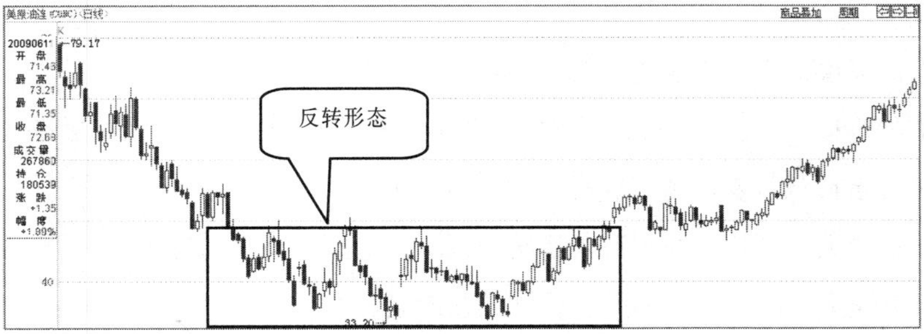

图 4.1 美原油连（CONC）的日 K 线图

反转形态有很多，主要包括头肩形、双重顶（底）、V 形顶（底）、圆弧顶（底）等形态。

4.1.2 反转形态的特征

在单独研究各个主要反转形态之前，要注意反转形态共有的特征。从整体把握上来说，这是相当重要的。

（1）事先存在趋势的必要性

市场上确有趋势存在是所有反转形态存在的先决条件。市场必需先有明确的趋势，然后才谈得上反转。

在K线图上，偶尔会出现一些与反转形态相像的图形，但是，如果事前并无趋势存在，那么它便无物可反，因而意义有限。在辨识形态的过程中，应正确把握趋势的总体结构，有的放矢地对最可能出现一定形态的阶段提高警惕，是成功的关键。

正因为反转形态事先必须有趋势可反，所以它才具备了测算意义。绝大多数测算技术仅仅给出最小价格目标，那么，反转的最大目标是多少呢？就是事前趋势的起点，它的终点就是回到它的起点。如果市场出现过一轮主要的牛市，并且主要反转形态已经完成，就预示着价格向下运动的最大余地便是百分之百地回撤整个牛市。

（2）重要趋势线的突破

即将降临的反转过程，经常以突破重要的趋势线为前兆。不过要记住，主要趋势线被突破，并不一定意味着趋势的反转。这个信号本身的意义是，原趋势正在有所改变。

主要向上趋势线被突破后，或许表示横向延伸的价格形态开始出场。随着事态的进一步发展，才能够把该形态确认为反转型或连续型。在有些情况下，主要趋势线被突破同价格形态的完成恰好同步实现。

（3）形态的规模越大，则随之而来的市场动作越大

这里所谓的规模大小，是就价格形态的高度和宽度而言的。高度标志着形态波动性的强弱，而宽度则代表着该形态从发展到完成所花费时间的多少。

形态的规模越大，即价格在形态内摆动的范围（高度）越大、经历的时间（宽度）越长，那么该形态就越重要，随之而来的价格运动的余地就越大。

（4）顶和底的差别

顶部形态与底部形态相比，“顶”的持续时间短但波动性更强。在顶部形态中，价格波动不但幅度更大，而且更剧烈，它的形成时间也较短。底部形态通常具有较小的价格波动幅度，但耗费的时间较长。正因如此，辨别和捕捉市场底部比捕捉其顶部，通常来得容易些，损失也相应少些。

对喜欢“猜顶”的朋友来说，一定要注意价格通常倾向于跌快而升慢，因而顶部形态尽管难于对付，却有其吸引人的地方。通常，投资者在捕捉住熊市的卖出机会的时候比抓住牛市的买入机会的时候，盈利快的多。事实上，一切都是风险与回报之间的平衡。较高的风险从较高的回报中获得补偿，反之亦然。顶部形态虽然很难捕捉，却也更具盈利的潜力。

（5）成交量在验证向上突破信号时更具重要性

成交量一般应该顺着市场趋势的方向相应地增长，这是验证所有价格形态完成与否的重要线索。任何形态在完成时，均应伴随着成交量的显著增加。但是，在趋势的顶部反转过程的早期，成交量却没有如此重要。一旦熊市潜入，市场惯于“因自重而下降”。技术分析者当然希望看到在价格下跌的同时，交易活动也更为活跃，不过，在顶部反转过程中，这不是关键。然而，在底部反转过程中，成交量的相应扩张，却是绝对必需的。当价格向上突破的时候，成交量形态并未呈现出显著增长的态势，那么，整个价格形态的可靠性，就值得怀疑了。

4.1.3 持续形态

持续形态，是指价格维持原有的运动轨迹。市场事先确有趋势存在，是持续形态成立的前提。

市场经过一段趋势运动后，积累了大量的获利筹码，随着获利盘纷纷套现，价格出现回落，但同时对后市继续看好的投资者大量入场，对市场价格构成支撑，因而价格在高价区小幅震荡，市场采用横向运动的方式消化获利筹码，重新积聚了能量，然后又恢复原先的趋势。持续形态即为市场的横向运动，它是市场原有趋势的暂时休止。

与反转形态相比，持续形态形成的时间较短，这可能是市场惯性的作用，保持原有趋势比扭转趋势更容易。持续形态形成的过程中，价格震荡幅度应当逐步收敛，同时，成交量也应逐步萎缩。最后在价格顺着原趋势方向突破时，应当伴随大的成交量。

持续形态的完成过程往往不会超过三个月，而且多数出现在日K线图上，周K线图上很少出现，在月K线图中几乎没有出现过。整理时间不长的原因是：整理经不起太多的时间消耗，士气一旦疲软，则继续原有趋势就会产生较大的阻力。

对于持续形态，如果是中长线投资者，在整个持续形态中可以不进行操作，只有形势明朗后，才去具体操作。但对于短线投资者来说，不可以长达三个月不进行操作，可以根据K线技术进行短线灵活操作。也就是说，当价格在这些形态中来回折返的时候，也会产生很多次短线交易机会。因此，短线投资者对长期价格形态并不在意，而仅仅会对某些重要的突破位比较在意。持续形态如图 4.2 所示。

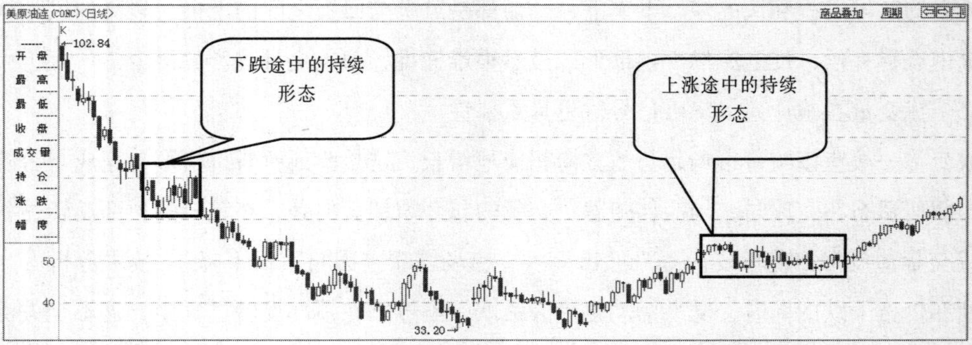

图 4.2 美原油连（CONC）的日 K 线图

4.2 反转形态实战技巧

反转形态可分两类，分别是顶部反转形态和底部反转形态，下面就来详细讲解一下。

4.2.1 头肩形反转形态实战技巧

头肩形反转形态是最著名、最可靠的反转形态，其形态图形如图 4.3 所示。

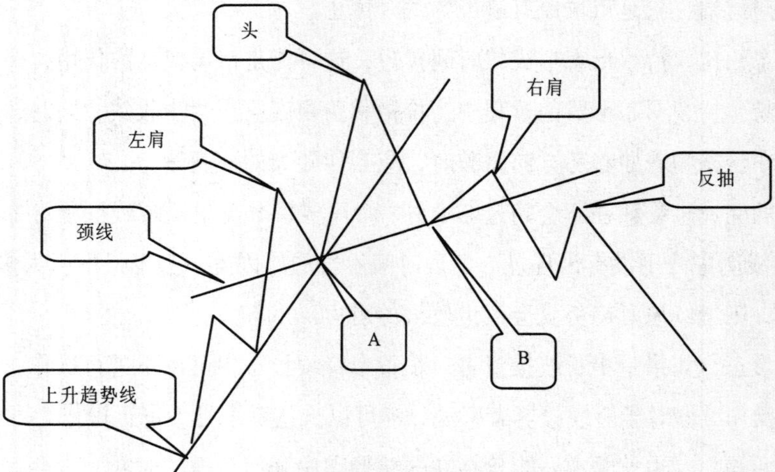

图 4.3 头肩形反转形态

在头肩形反转形态中，左肩和右肩的高度差不多相同，头比两肩高。下面就来看一下头肩形的形成过程。

在形成左肩过程中，上升趋势一如既往，毫无反转的迹向。在回调过程中，也很正常，即回调到 A 点受到上升趋势线的支撑。

在形成头过程中，虽然价格创出了新高，但一般情况下成交量会减少。虽然这个变化本身不具有重要意义，但是这时候，投资者一定要保持警惕。

价格在回调时，出现了一些更令人不解的问题，即这次回调跌破了上升趋势线，然后在 B 点止跌，止跌后反弹高度没有突破前期高点，也没有突破上升趋势线，即右肩高点比头低，也没有突破上升趋势线，一般情况下成交量也会缩少，这表明上升趋势很可能就此结束。

这样，左肩回调低点 A 和头部回调低点 B 的连线就是头肩形的颈线。颈线可以是水平直线，也可以是向下或向上倾斜的斜线。

如果价格跌破颈线，这表明头肩形反转形态形成。

一般情况下，价格跌破颈线后会有反抽，即价格重新反弹到颈线附近，但不会再突破颈线。

形成头肩形的各要素具体如下：

- 事先是上升趋势；
- 左肩伴随着较大的交易量，随后市场向下调整到 A 点；
- 缩量上涨，创新高，即形成头部；
- 随后的下跌低于左肩，且接近前一个向上反弹低点 A；
- 第三轮的上冲具有明显的缩量，并且无力再创出新高；
- 再次下跌，并且跌破颈线；
- 反抽，但没有突破颈线，然后再下跌并且创出新低。

图 4.4 显示的是美原油连（CONC）2015 年 7 月 1 日至 2016 年 1 月 19 日的日 K 线图。

美原油连（CONC）经过一波趋势性下跌之后，价格出现了反弹。前几天的反弹很强，连续收出中阳线，但投资者不要忘记了这里仅仅是反弹，所以抄底多单要见好就收。

价格经过快速上涨之后，开始较长时间的震荡。在震荡过程中出现了头肩顶形态，由于当前主要趋势是下跌趋势，所以当价格跌破头肩顶的颈线时，要注意做空机会。

在 A 处，价格跌破了头肩顶的颈线，投资者一定要明白，震荡行情要结束了，后市将迎来震荡下跌行情，所以投资者要注意新的做空位置。比较好的做空位置，一个是 A 处，另外就是

B 处和 C 处了。因为价格再度反弹到头肩顶颈线时，就会受压，所以 B 处和 C 处，是不错的做空位置。

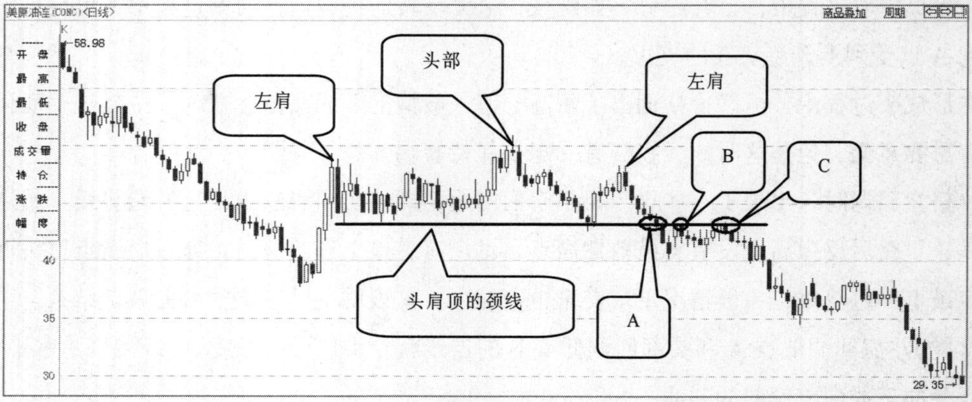

图 4.4 美原油连（CONC）2015 年 7 月 1 日至 2016 年 1 月 19 日的日 K 线图

从其后走势可以看出，头肩顶形态成立后，价格出现了新的趋势性下跌行情。如果敢于在 A、B 和 C 处，重仓做空的投资者，都会有不错的投资收益。

4.2.2 倒头肩形反转形态实战技巧

头肩形底，又称倒头肩形，它恰好与头肩形顶互为镜像，如图 4.5 所示。

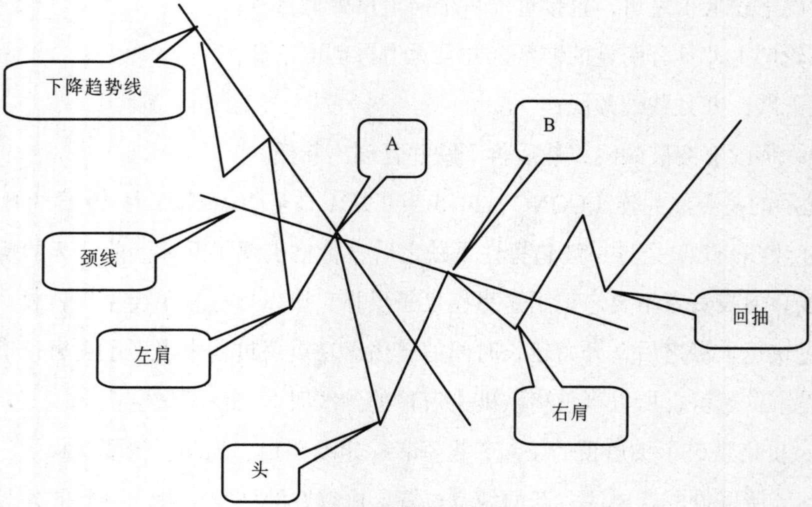

图 4.5 倒头肩形

倒头肩形有三个清楚的低点，其中头（中间的低点）稍低于两肩低点。收盘价格有效突破颈线，是该形态得以完成的必要条件，而且它的测算空间方法与头肩形是一样的。

头肩形与倒头肩形最重要的区别在于成交量。在判断倒头肩形形态及其突破时，成交量起到相当关键的验证作用。头肩形形成的下跌具有“因自重而下跌”的倾向性，因此在底部，当市场发动一轮牛市时，必须具有较多的成交量才行，也就是说，必须具有显著增强的买进推力。

颈线可以是水平的，也可以是向上倾斜的，这两种情况差别不大；如果颈线向下倾斜，则是市场疲弱的一种表现。

图 4.6 显示的是美原油连（CONC）2008 年 10 月 15 日至 2009 年 6 月 11 日的日 K 线图。

图 4.6 美原油连（CONC）2008 年 10 月 15 日至 2009 年 6 月 11 日的日 K 线图

美原油连（CONC）在经过较长时间、较大幅度的下跌后，然后开始震荡筑底，这里出现了明显的倒头肩形形态。倒头肩形形态的头部低点是 33.20 美元/桶，右肩低点比左肩低点略低，然后在 A 处，价格突破了头肩底的颈线，这是不错的做多位置。

当然有很多投资者在 A 处不敢及时跟进，因为怕假突破，那么可以在价格回调时介入多单，即在 B 处和 C 处介入多单。

从其后走势看，敢于介入多单的投资者，都会有不错的投资收益。

4.2.3 双重顶和双重底反转形态实战技巧

双重顶和双重底反转形态，这种形态仅次于头肩形，出现得很频繁，并且易于辨认。

双重顶，又被称为双顶或 M 顶，其图形如图 4.7 所示。

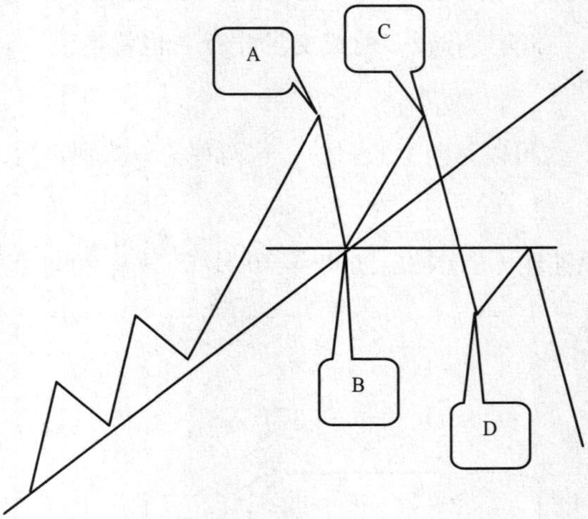

图 4.7 双重顶

下面来看一下双重顶的形成过程。

在上升趋势中，市场在 A 点确立了新的高点，通常其成交量会有所增加。然后是缩量回调，回调到 B 点受到上升趋势线的支撑，这时技术形态表现良好。

接着上冲到 C 点，收盘价无法再创新高，然后又开始下跌。此时，一个潜在的双重顶很可能要形成。

注意到这里只是可能，因为双重顶反转形态成立的必要条件，只有在收盘价格突破前一个低点 B 的支撑后，这个反转才成立。当价格跌破前期低点 B，然后回抽没能再次站上颈线，则表示双重顶形态形成。

图 4.8 显示的是美原油连（CONC）2010 年 8 月 18 日至 2011 年 8 月 9 日的日 K 线图。

美原油连（CONC）经过几波震荡上涨之后，先是创出 113.46 美元/桶的高点，然后连续两根中阴线下跌。随后价格企稳。开始再度上涨。需要注意的是，最后一波上涨，虽然创出新高 114.83 美元/桶，但最后一波明显地上涨无力，特别是最后几天的涨。

图 4.8 美原油连（CONC）2010 年 8 月 18 日至 2011 年 8 月 9 日的日 K 线图

另外，价格创出新高当天，价格却收了一根长长的螺旋线，这是一根见顶 K 线，表明上方压力很大。随后价格开始震荡下跌，然后一根巨大的阴线跌破了双重顶的颈线，这意味着价格要开始震荡下跌了，所以手中还有多单的投资者，要在价格反弹时注意出局；手中有空单的朋友，可以耐心持有；没有空单的朋友，注意反弹时介入空单。

价格跌破双重顶的颈线后，价格出现了反弹，第一波反弹，正好反弹到双重顶的颈线附近，即 A 处，所以 A 处是极佳的新的做空位置。

附近价格震荡下跌，在震荡过程中，每次反弹出现新的见顶 K 线时，都是新的做空机会，所以 B、C 和 D 处，都是不错的做空位置。

另外，还要注意，双重顶的两个峰，并不处于严格相同的水平上，有时，第二峰相当疲弱，达不到第一峰的高度，这种情况可以理解。但当第二峰超过第一峰时，初看起来是向上突破，即恢复了上升趋势，对于这一点，要高度重视，否则追高做多，就会被套在最高点上。

在判断突破是否成立，主要看收盘价是否超过前一个高峰，而不能仅仅看日内是否穿越。其次，还要考虑突破的高度，如果超过第一个高点的 3%左右，则很可能突破成功。再次，可以考虑突破的时间，如果连续两到三天，收盘价都在第一个高峰之上，这表明突破很可能成功。

在牛市中，双重顶的第二峰高于第一峰是正常现象，因为这是市场主力在诱多，是牛市陷阱。

双重底，又称双底，是双重顶的镜像，在向上突破颈线时，成交量的放大是相当重要的，并且突破颈线后，一般会回调，如图 4.9 所示。

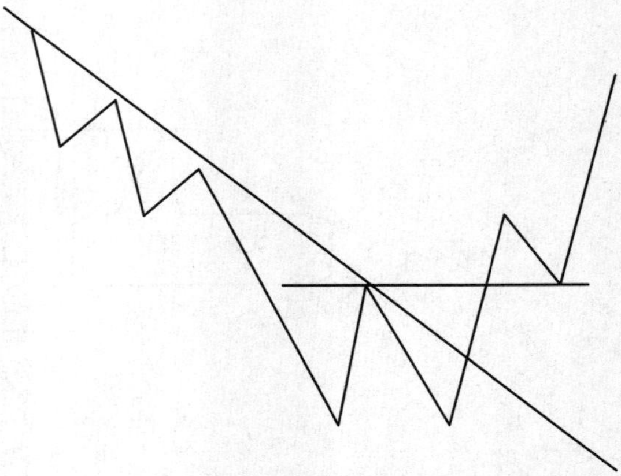

图 4.9　双重底

图 4.10 显示的是美原油连（CONC）2012 年 5 月 10 日至 2012 年 9 月 14 日的日 K 线图。

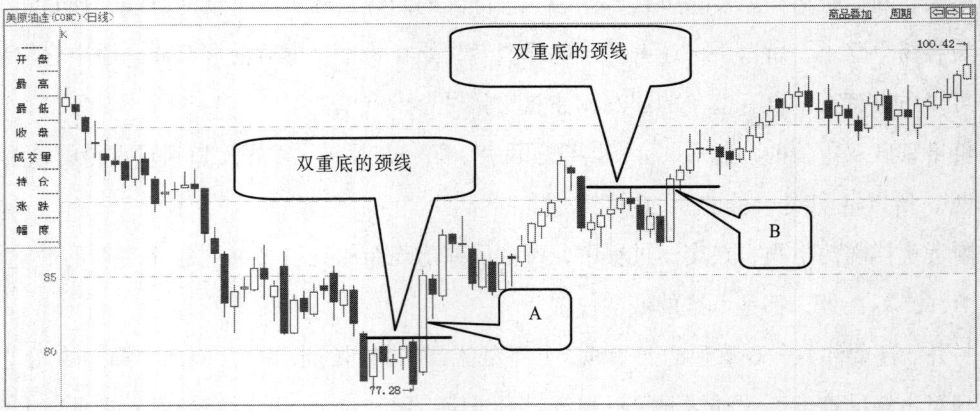

图 4.10　美原油连（CONC）2012 年 5 月 10 日至 2012 年 9 月 14 日的日 K 线图

美原油连（CONC）经过一波下跌之后，创出 77.28 美元/桶的低点，但随后的一个交易日，价格没有继续下跌，反而拉出一根大阳线，即 A 处。需要注意的是，A 处的大阳线突破了双重底的颈线，这表明价格已见底，后市要震荡上涨了，所以如果手中还有空单，就要及时逢低出局了。同时，还要关注做多机会。

由于价格突破比较快，可能来不及介入多单，但随后的回调，出现见底 K 线或 K 线组合，要注意介入多单。

同理，在 B 处，价格在上涨途中，回调出现了双重底结构。所以，当价格突破双重底颈线时，是比较好的做多机会。

注意，在判断双重顶或双重底时，形态的规模很重要。双峰之间持续的时间越长、形态的高度越大，则反转的潜力越大。这一点对所有的反转形态都成立。

一般情况下，在最有力的双重顶或双重底形态中，市场至少应该在双峰或双谷之间持续一个月，有时甚至可能达到两、三个月之久。

4.2.4　V形反转形态实战技巧

V形反转形态可谓神出鬼没，在其出现时很难判断，但这种反转形态还是很常见。前面讲解的各种反转形态，价格都有一段横向延伸的时间，投资者能够利用这个机会研究市场行情，仔细地探索未来的运动方向。但V形反转形态代表的是剧烈的市场反转，同市场逐步改变方向的一般方式不同，当它发生时，几乎没有先兆，趋势会出人意料地突然转向，随即向相反的方向剧烈运动。

V形反转形态如图4.11所示。

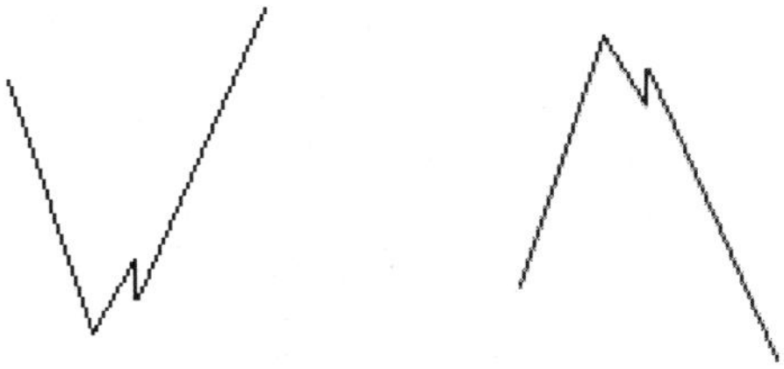

（a）V形底　　（b）V形顶

图4.11　V形反转形态

图4.12显示的是美原油连（CONC）2011年6月28日至2012年6月20日的日K线图。

如果价格已经经过较长时间和较大幅度的下跌，并且幅度较大，投资者一定要小心，因为有可能形成V形底，即价格会有大幅反弹，甚至反转上行，所以空单一定要注意保护盈利，即A处。

如果价格处在明显的上升趋势中，出现了快速回调，形成了V形底，要敢于逢低做多，并且这种操作风险较小，收益较大，即B处和C处。

注意，如果价格处在明显的震荡下跌结构中，此时出现了反弹形成的V形底，千万不要盲目地进场做多，而应逢高做空，因为在下跌趋势中，要以逢高做空为主，即D处。

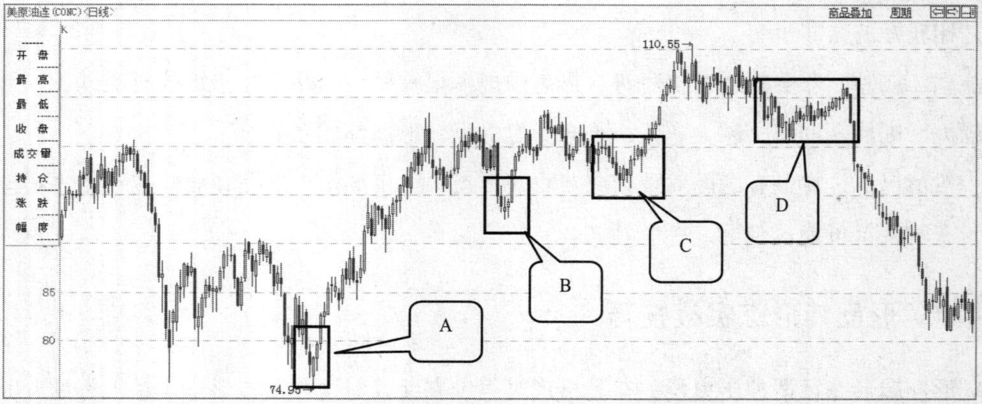

图 4.12　美原油连（CONC）2011 年 6 月 28 日至 2012 年 6 月 20 日的日 K 线图

图 4.13 显示的是美原油连（CONC）2008 年 1 月 23 日至 2009 年 1 月 15 日的日 K 线图。

图 4.13　美原油连（CONC）2008 年 1 月 23 日至 2009 年 1 月 15 日的日 K 线图

如果价格处在明显的上升趋势中，并且价格上涨的幅度不大，这里出现 V 形顶，短线需要注意规避风险，但一旦有企稳，仍可以介入多单，即 A 处和 B 处的 V 形顶。

如果价格已经过较长时间的大幅上涨，而此时上涨幅度仍较大，如果这时出现 V 形顶，就需要小心了。多单一定要第一时间出局，并且关注做空机会，即 C 处的 V 形顶。

如果价格处在明显的下跌趋势中，出现了反弹，反弹出现 V 形顶，往往是很好的做空机会，即 D、E 和 F 处。

4.3 持续形态实战技巧

持续形态包括三种，分别是三角形、旗形和楔形，下面就来详细讲解一下。

4.3.1 三角形持续形态实战技巧

三角形持续形态包括 3 种，分别是收敛三角形、上升三角形、下降三角形。

（1）收敛三角形

收敛三角形可以出现在跌势中，也可以出现在涨势中，每次上涨高点的连线与每次回落低点的连线相交于右方，呈收敛状，其形状像一把三角形尖刀。收敛三角形的图形如图 4.14 所示。

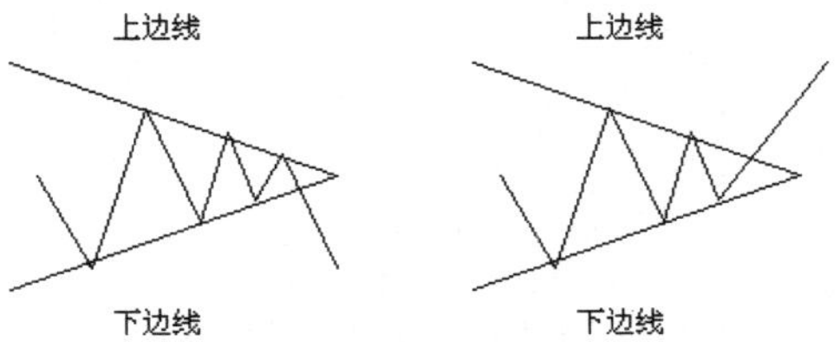

图 4.14 收敛三角形

收敛三角形整理后可能向上，也可以向下，是一个观望信号。在涨势中，如果放量收于压力线上方，可加仓做多；如果向下突破，要看空、做空。

如果原油的价格处在上升趋势中，在调整的过程中出现了收敛三角形，当价格突破收敛三角形上边线时，要敢于做多，如图 4.15 所示。

图 4.15 美原油连（CONC）2007 年 8 月 16 日至 2007 年 11 月 16 日的日 K 线图

美原油连（CONC）的价格在 A 处突破了收敛三角形的上边线，所以 A 处是一个不断的多单进场点。

如果原油的价格在下跌初期或下跌途中，出现反弹，在反弹过程中出现了收敛三角形，当价格跌破收敛三角形的下边线时，空单要敢于进场，如图 4.16 所示。

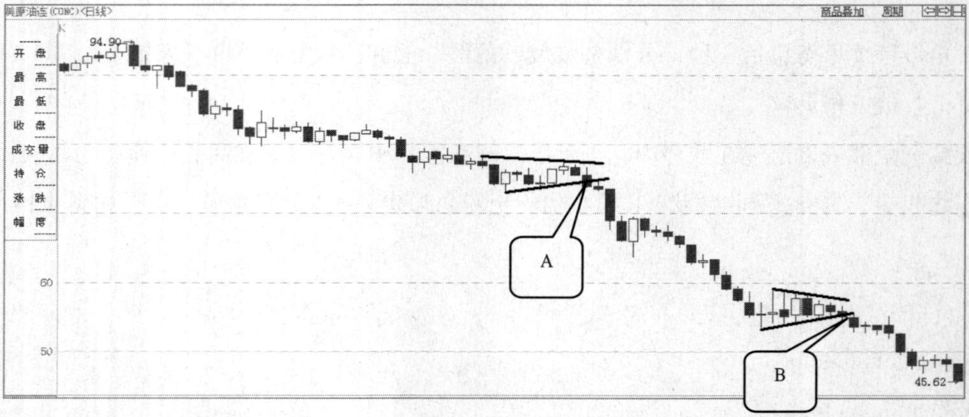

图 4.16　美原油连（CONC）2014 年 6 月 20 日至 2015 年 1 月 14 日的日 K 线图

美原油连（CONC）一波反弹，创出 94.9 美元/桶的高点。然后开始震荡下跌，在震荡下跌过程中，出现收敛三角形调整，当价格跌破收敛三角形的下边线时，即 A 处和 B 处，都是很好的做空机会。

（2）上升三角形

上升三角形的下边线是向上倾斜的，上边线是水平的，一般来说，它属于看涨形态，如图 4.17 所示。

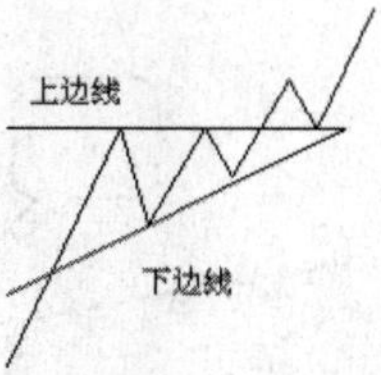

图 4.17　上升三角形

上升三角形显示多空双方在该范围内的较量，在较量中多方稍占上风，空方在其特定的价格水平不断沽售，但并不急于出货，也不看好后市，于是价格每升到理想水平便即沽出，这样在同一价格的沽售形成了一条水平的供给线。不过市场的买力很强，他们不待价格回落到上次的低点，便迫不急待地买进，因此形成一条向右上方倾斜的需求线。

上升三角形在形成过程中，成交量不断萎缩，向上突破压力线时要放大量，并且突破后一般会有回抽，在原来高点连接处止跌回升，从而确认突破有效。上升三角形是买进信号，为了安全，当价格突破压力线后，小幅回调再创新高时买进。

如果原油的价格处在上升趋势中，在调整的过程中出现了上升三角形，当价格突破上升三角形上边线时，要敢于做多，如图 4.18 所示。

图 4.18 美原油连（CONC）2014 年 1 月 16 日至 2014 年 6 月 12 日的日 K 线图

如果原油的价格在下跌初期或下跌途中，出现反弹，在反弹过程中出现了上升三角形，当价格跌破上升三角形的下边线时，空单要敢于进场，如图 4.19 所示。

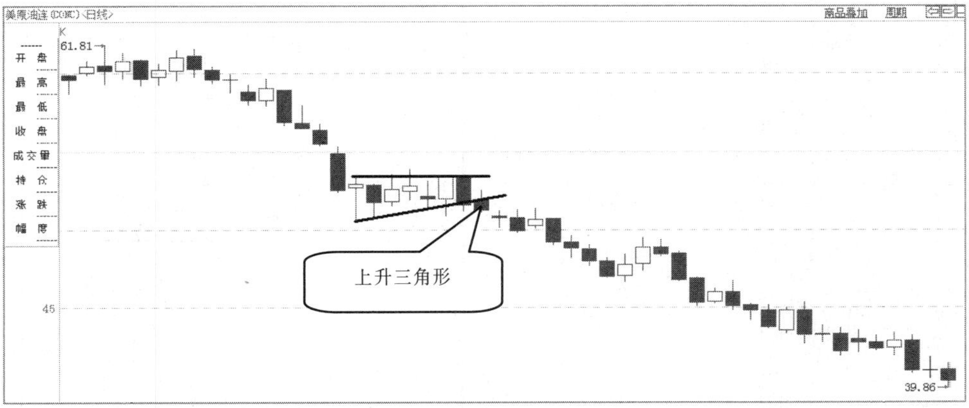

图 4.19 美原油连（CONC）2014 年 1 月 16 日至 2014 年 6 月 12 日的日 K 线图

（3）下降三角形

下降三角形是上升三角形的镜像，一般情况下，它属于下跌形态。下降三角形的上边线是向下倾斜的，下边线是水平的，这种形态说明卖方比买方更积极主动，如图 4.20 所示。

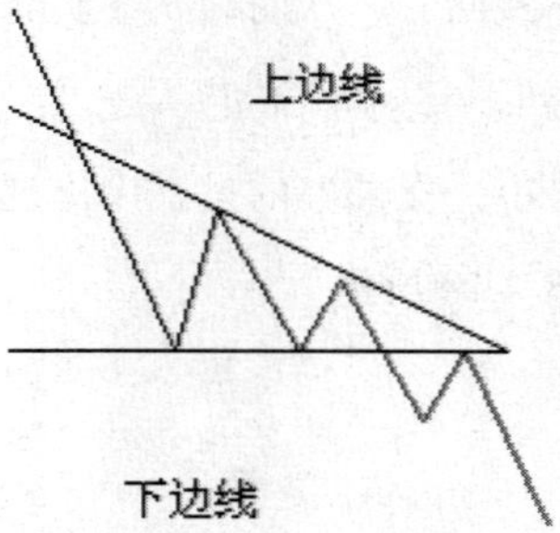

图 4.20　下降三角形

在下降三角形形成的过程中，看淡的一方不断地增加沽售压力，价格还没回升到上次高点便再沽出，而看好的一方坚守着某一价格的防线，使价格每回落到该水平线便获得支撑。

下降三角形在形成过程中，成交量不断放大，向下突破压力线时可以放量也可以不放量，并且突破后一般会有回抽，在原来支撑线附近受阻，从而确认向下突破有效。下降三角形是卖出信号，投资者可在跌破支撑线后，止损离场。

如果原油的价格处在明显的下跌趋势中，出现了反弹，反弹过程中出现了下降三角形，一旦下降三角形的下边线被跌破，多单一定要及时出局，空单果断进场，如图 4.21 所示。

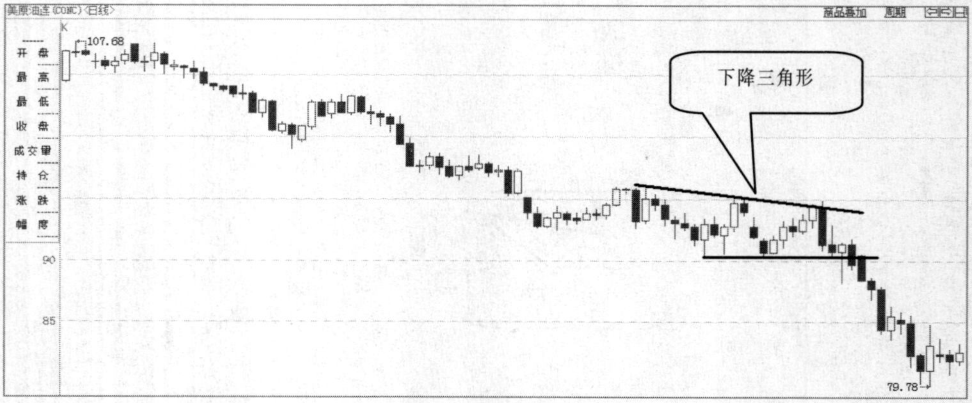

图 4.21　美原油连（CONC）2014 年 6 月 12 日至 2014 年 10 月 21 日的日 K 线图

4.3.2 旗形持续形态实战技巧

旗形持续形态包括 2 种，分别是上升旗形和下降旗形。

（1）上升旗形

上升旗形出现在涨势中，每次上涨高点的连线平行于每次回落低点的连线，并且向下倾斜，看上去就像一面迎面飘扬的旗子。上升旗形的图形如图 4.22 所示。

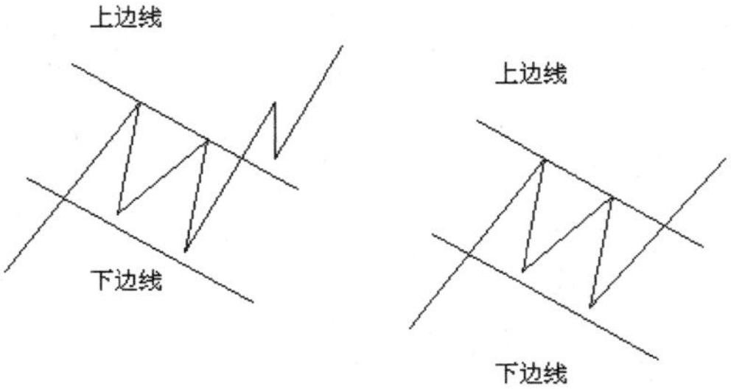

图 4.22　上升旗形

上升旗形在向上突破压力线时要放大量，并且突破后一般会有回抽，在原来高点连接处止跌回升，从而确认突破有效。上升旗形是诱空陷阱，是一个买进信号，为了安全，当价格突破压力线后，小幅回调再创新高时买进。注意，投资者不要被价格下移所迷惑，要警惕主力的诱空行为，持筹者可静观其变。

如果原油的价格经过较长时间回调之后，开始上涨，在上涨的初期出现了上升旗形，当价格突破上升旗形的上边线时，多单要及时进场，如图 4.23 所示。

图 4.23　美原油连（CONC）2011 年 8 月 30 日至 2012 年 2 月 24 日的日 K 线图

（2）下降旗形

下降旗形一般出现在跌势中，每次反弹高点的连线平行于每次下跌低点的连线，并且向上倾斜，看上去就像一面迎面飘扬的旗子。下降旗形的图形如图 4.24 所示。

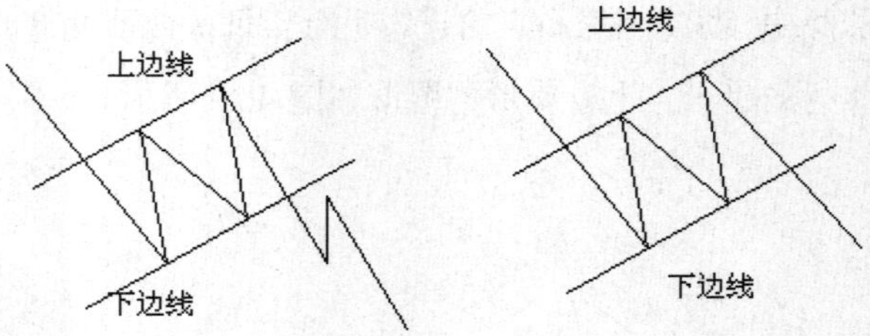

图 4.24　下降旗形

在下降旗形形成过程中，价格突破支撑线后一般会有回抽，受阻于支撑线，从而确认突破有效。下降旗形是诱多陷阱，是一个卖出做多信号，多单应果断止损离场。注意，投资者不要被价格上移所迷惑，要警惕主力的诱多行为。

如果原油的价格处在明显的下跌行情中，出现了反弹，在反弹过程中出现了下降旗形，当价格跌破下降旗形的下边线支撑时，空单要敢于进场，如图 4.25 所示。

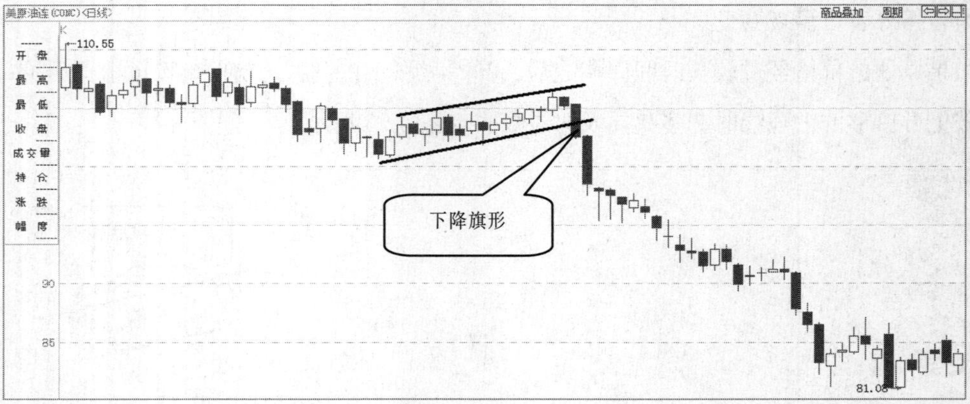

图 4.25　美原油连（CONC）2012 年 3 月 1 日至 2012 年 6 月 19 日的日 K 线图

4.3.3　楔形持续形态实战技巧

楔形持续形态包括 2 种，分别是上升楔形和下降楔形。

（1）上升楔形

上升楔形出现在跌势中，反弹高点的连线与下跌低点的连线相交于右上方，其形状构成一个向上倾斜的楔形图，最后价格跌破支撑线向下滑落。上升楔形的图形如图 4.26 所示。

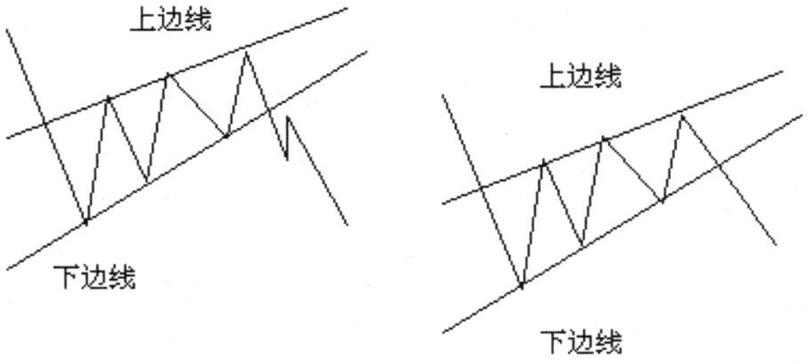

图 4.26　上升楔形

上升楔形在形成过程中，成交量不断减少，呈现“价升量减”的反弹特征。上升楔形是诱多陷阱，表示升势已尽，是一个卖出信号。投资者不要被低点上移所迷惑，要保持警惕。

如果原油的价格处在下跌趋势中，出现了反弹，在反弹过程中出现了上升楔形，当价格跌破上升楔形下边线的支撑时，空单要敢于进场，如图 4.27 所示。

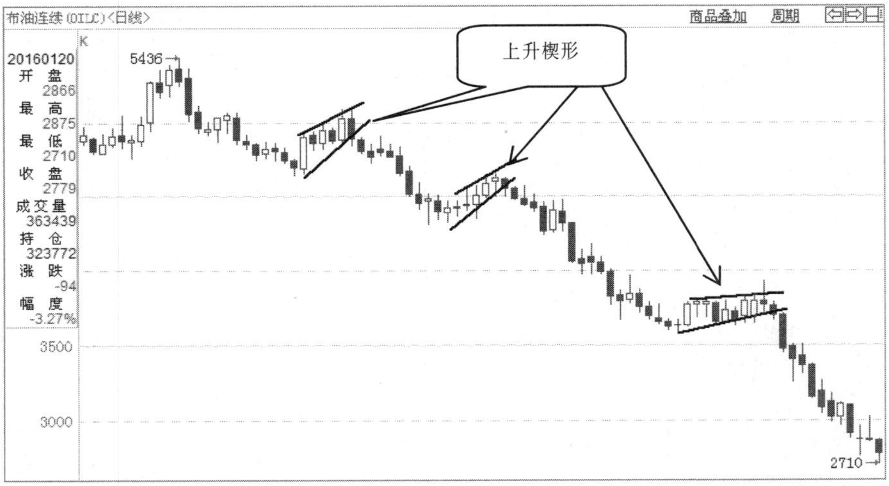

图 4.27　布油连续（OILC）2015 年 9 月 25 日至 2016 年 1 月 20 日的日 K 线图

（2）下降楔形

下降楔形出现在涨势中，每次上涨高点的连线与每次回落低点的连线相交于右下方，其形状构成一个向下倾斜的楔形图。最后价格突破压力线，并收于其上方。下降楔形的图形如图 4.28 所示。

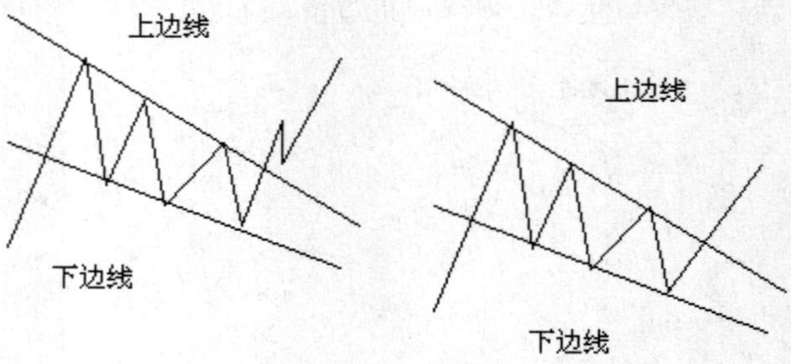

图 4.28 下降楔形

下降楔形在形成过程中，成交量不断减少，向上突破压力线时要放大量，并且突破后一般会有回抽，在原来高点连接处止跌回升，从而确认突破有效。下降楔形是诱空陷阱，是一个买进信号，为了安全，在价格突破压力线后，小幅回调再创新高时买进。

如果原油的价格处在上升趋势中，出现了回调，在回调过程中出现了下降楔形，当价格突破下降楔形上边线的压力线时，多单要敢于进场，如图 4.29 所示。

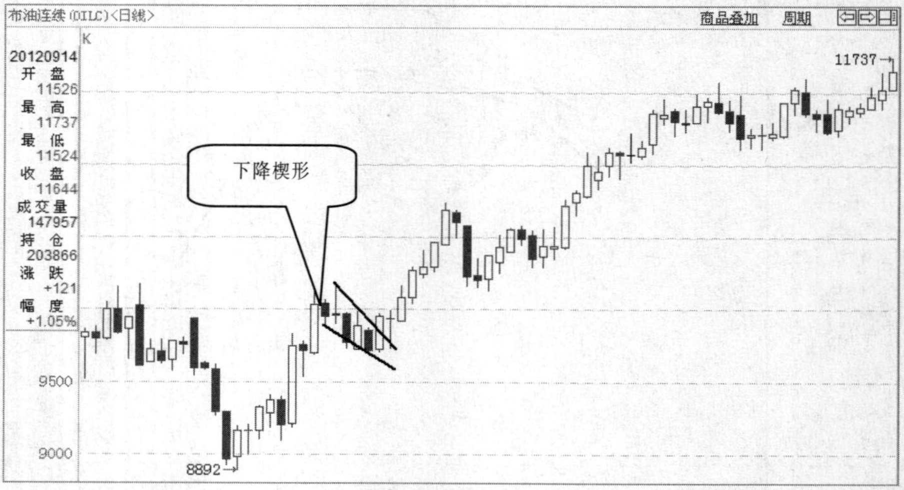

图 4.29 布油连续（OILC）2012 年 6 月 4 日至 2012 年 9 月 14 日的日 K 线图

第 5 章

电脑炒原油的 EXPMA 分析技巧

EXPMA 指标对均线进行了取长补短，同时又具备了 KDJ 指标和 MACD 指标的“金叉”和“死叉”等功能。因此，该指标具有较高的成功率和准确性，对于价格的抄底和逃顶提供了较好的点位，是投资者采用中短线决策的好帮手。

本章主要内容包括：

- 初识 EXPMA
- EXPMA 金叉做多技巧
- EXPMA 多头行情中的短期 EXPMA 附近做多技巧
- EXPMA 多头行情中的短期 EXPMA 假跌破做多技巧
- EXPMA 死叉做空技巧
- EXPMA 空头行情中的短期 EXPMA 附近做空技巧
- EXPMA 空头行情中的短期 EXPMA 假突破做空技巧

5.1 初识 EXPMA

指数平均数（EXPMA），其构造原理是对原油收盘价进行算术平均数，并根据计算结果进行分析，用于判断价格未来走势的变动趋势。

5.1.1 EXPMA 概述

EXPMA 指标简称 EMA，中文名称：指数平均数指标或指数平滑移动平均线，是一种趋向类指标。

从统计学的观点来看，只有把移动平均线（MA）绘制在价格时间跨度的中点，才能够正确地反映价格的运动趋势，但这会使信号在时间上滞后。而 EXPMA 指标是对移动平均线的弥补，EXPMA 指标由于在计算公式中着重考虑了价格当天（当期）行情的权重，因此在使用中可克服 MACD 其他指标信号对于价格走势的滞后性。同时，也在一定程度上消除了 DMA 指标在某些时候对于价格走势产生的信号提前性，是一个非常有效的分析指标。

EXPMA 的计算公式如下：

$$\text{EXPMA}=\frac{\text{当日收签盘价}\times 2-\text{上日 EXPMA}\times(N-1)}{N+1}$$

5.1.2 EXPMA 的参数设置

打开原油行情分析软件，即博易大师软件，输入“CONC”，回车，就可以看到美原油连（CONC）的日 K 线图，如图 5.1 所示。

在日 K 线图中，除了 K 线外，还有均线，此时可以把均线删除，然后添加 EXPMA 指标。

鼠标指向均线，单击左键，就可以选择均线，再单击右键，在弹出菜单中选择“删除指标”命令，如图 5.2 所示。

单击“删除指标”命令，就可以删除均线，此时只显示了 K 线，没有均线，如图 5.3 所示。

图 5.1　美原油连（CONC）的日 K 线图

图 5.2　右键菜单

图 5.3　只显示 K 线的 K 线图

利用键盘输入“EX”，这时会显示“智能键盘”对话框，在对话框中可以看到 EXPMA 指标，如图 5.4 所示。

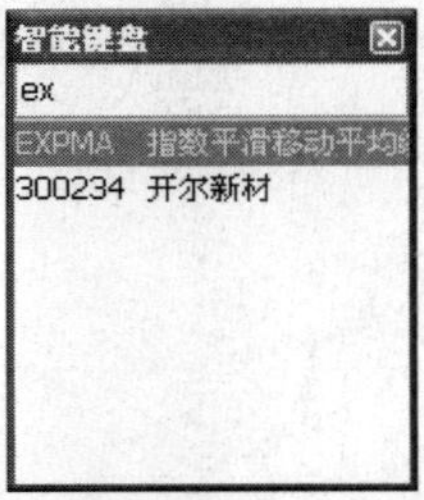

图 5.4 智能键盘对话框

在智能键盘对话框中，选择“EXPMA”，然后按回车键，就可以看到 EXPMA 指标，如图 5.5 所示。

图 5.5 显示 EXPMA 指标

鼠标指向 EXPMA 指标，左键单击，就可以选择 EXPMA 指标，再单击右键，在弹出菜单中单击“指标参数”命令，弹出“EXPMA 指标参数（日线）”对话框，如图 5.6 所示。

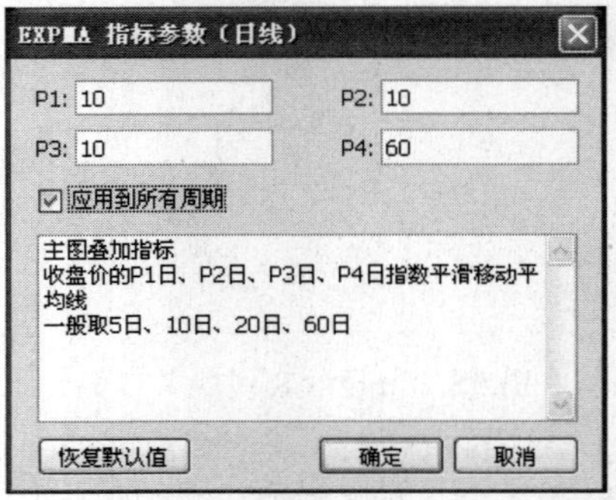

图 5.6 EXPMA 指标参数对话框

此时，把 P1、P2 和 P3 都设置为 10，把 P4 设置为 60，选中“应用到所有周期”复选框，然后单击“确定”按钮，就可以看到 EXPMA 指标的两条线，一条是短期 EXPMA 线（紫色），另一条是长期 EXPMA 线（蓝色），如图 5.7 所示。

图 5.7 EXPMA 指标的两条线

提醒：选中“应用到所有周期”复选框，这样不仅日 K 线图显示两条 EXPMA 线，周 K 线图、月 K 线图、60 分钟 K 线图、15 分钟 K 线图，都会显示两条 EXPMA 线。

在日 K 线图中，如果短期 EXPMA 线在长期 EXPMA 线上方，而 K 线在短期 EXPMA 线上方，这就是明显的多头行情，以逢低做多为主，如图 5.8 所示。

图 5.8 多头行情以逢低做多为主

在日 K 线图中，如果短期 EXPMA 线在长期 EXPMA 线下方，而 K 线在短期 EXPMA 线下方，这就是明显的空头行情，以逢高做空为主，如图 5.9 所示。

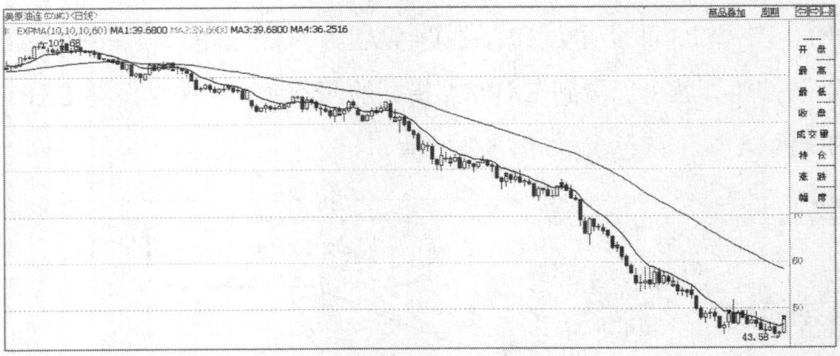

图 5.9 空头行情以逢高做空为主

5.2 60 分钟图的 EXPMA 实战做多技巧

如果利用日 K 线图的 EXPMA 来进行操作的话，往往需要等较长时间，这需要投资者有足够的耐心。有过实战经验的投资者都知道，明明自己在开盘之前制定好了操盘计划，可开盘后，在价格波动时，往往控制不住自己，就进场了。所以，只能利用日 K 线图的 EXPMA 判断方向，具体的进场点位，就需要利用 60 分钟图的 EXPMA 来操作了。

EXPMA 实战做多技巧共有 3 个，分别是 EXPMA 金叉做多技巧、EXPMA 多头行情中的短期 EXPMA 线附近做多技巧、EXPMA 多头行情中的短期 EXPMA 线假跌破做多技巧。

5.2.1 EXPMA 金叉做多技巧

在 60 分钟的 K 线图中，如果短期 EXPMA 线从下向上穿过长期 EXPMA 线，这是一个买进做多信号。

图 5.10 显示的是美原油连（CONC）2016 年 2 月 4 日 9:00 至 2016 年 2 月 18 日 22:00 的 60 分钟 K 线图。

美原油连（CONC）经过一波反弹之后，开始高位震荡，震荡后，又开始下跌，即在 A 处，短期 EXPMA 线下穿长期 EXPMA 线。在震下跌过程中，只要价格不能突破长期 EXPMA 线，投资者都要坚持看空做空。

从其后走势可以看出，每当价格反弹到长期 EXPMA 线附近时，都是新的做空机会，即 B、C 和 D 处。

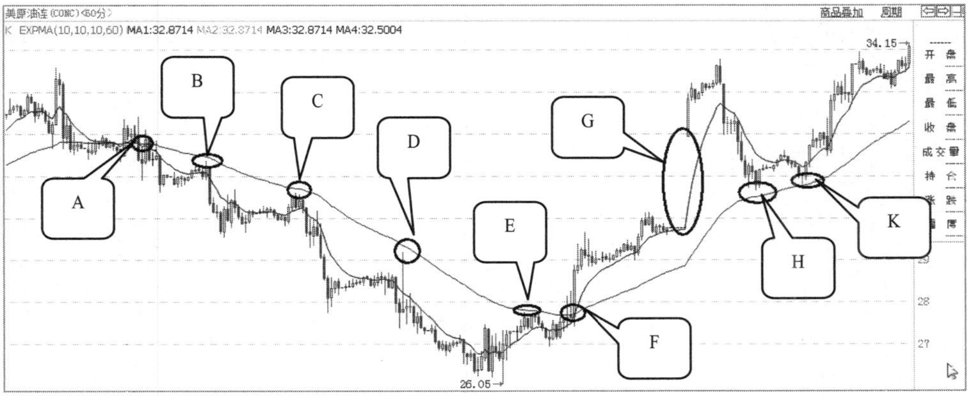

图 5.10　美原油连（CONC）2016 年 2 月 4 日 9:00 至 2016 年 2 月 18 日 22:00 的 60 分钟 K 线图

经过几波震荡下跌之后，价格创出 26.05 美元/桶的低点，但在创出低点这一天，价格却收了一根见底中阳线，并且短期 EXPMA 线开始挑头上行，这表明价格有反弹趋势，所以空单要注意先止盈。

随后价格反弹到长期 EXPMA 线附近，即 E 处，价格再度受压下行，但价格没有再创新低，然后折返上行，站上了长期 EXPMA 线，即短期 EXPMA 线上穿长期 EXPMA 线，形成 EXPMA 线金叉，所以这是一个做多信号，投资者要及时转换思维，由前期的逢高做空，改变成逢低做多，即 F 处。

随后价格开始震荡上涨，所以多单可以耐心持有，并且每当价格回调到短期 EXPMA 线附近时，还可以再介入多单。需要注意的是，在 G 处，价格有一个大的跳空缺口，即跳空上涨。由于当前仍属于反弹行情，所以这个缺口往往会回补掉，所以当价格涨不动时，多单要先止盈。

价格经过三波上涨之后，再度回调，正好回调到长期 EXPMA 线附近得到支撑，即 H 处和 K 处，所以这两处都是不错的做多位置。

从其后走势来看，在 H 处和 K 处做多，短时间内也会有不错的投资收益。

5.2.2　EXPMA 多头行情中的短期 EXPMA 线附近做多技巧

在 60 分钟的 K 线图中，如果短期 EXPMA 线在长期 EXPMA 线上方，即价格处在多头行情之中，当价格回调到短期 EXPMA 线附近，就是介入多单的时机。

图 5.11 显示的是美原油连（CONC）2015 年 6 月 8 日 20:00 至 2015 年 6 月 10 日 21:00 的 60 分钟 K 线图。

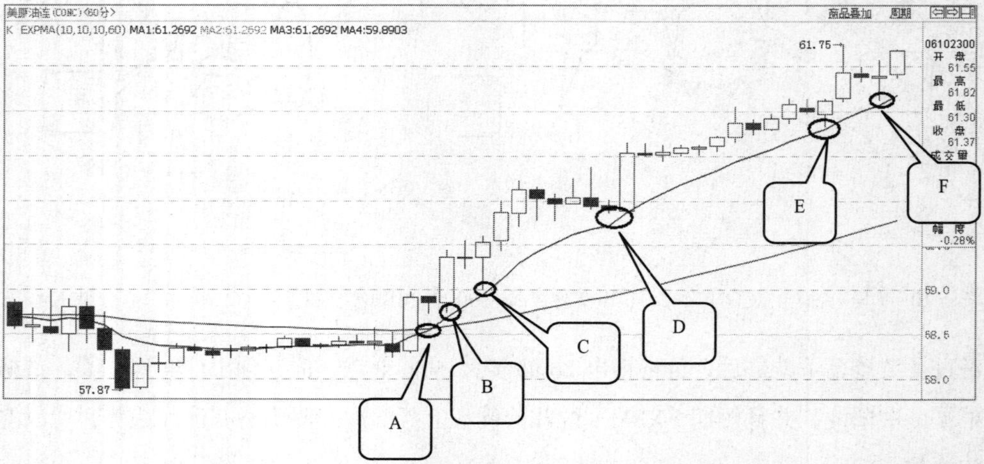

图 5.11　美原油连（CONC）2015 年 6 月 8 日 20:00 至 2015 年 6 月 10 日 21:00 的 60 分钟 K 线图

美原油连（CONC）经过几波震荡下跌之后，创出 57.87 美元/桶的低点，附近价格开始震荡反弹，反弹后，又开始长时间的窄幅震荡。窄幅震荡后，一根中阳线向上突破上涨，同时站上短期 EXPMA 线长期 EXPMA 线，并且短期 EXPMA 线上穿长期 EXPMA 线，即 A 处，这表明价格开始处于多头行情之中，所以空单要注意出局，同时，关注做多机会。

在 B 处，价格回调到短期 EXPMA 线附近，所以 B 处是一个较好的做多机会，因为价格刚刚进入多头行情，并且价格到了支撑位附近。

B 处得到支撑后，就是一根中阳线上涨，随后价格继续上涨，但盘中会有回调，每次回调到短期 EXPMA 线附近，都可以继续介入多单，即 C 处也是不错的做多位置。

随后价格继续小幅上涨，连续阳线上涨之后，出现了小阴线回调，回调到短期 EXPMA 线附近，就是好的做多位置，即 D 处是新的做多位置。

只要价格处在明显的上涨行情之中，每当价格回调到短期 EXPMA 线附近时，都可以介入多单，即 E 处和 F 处。

需要注意的是，随后价格不断上涨，由于多单获利比较丰厚，所以再做多，要控制一下仓位，不能再重仓出击，另外一旦有不好信号，即见顶 K 线，多单就先止盈出局观望一下。

5.2.3 EXPMA 多头行情中的短期 EXPMA 线假跌破做多技巧

在 60 分钟的 K 线图中，如果短期 EXPMA 线在长期 EXPMA 线上方，即价格处在多头行情之中。如果价格跌破短期 EXPMA 线，但很快又站上短期 EXPMA 线，就是介入多单的时机。

图 5.12 显示的是美原油连（CONC）2015 年 8 月 26 日 8:00 至 2015 年 9 月 1 日 3:00 的 60 分钟 K 线图。

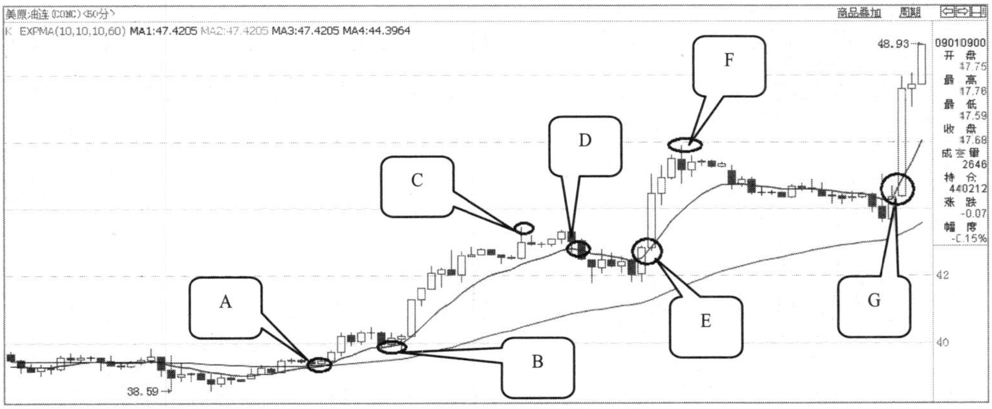

图 5.12 美原油连（CONC）2015 年 8 月 26 日 8:00 至 2015 年 9 月 1 日 3:00 的 60 分钟 K 线图

美原油连（CONC）经过几波下跌之后，创出 38.59 美元/桶的低点。随后价格开始在低位震荡，经过一段时间震荡之后，开始小幅反弹上涨，价格慢慢站上短期 EXPMA 线和长期 EXPMA 线，然后短期 EXPMA 线上穿长期 EXPMA 线，即 A 处。这表明价格开始由前期的空头行情，转变成多头行情，所以投资者如果手中还有空单，就要及时出局了。另外，可以关注逢支撑做多机会。

随后价格沿着短期 EXPMA 线上涨，每当价格回调到短期 EXPMA 线附近，都可以做多，所以 B 处是不错的做多位置。

B 处价格得到支撑后，开始快速上涨，但连续上涨之后，价格上涨遇到了压力，并且在 C 处出现带有上影线的见顶 K 线，所以多单要注意止盈。

随后价格开始震荡回调，注意这一波回调，跌破了短期 EXPMA 线，即 D 处。但价格始终在长期 EXPMA 线上方，并且长期 EXPMA 线的方向始终是向上的，这表明价格始终在多头主力控制之下。

价格在短期 EXPMA 线下方运行一段时间后，价格再度向上突破上涨，站上了短期 EXPMA 线，即 E 处，这表明价格又要开始上涨了，所以这里可以继续介入多单。

从这时可以看出，如果在 E 处果断重仓介入多单，短时间内就会有不断的投资收益。

但需要注意的是，这一波上涨速度太快，属于爆涨行情，所以一旦有不好信号，多单就要先止盈出来，等回调企稳后再介入多单。所以在 F 处，价格出现见顶阴线，表明上方遇到压力，所以多单先止盈出来观望。

随后价格出现了回调，再度回调到短期 EXPMA 线下方，但由于价格始终在长期 EXPMA 线上方，并且长期 EXPMA 线的方向始终是向上的，这表明价格始终在多头主力控制之下。

接着价格再度向上突破，价格站上了短期 EXPMA 线，即 G 处，这表明价格又要开始上涨了，所以这里可以继续介入多单。敢于重仓介入多单的朋友，短时间内仍有丰厚的投资回报。

5.3 60 分钟图的 EXPMA 实战做空技巧

EXPMA 实战做空技巧共有 3 个，分别是 EXPMA 死叉做空技巧、EXPMA 空头行情中的短期 EXPMA 线附近做空技巧、EXPMA 空头行情中的短期 EXPMA 线假突破做空技巧。

5.3.1 EXPMA 死叉做空技巧

在 60 分钟的 K 线图中，如果短期 EXPMA 线从上向下穿过长期 EXPMA 线，这是一个卖出做空信号。

图 5.13 显示的是美原油连（CONC）2015 年 11 月 3 日 22:00 至 2015 年 11 月 12 日 22:00 的 60 分钟 K 线图。

美原油连（CONC）经过几波反弹上涨，创出 48.36 美元/桶的高点，但需要注意的是，价格在创出高点时，却收了一根带有长长上影线的见顶 K 线，这表明上方有压力。

随后价格在高位震荡，短期 EXPMA 线时有支撑，时有跌破，但每次反弹都很弱，并且在 A 处又连续出现带有长长上影线的见顶 K 线，所以多单要注意止盈，并且可以以 48.36 美元/桶为止损，关注逢高布局空单机会。

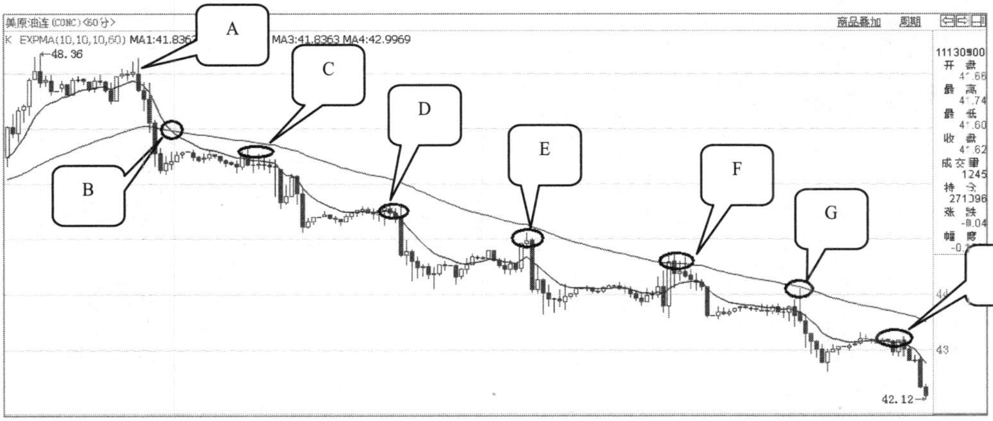

图 5.13 美原油连（CONC）2015 年 11 月 3 日 22:00 至 2015 年 11 月 12 日 22:00 的 60 分钟 K 线图

随后价格开始快速下跌，先是跌破短期 EXPMA 线，然后又跌破长期 EXPMA 线，即在 B 处，短期 EXPMA 线下穿长期 EXPMA 线，EXPMA 出现了做空信号，所以有空单的朋友，可以持有空单，并且继续关注新的做空信号，有多单的朋友，要注意出局了。

由于短期 EXPMA 线下穿长期 EXPMA 线，投资者一定要及时转变思维，由前期的逢低做多，变成逢高做空，即每当价格反弹到压力位时，都可以介入空单。

在 C 处，价格在短期 EXPMA 线附近出现了滞涨，所以这里可以做空。

在 D 处，价格反弹到短期 EXPMA 线附近，出现了反弹无力情况，所以可以做空。

在 E、F 和 G 处，价格都是反弹到长期 EXPMA 线附近，出现见顶 K 线，所以都是不错的做空位置。

在 H 处，价格反弹到短期 EXPMA 线附近，出现了反弹无力情况，所以仍可以做空。但需要注意的是，随后价格不断下跌，空单获利盘越来越多，有止盈的趋势，所以再介入空单，要注意轻仓，不能再重仓，并且一旦有不好信号，就要及时出局观望。

5.3.2 EXPMA 空头行情中的短期 EXPMA 线附近做空技巧

在 60 分钟的 K 线图中，如果短期 EXPMA 线在长期 EXPMA 线下方，即价格处在空头行情之中，当价格反弹到短期 EXPMA 线附近，就是介入空单的时机。

图 5.14 显示的是美原油连（CONC）2015 年 7 月 31 日 2:00 至 2015 年 8 月 4 日 3:00 的 60 分钟 K 线图。

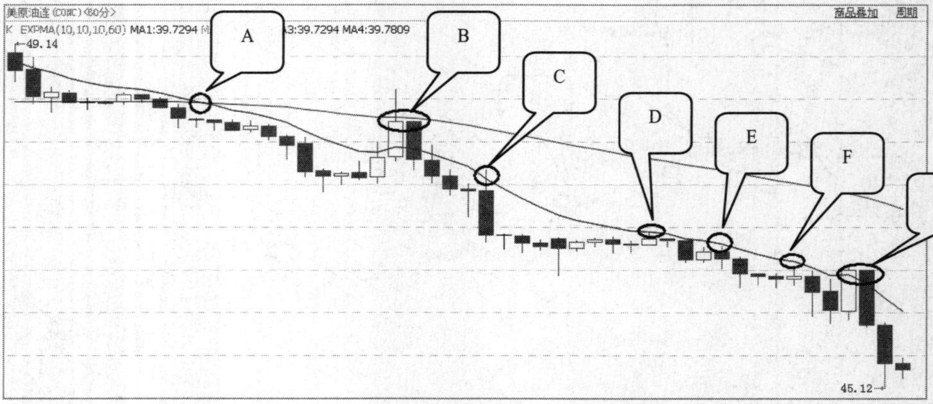

图 5.14　美原油连（CONC）2015 年 7 月 31 日 2:00 至 2015 年 8 月 4 日 3:00 的 60 分钟 K 线图

美原油连（CONC）在 A 处，短期 EXPMA 线下穿长期 EXPMA 线，EXPMA 出现了做空信号，这表明价格在开始走震荡下跌行情了，所以每当价格反弹到压力位附近时，都可以关注做空机会。

价格先是沿着短期 EXPMA 线下跌，连续下跌之后，价格出现了反弹，第一次反弹较强，反弹到长期 EXPMA 线附近，由于这时的长期 EXPMA 线是下行的，所以这里是比较好的做空机会，即 B 处。

随后价格继续下跌，先是跌破短期 EXPMA 线，然后继续下跌，这样每当价格反弹到短期 EXPMA 线附近，都可以介入空单，即 C 处。

价格连续下跌之后，再度反弹，但需要注意的是，第二波反弹很弱，连续反弹一段时间，才反弹到短期 EXPMA 线附近，即 D 处，所以 D 处是新的做空位置。

同理，在震荡下跌过程中，每次反弹到短期 EXPMA 线附近，都是不错的做空位置，即 E、F 和 G 处。

5.3.3　EXPMA 空头行情中的短期 EXPMA 线假突破做空技巧

在 60 分钟的 K 线图中，如果短期 EXPMA 线在长期 EXPMA 线下方，即价格处在空头行情之中。如果价格反弹突破短期 EXPMA 线，但很快又跌破短期 EXPMA 线，就是介入空单的时机。

图 5.15 显示的是美原油连（CONC）2016 年 1 月 19 日 16:00 至 2016 年 1 月 21 日 17:00 的 60 分钟 K 线图。

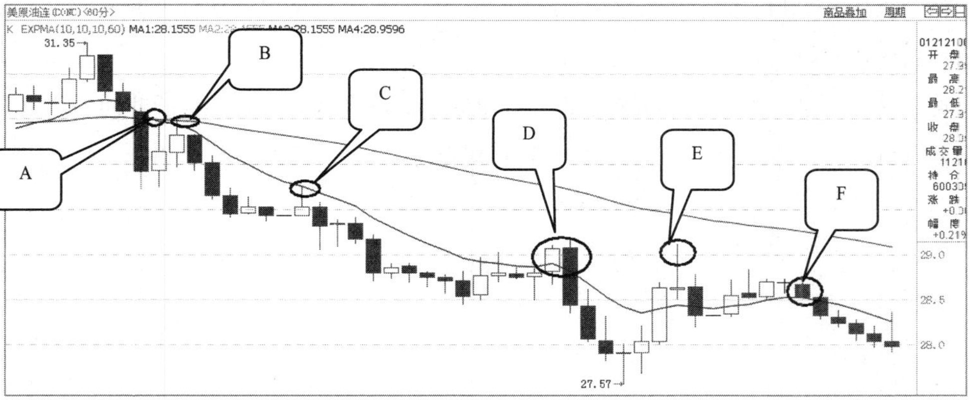

图 5.15　美原油连（CONC）2016 年 1 月 19 日 16:00 至 2016 年 1 月 21 日 17:00 的 60 分钟 K 线图

美原油连（CONC）经过一波反弹，创出 31.35 美元/桶的高点，但需要注意的是，在创出高点时，却收了一根带有上影线的见顶 K 线，所以多单要注意止盈。

随后价格开始快速下跌，先是跌破短期 EXPMA 线，然后又跌破长期 EXPMA 线，并且短期 EXPMA 线下穿长期 EXPMA 线，即 A 处，这表明价格开始变成空头行情，所以手中还有多单的朋友，要注意止盈了。

价格快速下跌之后，出现了快速反弹，正好反弹到短期 EXPMA 线附近，即 B 处，再度受压下行，所以 B 处是比较好的做空位置。

随后价格开始震荡下跌，由于是空头行情，所以每当价格反弹到短期 EXPMA 线附近，都是不错的介入空单位置，即 C 处。

价格经过三波下跌之后，出现了反弹，虽然站上短期 EXPMA 线，但由于长期 EXPMA 线继续下行，空头主力控制着局面，所以仍要关注做空机会。

价格站上短期 EXPMA 线后，很快价格就再度跌破短期 EXPMA 线，这表明上涨是假突破，所以这是新的做空机会，即 D 处。

连续三根阴线下跌后，创出 27.57 美元/桶的低点，但在创出低点时，收了一根十字线，这是一根见底 K 线，所以空单要注意先止盈。

随后价格开始反弹，再度站上短期 EXPMA 线，但站上后，价格上涨就开始无力，并且出现见顶 K 线，即 E 处，所以如果有抄底多单，就要注意逢高止盈，并且开始关注做空机会。

价格在短期 EXPMA 线上方震荡一段时间后，在 F 处，价格再度跌破短期 EXPMA 线，所以这里是新的做空机会。

但需要注意的是，随后价格不断下跌，空单获利盘越来越多，有止盈的冲动，所以再介入空单，要注意轻仓，不能再重仓，并且一旦有不好信号，就要及时出局观望。

第 6 章

电脑炒原油的 MACD 分析技巧

MACD 技术指标，即指数平滑异同移动平均线，是一个比较常用的趋向类指标。它是利用“红”、“绿”柱状表示看多与看空，如果看到红色柱状，就看多，绿色柱状就看空。

本章主要内容包括：

- 初识 MACD
- MACD 金叉做多技巧
- MACD 指标底背离做多技巧
- MACD 指标的绿柱底背离做多技巧
- MACD 指标的二次金叉做多技巧
- MACD 死叉做空技巧
- MACD 指标顶背离做空技巧
- MACD 指标的红柱顶背离做空技巧
- MACD 指标综合应用实战

6.1 初识 MACD

MACD 技术指标广泛流行于欧美市场，现在也是我国市场中使用最广泛、较有效的技术分析指标之一，因其直观、形象，也倍受投资者的青睐。

6.1.1 MACD 概述

MACD 技术指标图形是由 DIFF 线、DEA 线和柱状线组成，其中 DIFF 线是核心，DEA 线是辅助。DIFF 线是快速移动平均线（12 日移动平均线）和慢速移动平均线（26 日移动平均线）的差。如果其值为正，则称为正差离值；如果其值为负，则称为负差离值。在持续上涨行情中，正差离值会越来越大；在持续下跌行情中，负差离值的绝对值会越来越大。这样经过对移动平均线的特殊处理，虚假信号就会大大减少。

DEA 是 DIFF 线的算术平均值。柱状线的值是 DIFF 与 DEA 的差值，即若 DIFF 线在 DEA 线上方，则差值为正，柱状线在 0 轴上方，显示为红柱；若 DIFF 线在 DEA 线下方，则差值为负，柱状线在 0 轴下方，显示为绿柱，如图 6.1 所示。

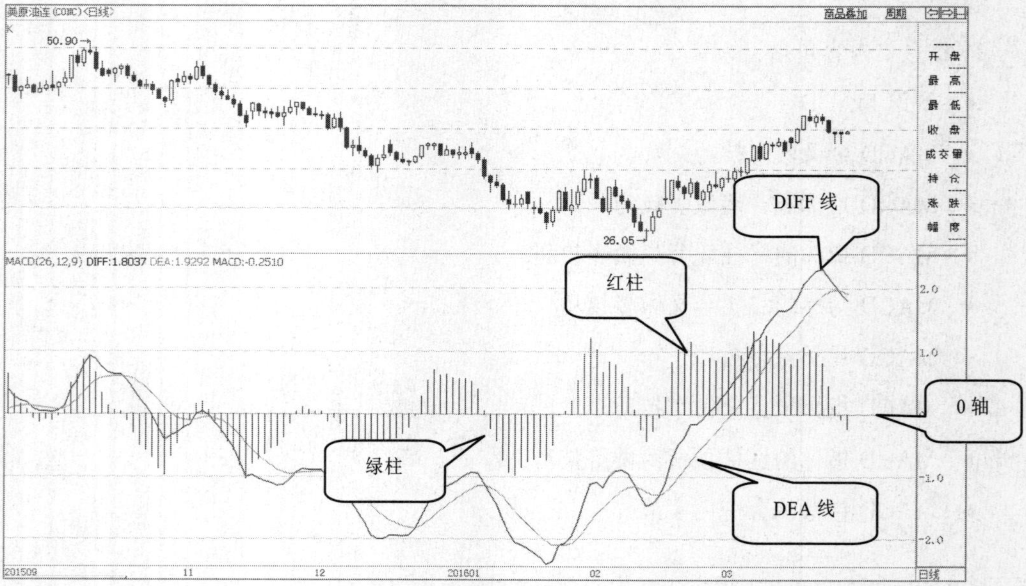

图 6.1 MACD 指标图形

如果 DIFF 线和 DEA 线运行在 0 轴下方，表示现在的市场是空头市场；如果 DIFF 线和 DEA 线运行在 0 轴上方，表示现在的市场是多头市场。

0 轴上方的柱状线为做多信号，当其增多拉长时，说明多方气势旺盛，多方行情将继续；当其减少缩短时，表示多方气势衰减，价格随时都可能下跌。0 轴下方的柱状线为做空信号，当其增多拉长时，说明空方气势旺盛，空方行情将继续；当其减少缩短时，表示空方气势在衰减，价格随时都可能止跌或见底回升。

6.1.2　MACD 的设置

打开原油行情分析软件，即博易大师软件，输入“CONC”，回车，就可以看到美原油连（CONC）的日 K 线图，默认状态下显示了 MACD 技术指标，如图 6.2 所示。

图 6.2　美原油连（CONC）的日 K 线图和 MACD 指标

删除 MACD 技术指标。选择 MACD 技术指标中的任一曲线，单击右键，在弹出菜单中单击“删除指数”命令，弹出如图 6.3 所示的提示对话框。

图 6.3　提示对话框

单击“是”按钮，就可以删除 MACD 技术指标。注意，这时只能看到 K 线图，下方显示 MACD 指标的副图没有了。

在 K 线图的空白处，单击右键，在弹出的菜单中单击“视图组合”命令，就显示其子菜单，如图 6.4 所示。

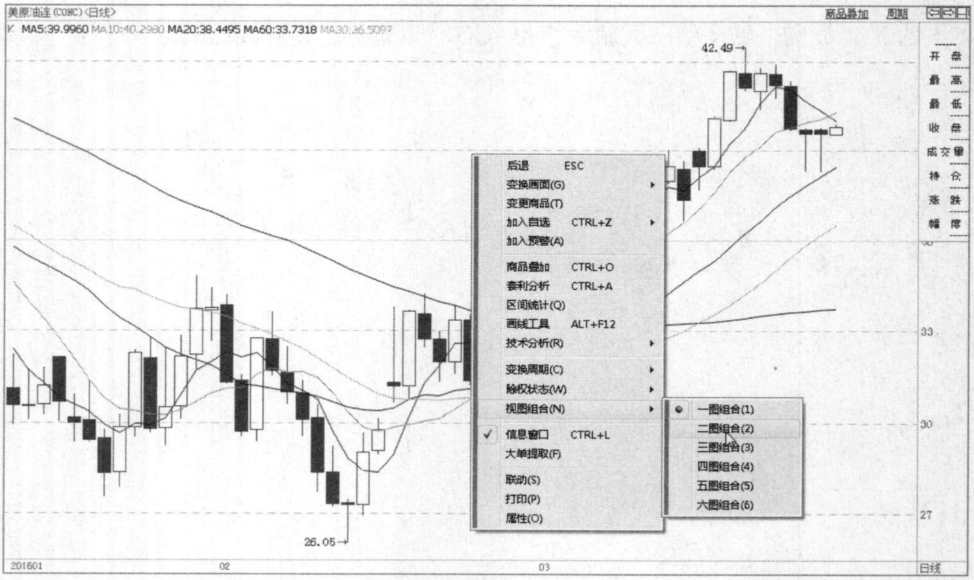

图 6.4　右键菜单

单击右键菜单中的“二图组合”命令，就会增加一个副图。

按下键盘上的“M”键，这时弹出“智能键盘”提示对话框，并显示了以 M 开头的所有指标参数，如图 6.5 所示。

在智能键盘提示对话框中双击“MACD”，就会显示 MACD 技术指标图形，并且自动关闭智能键盘的提示对话框。

修改MACD技术指标的计算参数。鼠标指向MACD技术指标图形，单击右键，在弹出菜单中单击“指标参数”命令，弹出“MACD指标参数设置”对话框，如图6.6所示。

图6.5 智能键盘提示对话框

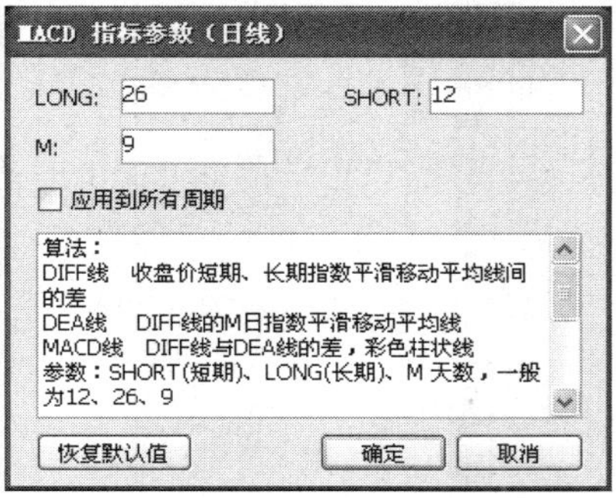

图6.6 技术指标参数设置对话框

在这里可以修改DIFF和DEA的计算公式，一般不建议修改。

还可以修改MACD技术指标，鼠标指向MACD技术指标图形，单击右键，在弹出菜单中单击“修改公式”命令，弹出“指标编辑器”对话框，如图6.7所示。

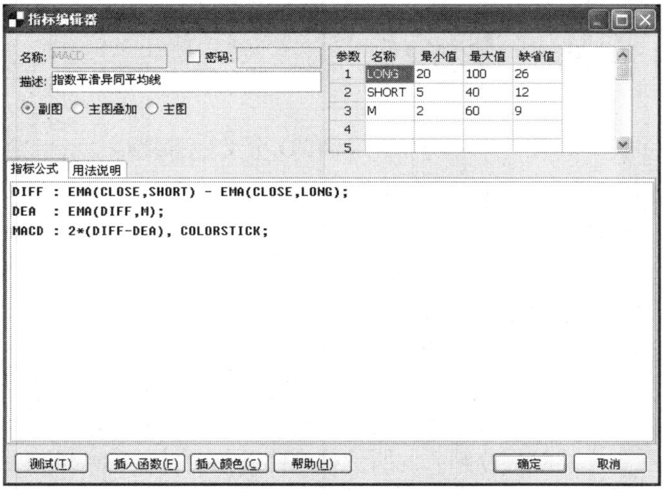

图6.7 指标编辑器对话框

系统指标，一般不要随意修改其算法。但如果投资者对各种指标非常熟悉，并且知道具体算法，则可以修改。

提醒：一般不建议修改系统指标参数。

单击“用法说明”选项卡，就可以看到 MACD 指标的基本用法，如图 6.8 所示。

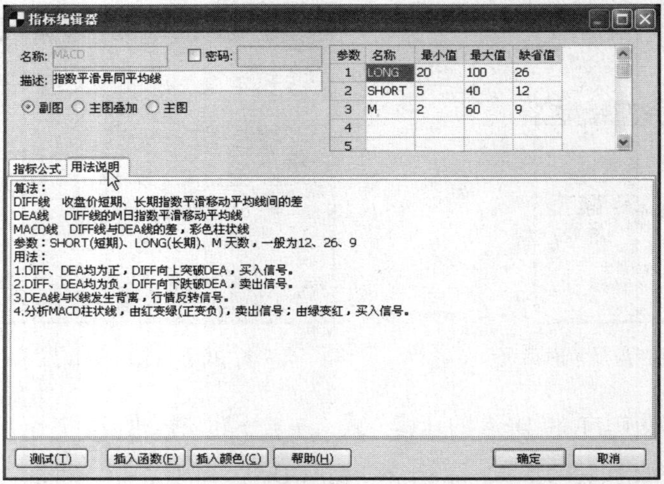

图 6.8 MACD 指标的基本用法

6.2 MACD 实战做多技巧

MACD 实战做多技巧共有 3 个，分别是 MACD 金叉做多技巧、MACD 指标底背离做多技巧、MACD 指标的绿柱底背离做多技巧。

6.2.1 MACD 金叉做多技巧

向下移动的 DIFF 线开始调头向上移动，并且向上穿过 DEA 线时产生了“黄金交叉”，这是一个做多信号，投资者可以积极地进场做多。

MACD 指标出现金叉越接近 0 轴，说明价格刚刚开始上涨，未来价格上涨空间比较大，这时介入多单的风险很小。因此，0 轴附近的金叉是买入多单的最佳进机。

图 6.9 显示的是美原油连（CONC）2009 年 2 月 3 日至 2009 年 6 月 11 日的日 K 线图和 MACD 指标。

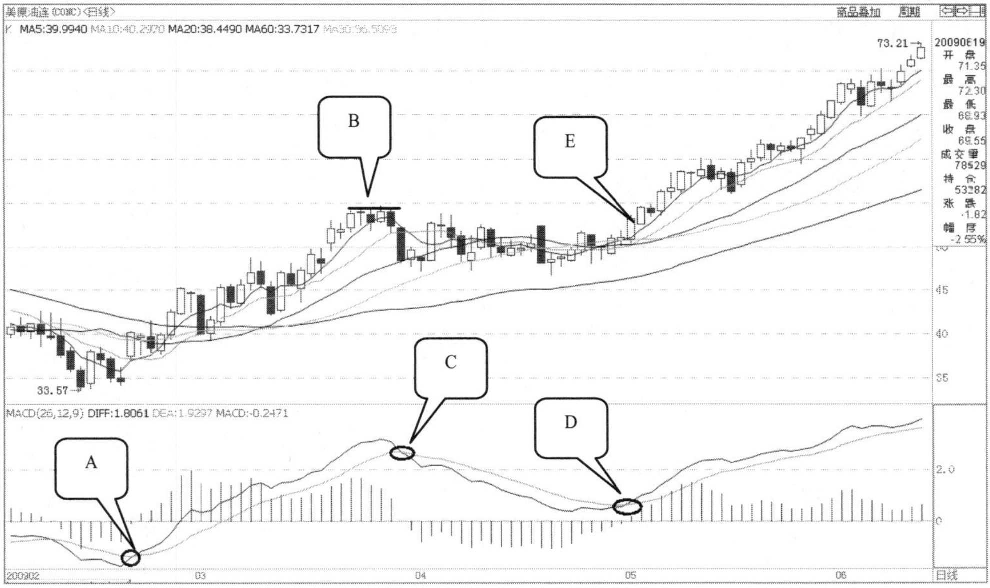

图 6.9 美原油连（CONC）2009 年 2 月 3 日至 2009 年 6 月 11 日的日 K 线图和 MACD 指标

美原油连（CONC）经过较长时间的大幅下跌之后，创出 33.57 美元/桶的低点，然后价格在低位震荡，MACD 指标在低位出现了金叉，即 A 处，这表明价格有反弹上涨趋势了，所以空单要注意出局。

随后价格开始震荡上涨，MACD 指标不断上行。随着价格的不断上涨，MACD 指标站上 0 轴，这表明价格已处于强势上涨行情之中，从其后走势也可以看出，价格在不断震荡上涨。经过一段时间上涨之后，价格出现了平顶，即 B 处，这表明上方压力出现，所以多单要注意先止盈。

随后价格出现了调整，MACD 指标出现了死叉，即 C 处，这表明价格有较长时间回调的趋势。从其后走势可以看出，价格虽然调整的时间较长，但调整的空间不大，并且价格始终在 60 日均线上方，这表明价格始终在多头行情之中。所以要耐心等待调整结束，一旦调整结束，后市会迎来新的一波上涨行情。

价格在这里反复震荡二十几个交易日后，MACD 指标回调到 0 轴附近，然后 MACD 指标再度金叉，即 D 处，这表明新的一波上涨要开始了，所以 D 处是新的做多机会。当然，从 K 线来看，K 线已站上所有均线，均线形成多头排列，预示着新的一波上涨行情的开始，即 E 处。

如果 MACD 指标出现金叉的位置在 0 轴的下方，并且离 0 轴较远，这虽然是一个做多信号，但由于空方力量仍较强，所以只能看作一个小反弹，一旦反弹无力时，多单要第一时间止盈。如果出现见顶 K 线，还可以介入空单，因为大的趋势仍在空头行情之中。

图 6.10 显示的是美原油连（CONC）2015 年 6 月 22 日至 2016 年 2 月 11 日的日 K 线图和 MACD 指标。

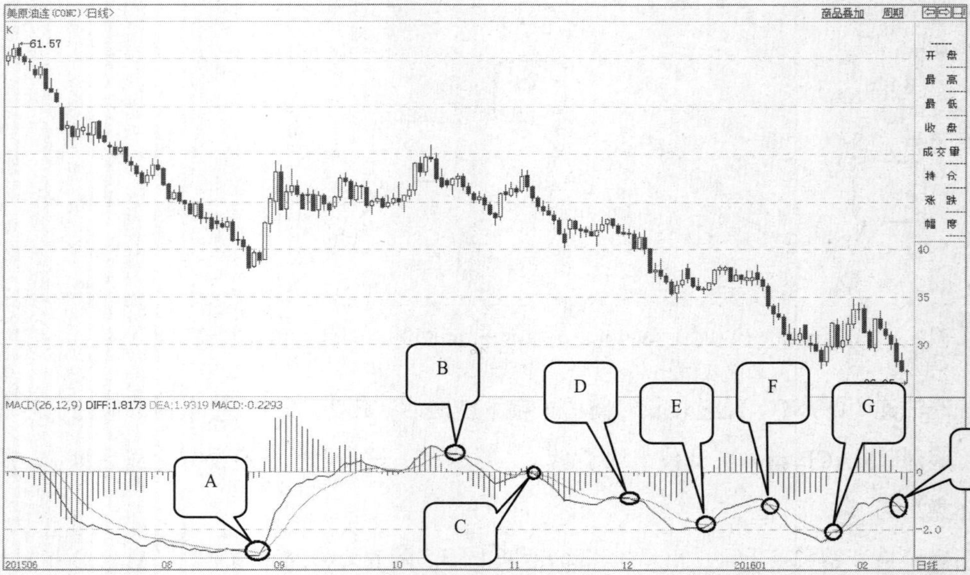

图 6.10 美原油连（CONC）2015 年 6 月 22 日至 2016 年 2 月 11 日的日 K 线图和 MACD 指标

美原油连（CONC）出现一波弱势反弹，创出 61.57 美元/桶的高点，在创出高点时，价格却收了一根阴线，这表明价格上方压力较大。

随后价格就开始震荡下跌，MACD 指标从 0 轴上方一路下跌到 0 轴下方，并且离 0 轴很远。随着价格的不断下跌，MACD 也不断下行。在 A 处，MACD 出现了金叉，由于 MACD 指标在 0 轴下方，所以只能按反弹处理，一旦反弹不动，多单要注意及时止盈。

从其后走势来看，这里出现了明显的三小波反弹，但只有第一波反弹最强，其他两波反弹都很弱，并且在第三波反弹时，出现了早晨之星见顶 K 线，随后 MACD 指标出现了死叉，即 B 处，所以 B 处是多单出局的好位置，也是空单进场的好位置。

随后价格又开始震荡下跌，并且刚开始的反弹都很弱，MACD 刚金叉就立即死叉了，即 C

和D处，所以C和D处，都是不错的做空位置。

随着价格的不断下跌，MACD指标离0轴越来越远，这时再出现MACD指标金叉，就可以参与做多机会，但一定要注意当前空头力量很强，做多只是超短线，所以E处和G处，都是轻仓做多的位置。

从其后走势可以看出，这里的反弹也不强，MACD指标金叉不久就再度死叉，所以死叉仍是不错的做空位置，即E处和H处。

如果MACD指标出现金叉的位置在0轴的上方，这是一个强势买入信号，这是因为价格本身处在明显的上涨行情之中，出现了回调，然后又在0轴上方出现MACD金叉做多信号，所以进场做多，是相当不错的好时机。

图6.11显示的是美原油连（CONC）2008年1月16日至2008年7月11日的日K线图和MACD指标。

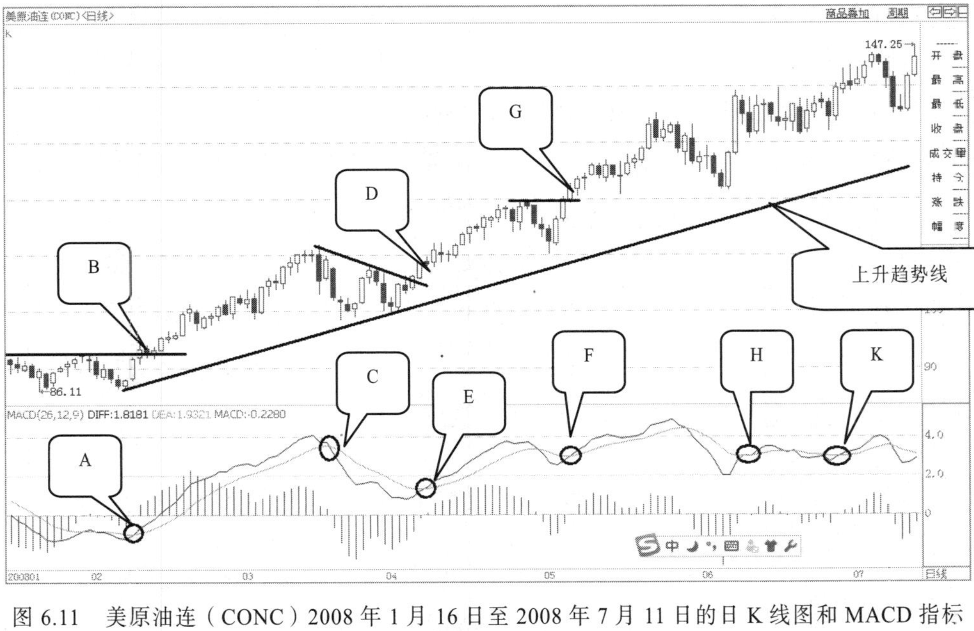

图6.11　美原油连（CONC）2008年1月16日至2008年7月11日的日K线图和MACD指标

美原油连（CONC）经过一波回调，创出86.11美元/桶的低点，但需要注意的是，在创出低点这一天，价格却收了一根带有长长下影线的见底K线。

随后价格开始反弹，反弹后再度下跌，但需要注意的是，下跌没有再创新低，而是很快就拉起来了，MACD 指标在低位出现金叉，即 A 处，这是新的做多机会。同时，价格突破了震荡平台的高点，形成了双重底结构，即 B 处，底部形态的出现，也预示着新的上涨行情开始，所以多单可以耐心持有，没有多单的在这里要敢于重仓介入多单。

从其后走势可以看出，这里出现一波持续性上涨。经过二十几个交易日的上涨之后，价格有涨不动迹象，然后出现了回调，在 C 处，价格出现了死叉，这预示着行情要调整一段时间了。

这里出现了明显的两波调整，MACD 指标也慢慢回调到 0 轴附近，便始终在 0 轴上方，这表明价格始终处在强势多头行情之中。

经过一段时间调整之后，价格突破了下降趋势线，即 D 处，所以这表明价格又要开始上涨了，同时，MACD 指标再度金叉，即 E 处，所以这里是新的做多位置。

从其后走势可以看出，这里是新一波上涨的开始，重仓做多的，会不断翻倍投资收益。

随后价格又连续上涨，上涨十几个交易日后，价格再度回调，MACD 指标再度死叉，但仅仅回调四天，价格再度上涨，MACD 指标在 0 轴上方再度金叉，即 F 处，所以 F 处是不错的做多机会。从 K 线来看，价格回调 4 天，价格只用两个交易日就上涨回调，并且创出新高，这表明上涨力量很强，所以多单可以持有，并且可以继续介入多单。

随后价格继续震荡下跌，MACD 在 0 轴不断死叉、金叉，只要价格在上升趋势线上方，MACD 指标出现金叉，都可以介入多单，所以 H 处和 K 处，仍可以介入多单。

但需要注意的是，随后价格不断上涨，由于多单获利比较丰厚，所以再做多，要控制一下仓位，不能再重仓出击，另外一旦有不好信号，即见顶 K 线，多单就先止盈出局观望一下。

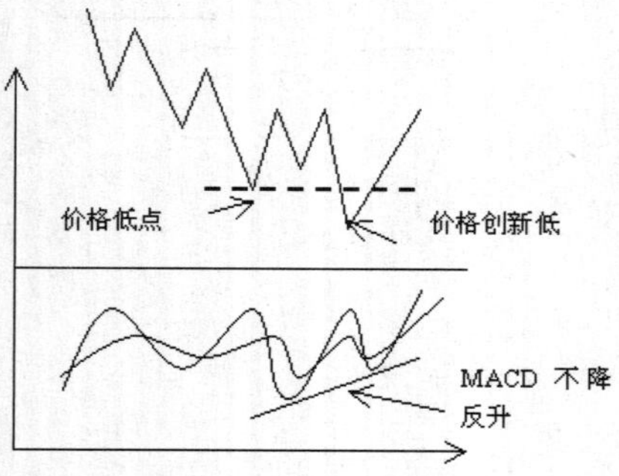

图 6.12 MACD 指标底背离

6.2.2 MACD 指标底背离做多技巧

MACD 指标底背离的特征是：价格逐波下跌，而 MACD 指标线不是同步下降，而是逐波走高。MACD 指标底背离如图 6.12 所示。

从技术上来说，MACD 指标底背离预示着价格一轮跌势已完成，短期内很可能见底，特别是价格已有大幅下跌后，此时 MACD 再出现黄金交叉，则见底回升的可能性很大。投资者这时做好准备进场做多，也可以利用少量资金先进场做多。

图 6.13 显示的是布油连续（OILC）2014 年 11 月 20 日至 2015 年 4 月 24 日的日 K 线图和 MACD 指标。

图 6.13 布油连续（OILC）2014 年 11 月 20 日至 2015 年 4 月 24 日的日 K 线图和 MACD 指标

布油连续（OILC）出现一波小反弹，创出 8161 美元/桶的高点，但在创出高点这一天，价格却收了一根带有上影线的见顶 K 线，这表明上方有压力。

随后价格先是小阴线下跌，然后又大阴线下跌，虽然在下跌过程中有反弹，但反弹很弱，反弹之后仍是继续下跌。

但投资者需要注意的是，在最后一波下跌过程中，虽然价格不断创新低，但 MACD 指标却不断在抬高，即 MACD 指标出现了底背离。

MACD 指标底背离，是一个做多信号，所以手中还有空单的，要注意止盈了，即 A 处。

价格创出 4640 美元/桶的低点后，价格在低位震荡较长时间。在震荡过程中，MACD 指标再度出现金叉，即 B 处，这表明价格又要上涨了，所以这时手中还有空单的，就不要再心存幻想了，及时出局为好，并且可以关注做多机会。

价格在低位震荡十几个交易日后，一根中阳线向上突破，即 C 处，这表明价格要反弹上涨了，所以 C 处是很好的做多位置。

从其后走势可以看出，这一波反弹虽然幅度不大，但反弹的时间较长，灵活跟着做多的投资者，也会有不错的投资收益。

6.2.3 MACD 指标的绿柱底背离做多技巧

需要注意的是，往往要等到 MACD 指标的绿柱底背离完成后，MACD 指标才会见底反弹，因此 MACD 的绿柱底背离的做多信号更加灵敏。

图 6.14 显示的是布油连续（OILC）2015 年 11 月 24 日至 2016 年 3 月 7 日的日 K 线图和 MACD 指标。

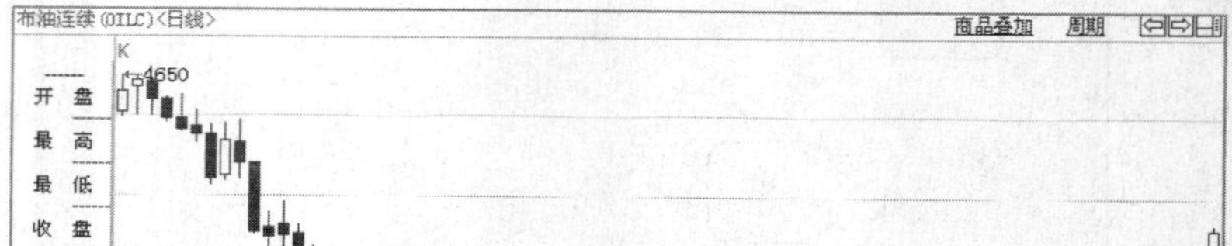

图 6.14　布油连续（OILC）2015 年 11 月 24 日至 2016 年 3 月 7 日的日 K 线图和 MACD 指标

布油连续（OILC）经过一波反弹，创出4650美元/桶的高点，然后价格在高位震荡三天后，就开始震荡下跌。便需要注意的是，在最后一波下跌时，价格在不断创新低，但MACD指标的绿柱却在不断变短，即A处，这表明MACD指标的绿柱出现了底背离。

MACD指标的绿柱底背离，往往意味着价格有反弹趋势了，所以手中有空单的，在价格急跌时，要注意止盈。另外关注做多信号的出现，一旦出现做多信号，就可以进场做多。

在B处，MACD指标再度金叉，这是一个明显的做多信号。另外，这时的K线也突破了下降趋势线，所以B处是很好的做多位置。

从其后走势来看，价格反弹上涨一波后，出现了回调。但这一波回调，价格没有再创新低，并且MACD指标粘合后，就又开始上涨，所以多单可以持有，并且在MACD指标粘合时，可以继续做多。

提醒：如果MACD绿柱与价格底背离的同时，成交量是缩量的，而底背离完成后，成交量又逐渐放大，则后市看涨的信号会更强烈。

6.3 MACD实战做空技巧

MACD实战做多技巧共有3个，分别是MACD死叉做空技巧、MACD指标顶背离做空技巧、MACD指标的红柱顶背离做空技巧。

6.3.1 MACD死叉做空技巧

向上移动的DIFF线开始调头向下移动，并且向下穿过DEA线时产生了“死亡交叉”，这是一个做空信号，投资者可以积极地进场做空。

如果MACD指标出现死叉的位置在0轴的上方，并且离0轴较远，这就是一个极佳的做空时机。这种情况的出现，往往意味价格已经过大幅上涨，开始反转向下，下方空间巨大，及时跟上空单，会获利丰厚。

图6.15显示的是美原油连（CONC）2009年8月14日至2011年9月30日的周K线图和MACD指标。

图 6.15 美原油连（CONC）2009 年 8 月 14 日至 2011 年 9 月 30 日的周 K 线图和 MACD 指标

美原油连（CONC）经过几波震荡上涨，创出 114.83 美元/桶的高点，但在创出高点这一周，价格却收了一根巨阴线，这表明上涨行情要结束了，后市将迎来震荡下跌行情。另外，这时的 MACD 指标也在 0 轴的上方出现了死叉，所以 MACD 指标也发出明显的看空信号。

大阴线下跌之后，价格连续几周出现了小幅反弹，但反弹很弱，所以可以关注反弹不动做空机会，即 B 处。

同理，C 处和 D 处也是不错的做空机会。

总之，只要在 MACD 指标没有转多之前，都可以关注做空机会。

如果 MACD 指标出现死叉的位置在 0 轴的附近，往往是价格先下跌了一波，然后出现反弹，反弹结束后，MACD 指标在 0 轴附近再死叉，这也是不错的做空时机，投资者也要敢于大胆进场做空。

图 6.16 显示的是美原油连（CONC）2015 年 8 月 14 日至 2016 年 1 月 18 日的日 K 线图和 MACD 指标。

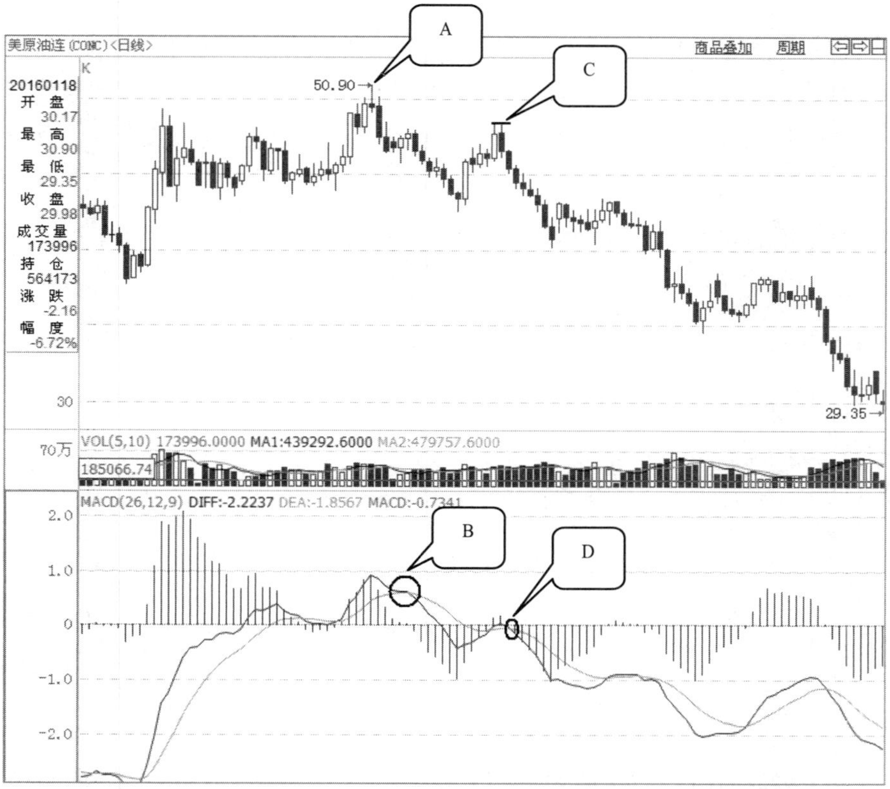

图 6.16 美原油连（CONC）2015 年 8 月 14 日至 2016 年 1 月 18 日的日 K 线图和 MACD 指标

美原油连（CONC）经过两波反弹之后，创出 50.9 美元/桶的高点，但在创出高点这一天，价格却收了一根见顶 K 线，吊颈线，即 A 处。所以在 A 处，多单要注意在这里止盈，并且可以关注做空机会。

随后价格开始震荡下跌，MACD 指标在 0 轴上方开始出现死叉，即 B 处。所以空单可以持有，并且可以继续逢高做空。

随着价格的不断下跌，MACD 指标下跌到 0 轴下方，这表明价格已再度进入弱势，如果后市反弹都会提供好的做空机会。

经过两波下跌之后，价格出现了反弹，但仅反弹了 6 个交易日，又出现了平顶，即 C 处，这是新的做空机会。同时，这里的 MACD 指标在 0 轴附近先是金叉，然后又死叉，这表明金叉是诱多，死叉是真跌，所以空单可以持有，并且可以继续介入空单。

从其后走势可以看出，在 D 处介入空单的，短时间内也会实现翻倍收益。

如果 MACD 指标出现死叉的位置在 0 轴的下方，并且远离 0 轴，这往往是价格已经过较长时间的下跌了，这时再做空，就要谨慎一些。一旦见底 K 线出现，空单要第一时间离场，并且可以轻仓试多。

图 6.17 显示的是美原油连（CONC）2015 年 10 月 1 日至 2016 年 3 月 4 日的日 K 线图和 MACD 指标。

图 6.17　美原油连（CONC）2015 年 10 月 1 日至 2016 年 3 月 4 日的日 K 线图和 MACD 指标

美原油连（CONC）经过反弹，创出 50.9 美元/桶的高点，随后价格开始震荡下跌，经过几波下跌之后，MACD 指标已远离 0 轴。这时出现反弹，反弹后再次下跌时，MACD 指标会再度死叉，由于在 0 轴下方，并且远离 0 轴，所以再做空，就只能是短空了，并且一旦有不好信号，就要及时止盈。

在 A 处，MACD 指标再度死叉，可以做空，但在价格下跌时，特别是连续几天阴线下跌之后，就要及时止盈。

连续跌几天后，价格出现了反弹，震荡反弹后，价格再度下跌，MACD 指标再度死叉，即 B 处。需要注意的是，B 处的 MACD 指标与价格已出现底背离，所以再做空更要小心。

从其后走势可以看出，价格虽再创新低，但随后价格出现较强的反弹上涨，不及时止盈的空单，很可能由盈利变成亏损。

总之，在价格经过较长时间、较大幅度下跌之后，MACD 指标在 0 轴下方再度死叉时，可以短空，但一定要注意及时止盈。

6.3.2 MACD 指标顶背离做空技巧

MACD 指标顶背离的特征是：价格逐波上涨，而 MACD 技术指标不是同步上升，而是逐波下跌。MACD 指标顶背离的图形如图 6.18 所示。

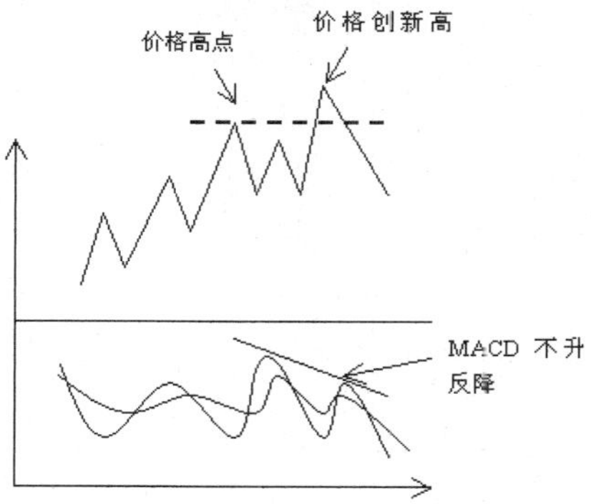

图 6.18 MACD 指标顶背离

从技术上来说，MACD 指标顶背离预示着价格一轮升势已完成，短期内很可能见顶。特别是价格已有大幅拉升后，此时 MACD 再出现死亡交叉，则见顶大幅回落的可能性更大。投资者的多单要做好离场准备或先减仓。一旦价格趋势向下，多单果断清仓，并可以反手建立空单。

图 6.19 显示的是美原油连（CONC）2011 年 10 月 6 日至 2012 年 6 月 1 日的日 K 线图和 MACD 指标。

美原油连（CONC）先是出现一波趋势性上涨，MACD 指标在 0 轴之上，并且已远离 0 轴。随后价格开始震荡上涨，虽然价格在不断创新高，但 MACD 指标却在降低，即 MACD 指标顶背离。

MACD 指标顶背离往往意味着价格上涨已快到顶，所以一旦有不好信号，多单就要及时止盈，并且可以关注做空机会。

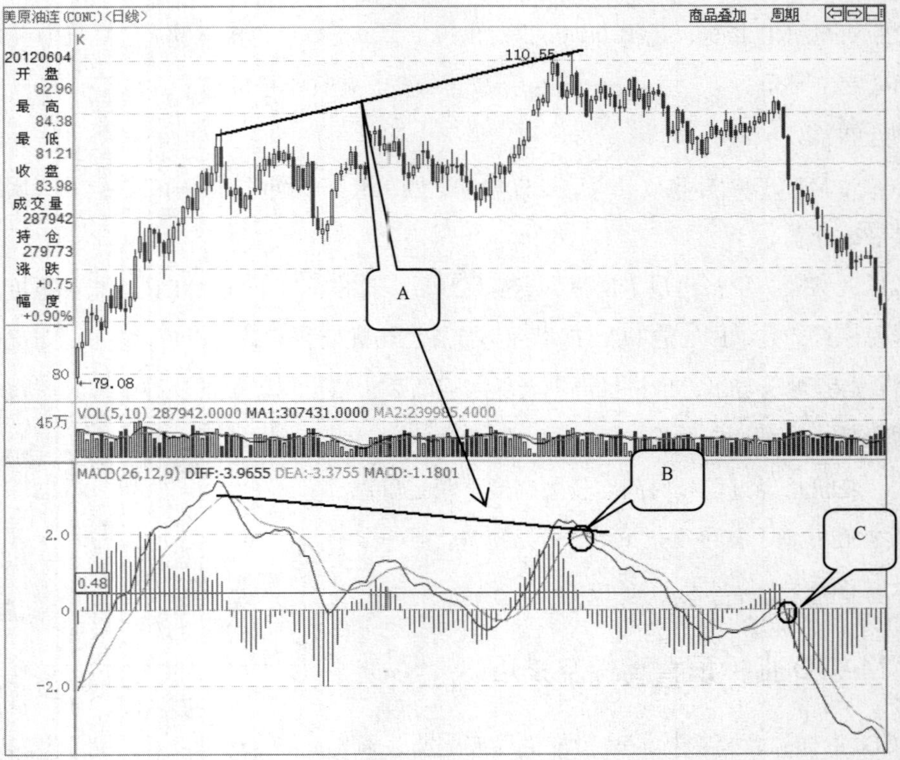

图 6.19　美原油连（CONC）2011 年 10 月 6 日至 2012 年 6 月 1 日的日 K 线图和 MACD 指标

在 B 处，MACD 指标出现死叉，所以 B 处是新的做空位置。从其后走势来看，B 处出现做空信号后，价格并没有立即出现大幅下跌．而是震荡下跌的，并且在第二波反弹结束后，在 C 处，MACD 指标在 0 轴附近再度死叉时，真正的下跌才开始，所以在 MACD 指标顶背离后，敢于在见顶 K 线出现后做空的投资者，往往会有不错的投资收益。

6.3.3　MACD 指标的红柱顶背离做空技巧

需要注意的是，往往要等到 MACD 指标的红柱顶背离完成后，MACD 指标才会见顶下跌，因此 MACD 的绿柱顶背离的做空信号更加灵敏。

图 6.20 显示的是美原油连（CONC）2015 年 3 月 18 日至 2015 年 8 月 21 日的日 K 线图和 MACD 指标。

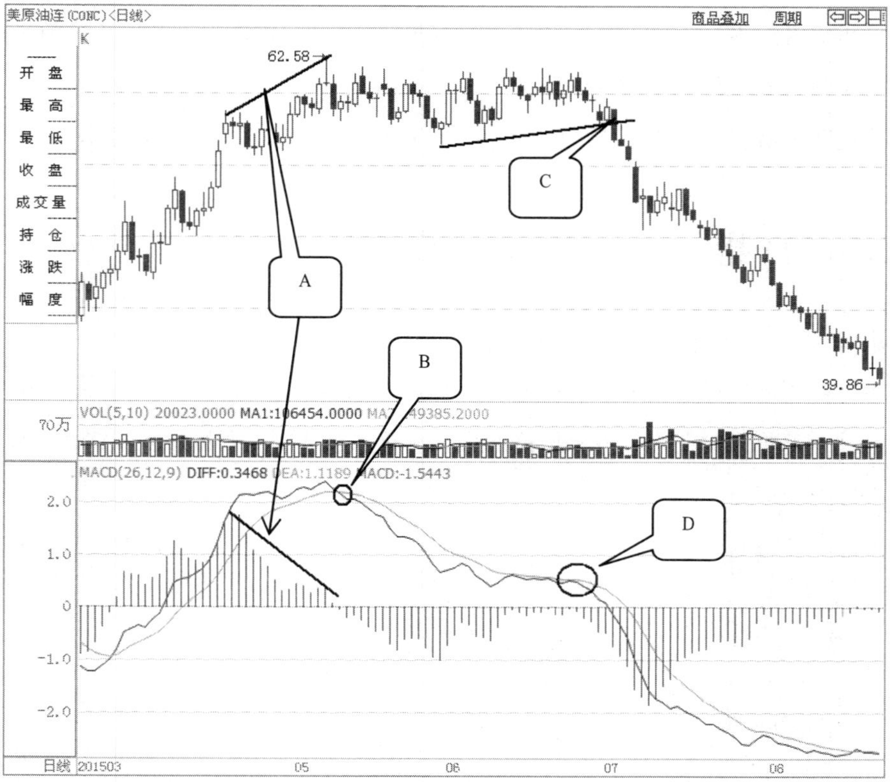

图 6.20　美原油连（CONC）2015 年 3 月 18 日至 2015 年 8 月 21 日的日 K 线图和 MACD 指标

美原油连（CONC）经过一波反弹上涨，在价格上涨的初期，MACD 指标也跟着价格的上涨而不断上行，并且 MACD 指标的红柱不断变长，这种上涨是良性的，多单仍可以继续持有。

但在价格上涨的后期，虽然价格不断上涨，但 MACD 指标的红柱没有继续变长，而是不断变短，这表明上涨的力量不强了，所以这时多单就要注意逢高止盈了，即 A 处。

从其后走势可以看出，MACD 指标红柱顶背离后，价格虽然再创新高，但上力的力量已很弱了，所以多单止盈是很好的策略。

随后 MACD 指标在 0 轴上方死叉，并且 MACD 指标不断下行，但这里的价格却开始横盘震荡，这进一步说明价格已经开始走弱，所以要坚持逢高做空思维。

价格在高位震荡之后，在 C 处，一根中阴线跌破上升趋势线，这表明价格要打破震荡格局，开始下跌了，所以手中有空单的可以持有，没有空单的可以在 C 处介入空单。

这时，再来看一下 MACD 指标，MACD 指标出现了粘合再向下发散迹象，即 D 处，所以这也预示着价格要开始新一波的下跌了。

从其后走势来看，在 C 处或 D 处介入空单，短时间就会有不错的投资收益。

6.4 MACD 指标综合应用实战

下面讲解一下 MACD 指标综合应用实战。

如果原油的价格经过大幅上涨后，出现了 MACD 顶背离，即价格还在上涨，但 MACD 不升反降，这预示着价格短期内可能要见顶下跌，投资者不可以再盲目做多，这时可以准备逢高进空了，如图 6.21 所示。

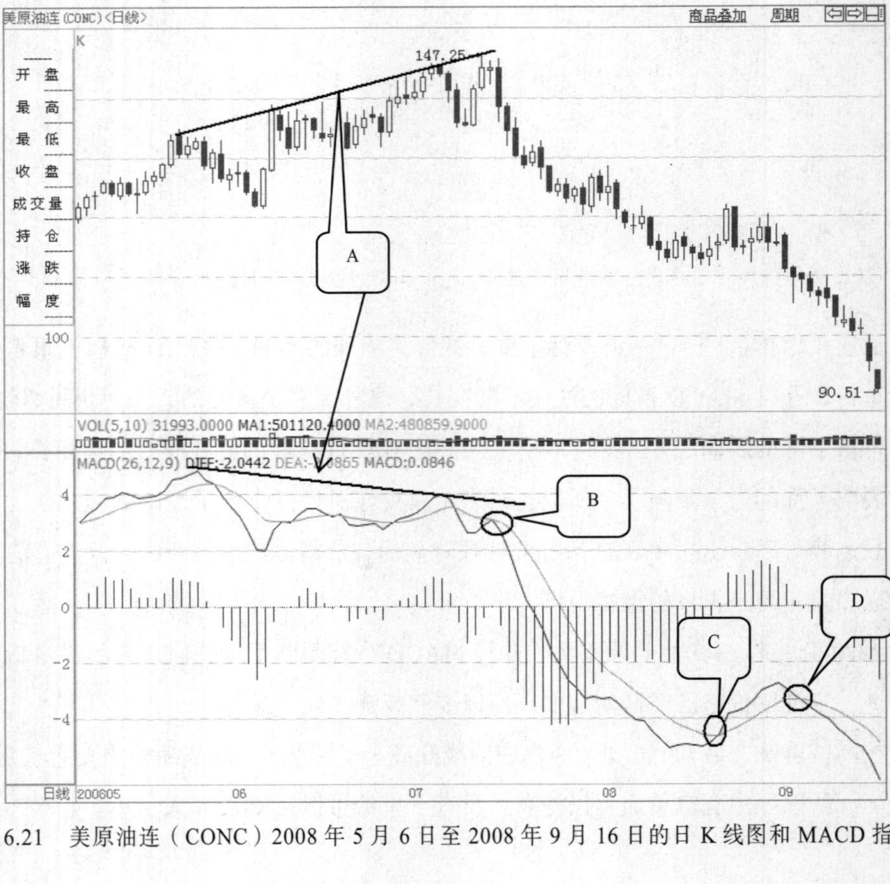

图 6.21 美原油连（CONC）2008 年 5 月 6 日至 2008 年 9 月 16 日的日 K 线图和 MACD 指标

在A处，美原油连（CONC）已经出现顶背离现象，所以投资者的多单要注意减仓或全部出局观望。

美原油连（CONC）价格创出147.25美元/桶的高点后，价格开始连续阴线下跌，然后出现双重顶结构，这时MACD指标出现死叉，即B处，所以这里是很好的做空机会。

随后价格继续下跌，MACD指标先是跌到0轴附近，然后又跌破0轴，这进一步说明，美原油连（CONC）的价格要走空头行情了。

随后价格不断下跌，MACD指标在低位出现了金叉，即C处，这表明价格要反弹。由于当前已是明显的下跌行情，做多也会短多，有盈利就要及时出来，仍是以逢高做空为主。

从其后走势来看，价格反弹的很弱，随后MACD指标再度死叉，即D处，所以这里是新的做空位置。

按下键盘上的“→”，向右移动美原油连（CONC）的日K线图和MACD指标，如图6.22所示。

图6.22 美原油连（CONC）2008年8月27日至2009年4月23日的日K线图和MACD指标

美原油连（CONC）经过一波下跌之后，再度反弹，在A处，MACD指标出现金叉，所以有空单的在这里要注意先止盈，耐心等高点做空机会。当然如果想做多，可以轻仓跟多，在急拉时多单要注意止盈。

从其后走势可以看出，这一波上涨力度较强，但反弹结束后，又开始下跌，所以在B处，MACD指标出现死叉，是新的做空位置。

随后价格一路下跌，经过连续下跌之后，MACD指标在低位再度金叉，即C处。但投资者要明白，当前行情是明显的下跌行情，要想见底，很可能有多次底背离，所以，MACD指标虽然背离，仍不能做多。但投资者也要明白，MACD指标底背离，往往意味着价格下方的空间不大了，可以关注震荡筑底完成后的做多机会。所以在D处，即底背离阶段，投资者做空要见好就收。

在这里可以看到，底背离的时间较长，最低创出 33.20 美元/桶的低点，然后价格开始震荡上涨。价格震荡筑底完成后，MACD指标出现金叉，就可以做多了，所以E处是做多的位置。

在价格处于震荡上涨初期，MACD指标出现死叉，最好不要做空，而是耐心等着做多机会的出现。当然，如果是短线高手，可以轻仓试空，即F处。

按下键盘上的“→”，向右移动美原油连（CONC）的日K线图和MACD指标，如图6.23所示。

美原油连（CONC）在明显的上涨趋势中，MACD指标出现金叉，就要注意做多机会，所以A处和C处，都是不错的做多位置。

在上涨趋势中，如果MACD指标出现死叉，多单要注意止盈，然后耐心等着做多机会出现。当然，如果是短线高手，或有足够多的时间盯盘，可以短空，不过要见好就收，毕竟价格是震荡上涨的。

图 6.22 美原油连（CONC）2008 年 12 月 10 日至 2009 年 8 月 6 日的日 K 线图和 MACD 指标

第 7 章

电脑炒原油的 BOLL 分析技巧

BOLL 技术指标，又称布林线或布带，是由约翰·布林发明的一种包络线分析方法。它即可显示支撑、压力位置，还可以显示超买、超卖，也可以指示整体趋势，并且具备通道作用。

本章主要内容包括：

- 初识 BOLL
- BOLL 缩口向上发散的做多技巧
- 价格站上 BOLL 中轨后的做多技巧
- 价格处在 BOLL 中轨上方的做多技巧
- BOLL 缩口向下发散的做空技巧
- 价格跌破 BOLL 中轨后的做空技巧
- 价格处在 BOLL 中轨下方的做空技巧

7.1　初识 BOLL

布林通道线（BOLL）是根据统计学中的标准差原理设计出来的一种相对比较实用的技术指标。参考布林线进行买卖，不仅能指示支撑、压力位，显示超买、超卖区域，进而指示运行趋势，还能有效规避主力惯用的技术陷阱，即诱多或诱空。该技术手段特别适用于波段操作。

7.1.1　BOLL 概述

BOLL 指标是由上轨线、中轨线和下轨线三部分组成，它将价格波动的范围划分为 3 个区域。其中上轨线是压力线、中轨线是移动平均线、下轨线是支撑线，如图 7.1 所示。

图 7.1　美原油连（CONC）的日 K 线图及 BOLL 指标

BOLL 指标是一种包络线分析方法，也是移动平均线延伸而来的一种曲线。它的构建方法是在移动平均线的上下方相等距离的位置建立两条平行的曲线，其中移动平均线是包络线的价格中心。包络线可以根据规则画很多种，BOLL 线就是在原有规则上延伸的一种画法。

BOLL 指标是根据收盘价高于和低于其平均值的标准差绘制。其设计思路是：当价格波动剧烈时，BOLL 指标变宽，反之则变窄。

一般来说，BOLL 指标有三大功能，具体如下：

① 可以显示支撑和压力位置；

② 可以显示整体趋势；

③ 具备通道作用。

提醒：BOLL 指标是外汇市场中最常用的技术指标之一，与 MACD、KDJ 等指标相比，BOLL 指标具有方便有效、使用灵活、信号明确、成功率高等特点。

7.1.2 BOLL 的参数设置

打开原油行情分析软件，即博易大师软件，输入“CONC”，回车，就可以看到美原油连（CONC）的日 K 线图，如图 7.2 所示。

图 7.2　美原油连（CONC）的日 K 线图

在日 K 线图中，除了 K 线，还有均线。此时，把均线删除，然后添加 BOLL 指标。

鼠标光标指向均线，然后单击左键，就可以选择均线，再单击右键，在弹出菜单中选择“删除指标”命令，如图 7.3 所示。

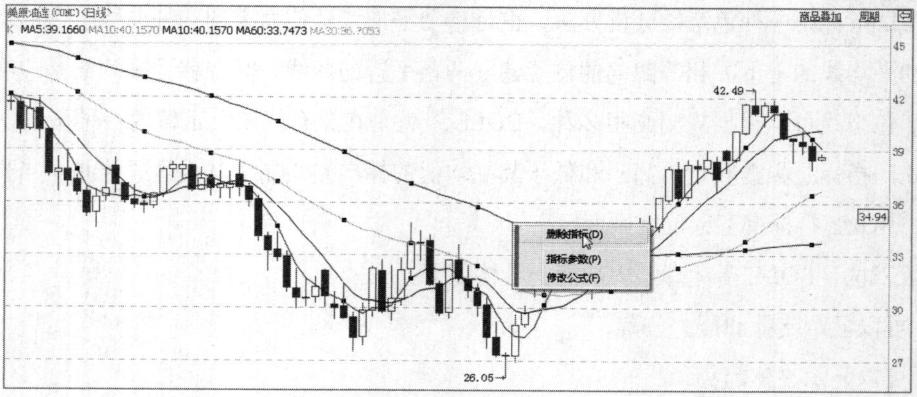

图 7.3　单击右键弹出菜单

单击“删除指标”命令，就可以删除均线，这样只显示了K线，没有均线，如图7.4所示。

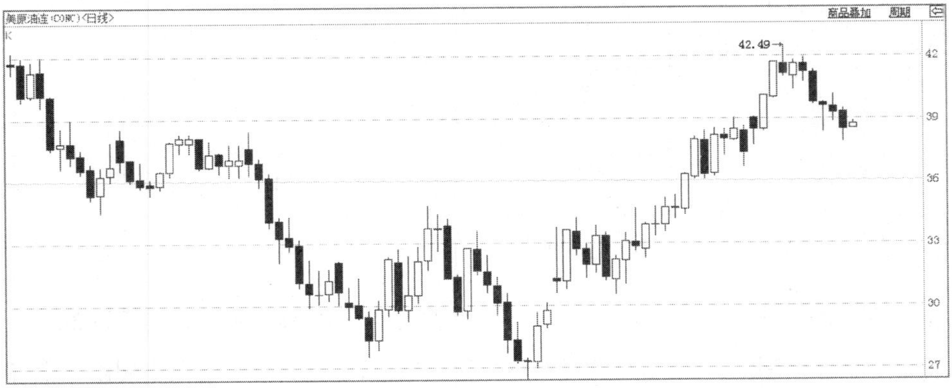

图7.4　只显示K线的K线图

利用键盘输入“BO”，这时就会显示“智能键盘”对话框，可以看到BOLL指标，如图7.5所示。

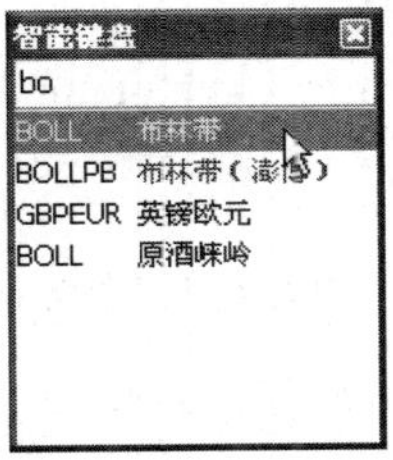

图7.5 “智能键盘”对话框

在“智能键盘”对话框中，选择“BOLL”，然后回车，就可以看到BOLL指标线，如图7.6所示。

鼠标光标指向BOLL指标线，然后单击左键，就可以选择BOLL指标，再单击右键，在弹出菜单中单击“指标参数”命令，弹出“BOLL指标参数”对话框，如图7.7所示。

图7.6　显示BOLL指标线

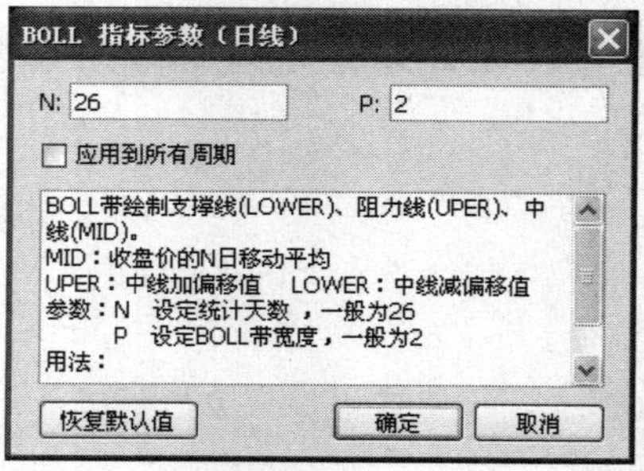

图 7.7 “BOLL 指标参数”对话框

其中参数 N，是用来设定统计天数的，即设定中轨的 N 日移动平均，一般为 26。注意，该参数值不能小于 6。参数 P，是用来设定 BOLL 带宽度的，一般为 2。这里采用默认设置，然后单击“确定”按钮即可。

7.2 BOLL 实战做多技巧

BOLL 实战做多技巧主要有三种，分别是 BOLL 缩口向上发散的做多技巧、价格站上 BOLL 中轨后的做多技巧、价格处在 BOLL 中轨上方的做多技巧，下面就来详细讲解一下。

7.2.1 BOLL 缩口向上发散的做多技巧

价格经过较长时间的下跌之后，开始在低位震荡，这时 BOLL 指标开始缩口，这往往意味着机会快要到来。一旦 BOLL 缩口后，开始向上发散，就是极佳的做多机会。

图 7.8 显示的是美原油连（CONC）2008 年 10 月 15 日至 2009 年 6 月 11 日的日 K 线图和 BOLL 指标。

美原油连（CONC）经过较长时间、较大幅度下跌之后，在下跌的后期，MACD 指标开始背离，即 MACD 指标不断走高，但价格不断创新低，这表明价格下跌已到中后期，空单要注意逢低止盈，即 A 处。

但投资者需要注意的是，虽然 MACD 指标背离，但 BOLL 指标是明显的下行方向，即上轨、中轨、下轨继续向下走，这表明价格仍继续下行。直到 BOLL 指标的轨道开始水平，这样才有可能出现转势，即由下跌趋势变成上涨趋势。

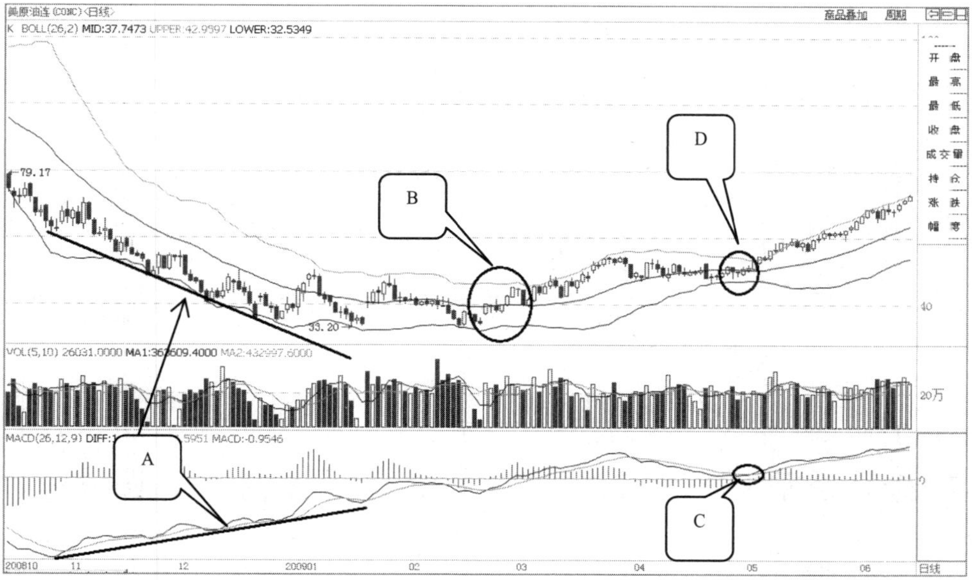

图 7.8 美原油连（CONC）2008 年 10 月 15 日至 2009 年 6 月 11 日的日 K 线图和 BOLL 指标

随后价格不断下跌，MACD 指标变转背离，BOLL 指标开始走平，这意味着价格要见底了，一旦震荡筑底完成后，就可能要走上涨趋势了。

在 B 处，BOLL 指标开始走平，并且 MACD 指标上涨到 0 轴上方，这表明多方力量开始变强。所以，这里要及时转变思维，由前期的逢高做空，变成逢低做多。

从其后走势可以看出，BOLL 指标走平后，出现了一波明显的上涨行情，但由于是上涨的初期，所以上涨的幅度和时间都不长。在这一波上涨结束后，再度回调，但回调的幅度很小，并且 BOLL 指标再度缩口。

在 C 处，MACD 指标在 0 轴上方再度金叉，这是一个明显的做多信号。另外，此时的 BOLL 已缩的很小，并且价格已向上突破，即 D 处，此时要开始新一波的趋势性上涨行情了，所以这里是极好的做多位置。

从其后走势可以看出，在这里做多，不到一个月的时间，投资收益就可以翻倍。

7.2.2 价格站上 BOLL 中轨后的做多技巧

图 7.9 显示的是美原油连（CONC）2012 年 4 月 20 日至 2012 年 11 月 8 日的日 K 线图和

BOLL 指标。

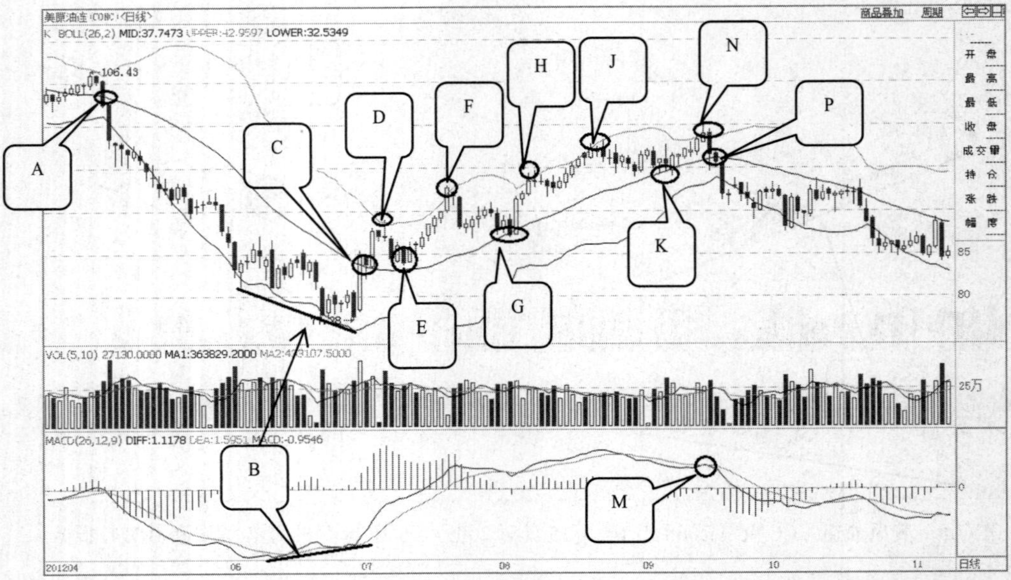

图 7.9 美原油连（CONC）2012 年 4 月 20 日至 2012 年 11 月 8 日的日 K 线图和 BOLL 指标

美原油连（CONC）经过一波反弹，创出 106.43 美元/桶的高点，但需要注意的是，在创出高点这一天，价格收了一根带有上影线的 K 线，这表明上方有压力。另外，还需要注意的是，此时的 BOLL 指标已经开始缩口，并且价格正好上涨到上轨附近，所以这里的多单要注意止盈。

随后价格就开始下跌，MACD 指标出现死叉，价格也跌破了 BOLL 指标的中轨，即 A 处，这表明价格要开始下跌了。

随后价格开始快速下跌，经过明显的两波下跌之后，MACD 指标出现底背离，即 B 处，同时，价格已下跌到 BOLL 指标的下轨，所以空单要注意止盈了。

价格在低位略震荡后，一根大阳线上涨，价格站上 BOLL 指标的中轨，即 B 处，这表明价格要开始变多了，此时要转变思维，由前期的逢高做空，变成逢低做多。

随后价格在中轨附近震荡一天，又中阳线上涨，上涨到 BOLL 指标的上轨，由于此时的 BOLL 指标仍属于下行状态，所以抄底做多要注意止盈，即 D 处。然后耐心等待回调，回调结束后再进多单。

接着价格回调 5 个交易日，在中轨附近再度企稳，并且出现两红夹一黑做多信号，即 E 处，所以这里就是新的做多位置。

价格在 E 处企稳后，出现了连续 7 个交易日的上涨，又上涨到 BOLL 指标的上轨附近，一般情况下，BOLL 指标的上轨附近会有压力（超强势除外，即明显的横盘突破行情），所以 F 处是多单止盈的位置。

随后价格就出现了回调，回调到中轨附近，又是新的做多机会，即 G 处是新的做多位置。

接着价格再度上涨，又上涨到上轨附近，又是多单止盈的位置，即 H 处。

需要注意的是，H 处多单止盈后，价格出现了回调，但回调的幅度较小，没有回调到中轨附近。但从回调的 K 线可以看出，回调的幅度很小，并且不断出现带有下影线的 K 线，这表明价格随时有见底的可能，所以可以根据见底 K 线再进多单。

这一波回调后，价格继续上涨，又是上涨到上轨附近，多单止盈的位置，即 J 处。

随后价格回调，回调到中轨附近，即 K 处，又是新的做多位置。

价格在 K 处企稳后，再度上涨到 BOLL 指标的上轨附近，即 N 处，这里是多单再度止盈的位置。另外，投资者还需要注意，此时的 BOLL 指标开始缩口，这是一个很不好的现象，意味着价格经过几波震荡上涨之后，有上涨结束、开始出现大幅回调的可能，所以多单要注意全部止盈。

随后价格继续下跌，这时的 MACD 指标出现了金叉变死叉现象，即本来是金叉要上涨的，结果一下跌，变成了死叉，这说明金叉是诱多，把投资者套进去，后面的死叉再说明主力的意图，即 M 处。所以这里如果手中还有多单，要第一时间出局，并且可以关注做空机会。

附近价格继续下跌，跌破了 BOLL 指标的中轨，即 P 处，这进一步说明，上涨行情结束，后市步入震荡下跌结构，所以如果手中有空单可以持有，没有空单可以关注盘中反弹做空机会。

7.2.3　价格处在 BOLL 中轨上方的做多技巧

图 7.10 显示的是美原油连（CONC）2008 年 1 月 18 日至 2008 年 9 月 11 日的日 K 线图和 BOLL 指标。

美原油连（CONC）经过震荡调整后，MACD 指标在 0 轴附近出现金叉，这是一个做多信号，即 A 处。另外，此时的 BOLL 指标开始缩口，表明新的一波上涨趋势行情即将开始，可以关注做多机会了。

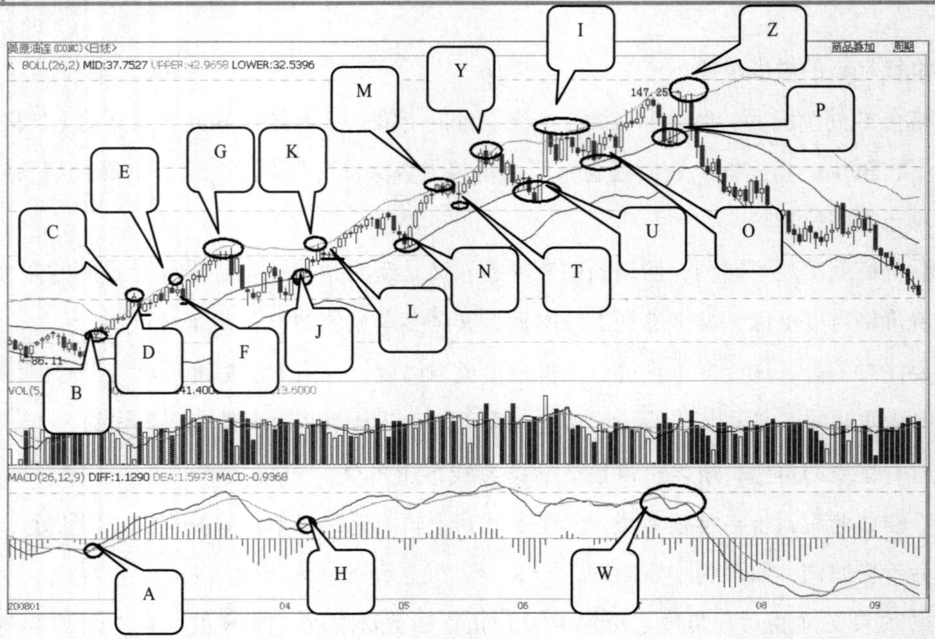

图 7.10 美原油连（CONC）2008 年 1 月 18 日至 2008 年 9 月 11 日的日 K 线图和 BOLL 指标

随后价格继续上涨，价格站上了 BOLL 的中轨，这表明 BOLL 指标也开始转多了，多单可以持有，并且可以继续介入多单。

随后价格继续上涨，在上轨附近回调调整后，又继续上涨。但价格在 BOLL 上轨的上方很难长时间运行，所以一旦有见顶 K 线，多单可以先止盈，回调企稳后再介入多单。所以在 C 处，多单要注意止盈，在 D 处价格出现平底时，继续介入多单。

价格随后继续上涨，但在上轨附近，出现见顶 K 线，短线多单可以先止盈，回调有做多信号时再进多单，即 E 处多单止盈，F 处出现平底再进多单。

价格在 F 处企稳后，又出现连续上涨行情，经过近十个交易日的上涨之后，在 BOLL 上轨附近连续出现十字线。这表明上方有压力，并且已连续上涨好几波，所以有回调的可能，G 处多单要注意止盈。

随后价格出现了波段回调，MACD 指标出现死叉，但这里的调整是一个明显的两波调整行情，并且 BOLL 的方向继续向上，所以一旦调整企稳后，继续关注做多机会。

在 H 处，MACD 指标再度金叉，这是做多开始信号。接着价格继续上涨，价格站上 BOLL 中轨，这表明新的一波上涨行情开始，即 J 处。

在一波明显的上涨行情中，只要价格在中轨附近上方，出现明显的见底 K 线，就可以做多，当然价格回调到中轨附近出现见底 K 线，做多更安全，即 L、N、T、U、O 和 P 处，都是比较不错的做多位置。

当然，在一波明显的上涨行情中，当价格上涨到上轨附近时，出现见顶 K 线或价格连续几天在上轨上方运行，价格往往有回调要求，这时多单最好先止盈，即 K、M、Y、J 和 Z 处，都是多单止盈的位置。

投资者需要注意，随后价格不断上涨，虽然价格不断创新高，但 MACD 指标开始下行，即价格与 MACD 指标出现顶背离，这是很不好的信号，也表明价格处在上涨的中后期。所以多单一定要注意控制好仓位，不能再重仓。另外一旦有不好信号，多单就要及时止盈出局。

在 Z 处，价格创出 147.25 美元/桶的高点，但此时的 MACD 已完全背离，即 W 处。另外，此时的 BOLL 指标开始缩口，并且价格已上涨到上轨附近，所以 Z 处是多单全部出局的位置。

随后价格出现了快速下跌，先是跌破中轨，然后又跌到下轨。价格超跌后，出现了反弹，但仅反弹了一天，价格就开始沿着下轨下跌。所以，当价格跌破中轨之后，投资者不能再心存幻想，手中有多单的要及时止损出局，并且可以开始做空。

7.3 BOLL 实战做空技巧

BOLL 实战做空技巧主要有三种，分别是 BOLL 缩口向下发散的做空技巧、价格跌破 BOLL 中轨后的做空技巧、价格处在 BOLL 中轨下方的做空技巧，下面就来详细讲解一下。

7.3.1 BOLL 缩口向下发散的做空技巧

价格经过较长时间的上涨之后，开始在高位震荡盘感，这时 BOLL 指标开始缩口，这往往意味着机会快要到来，一旦 BOLL 缩口后，开始向下发散，就是极佳的做空机会。

图 7.11 显示的是美原油连（CONC）2015 年 4 月 21 日至 2015 年 12 月 11 日的日 K 线图和 BOLL 指标。

美原油连（CONC）经过一波反弹上涨，创出 62.58 美元/桶的高点，但在创出高点这一天，价格收了一根带有长长上影线的见顶 K 线，即一根射击之星，这表明价格要调整了，所以多单要注意止盈。

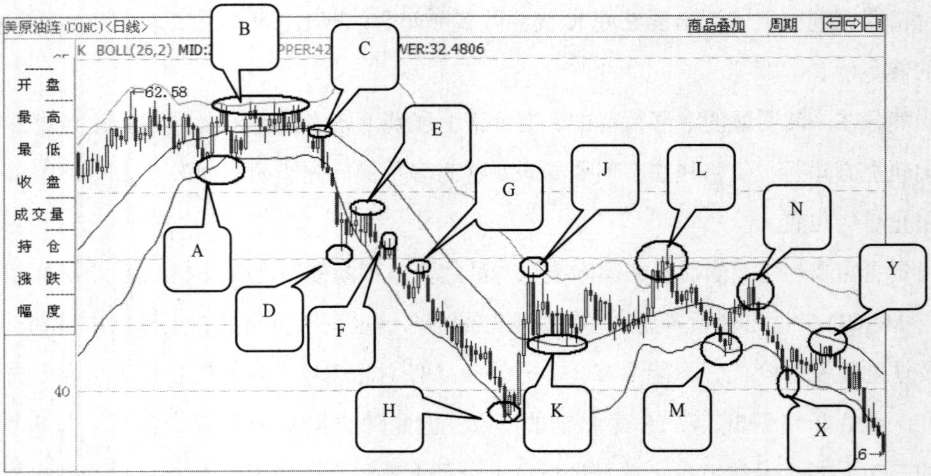

图 7.11 美原油连（CONC）2015 年 4 月 21 日至 2015 年 12 月 11 日的日 K 线图和 BOLL 指标

随后价格开始震荡调整，在明显的震荡行情中，BOLL 指标的轨道是水平的，这样 BOLL 指标下轨就是支撑，上轨就是压力。所以，每当价格回调到 BOLL 指标的下轨附近时，都可以关注做多机会；每当价格上涨到 BOLL 指标的上轨附近时，多单就要注意止盈，并关注短空机会，所以 A 处可以做多，B 处多单止盈，并可以做空。

价格震荡较长时间后，在 C 处跌破了 BOLL 指标的中轨，并且这时的 BOLL 指标有向下发散的迹象，这表明价格很可能要走趋势性下跌行情了。此时，不能再按震荡行情来操作，而是按逢高做空的思维来操作。

价格在 C 处跌破 BOLL 指标的中轨后，价格反弹就没有再站上中轨，这意味着价格要下跌了，所以 C 处是比较好的做空位置。

随后价格就开始快速下跌，连续 4 个交易日的阴线杀跌。但需要注意的是，价格是在 BOLL 指标的下轨下方运行，这种情况下易出现反弹，所以投资者一定要关注见底 K 线，一旦出现，空单要注意先止盈，反弹后再做空。

4 个交易日连续杀跌之后，在第 5 个交易日价格收了一根十字线，即 D 处出现了见底 K 线，所以在 D 处，空单要先止盈。

随后价格出现了反弹，但反弹很弱，几乎是水平震荡，所以继续关注反弹不动做空机会，即 E 处仍可以做空。

接着价格继续下跌，由于价格始终在 BOLL 指标的中轨下方，所以每次出现反弹，都可以做空，即 F 处和 G 处都可以做空。

价格经过不断震荡下跌之后，在 H 处，价格再度跌到 BOLL 指标的下轨下方。由于价格已出现较长时间的下跌，这时又出现了超跌，所以空单要注意止盈，即 H 处。

随后价格出现了较强的反弹，先是站上中轨，然后反弹到上轨附近。由于这时的 BOLL 指标仍是下行的，所以上轨很难一次突破，必有回调。因此，在 BOLL 指标的上轨附近，抄底多单要注意止盈，当然也可以短空，即 J 处。

接着价格就出现了回调，回调到中轨附近，价格再度得到支撑，即 K 处。所以 K 处空单应该止盈，并关注做多机会。

价格在中轨附近企稳后，再度反弹上涨，这时 BOLL 指标的轨道开始走平，即价格走的是震荡行情，这样 BOLL 指标的上轨压力就比较明显了。所以当价格上涨到上轨附近时，多单要注意止盈，并可以关注短空机会，即 L 处。

当然，在震荡行情中，下轨会有支撑，所以当价格回调到下轨附近时，空单要注意止盈，并且可以关注做多机会，即 M 处。

价格在 M 处企稳后，再度上涨。需要注意的是，价格虽然突破了 BOLL 指标的中轨，但仅一天，价格又回到中轨下方，即 N 处。这表明价格向上突破是假，再次下跌是真，所以 N 处是多单及时出局的位置，也是不错的做空位置。

随后价格开始连续阴线杀跌，经过连续 9 个交易日的下跌之后，价格跌到 BOLL 指标的下轨下方，即价格已超跌，所以空单要注意止盈了，即 X 处。

接着价格出现了反弹，注意只要价格反弹不过中轨，在中轨附近仍是较好的做空机会，即 Y 处是不错的做空位置。

从其后走势来看，在 Y 处做空，短时间内仍会有不错的投资收益。

7.3.2 价格跌破 BOLL 中轨后的做空技巧

图 7.12 显示的是美原油连(CONC)2014 年 5 月 7 日至 2015 年 1 月 2 日的日 K 线图和 BOLL 指标。

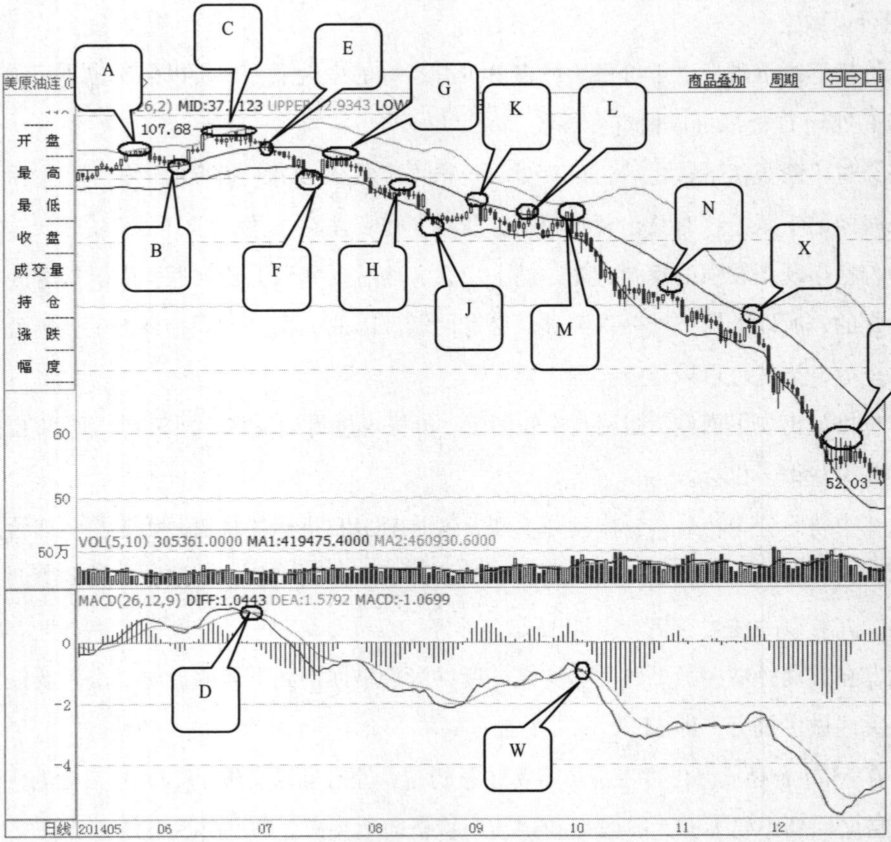

图 7.12 美原油连（CONC）2014 年 5 月 7 日至 2015 年 1 月 2 日的日 K 线图和 BOLL 指标

美原油连（CONC）经过一波反弹上涨，反弹到上轨附近，即 A 处，价格连续小阳线、小阴线，这表明价格已滞涨，所以多单要注意止盈。

随后价格开始回调，回调到 BOLL 指标的中轨附近，即 B 处，价格出现见底 K 线，所以 B 处可以继续做多。接着价格上涨到 BOLL 指标上轨附近，即 C 处，这时价格再度滞涨，所以 C 处多单要注意止盈。

价格在高位震荡后，开始下跌，MACD 指标出现死叉，这是一个明显的做空位置，即 D 处。另外，价格在震荡下跌过程中，跌破了中轨，即 E 处，并且跌破中轨后，价格继续下跌，没有出现反弹，一路跌到 BOLL 指标下轨下方，这时价格就超跌了，即 F 处，所以 F 处空单要注意先止盈。

需要注意的是，这一波下跌，把BOLL指标的方向由前期的水平变成了下行，即BOLL指标开始转空。另外MACD指标也回到0轴下方，即价格已开始转弱，变成了空头行情。

价格在F处超跌之后，出现了反弹，注意正好反弹到BOLL指标的中轨附近，即G处，价格再度受压，开始下行，所以G处是新的做空位置。

随后价格继续震荡下跌，由于价格始终在中轨下方运行，所以要坚持逢高做空思想，即每当价格反弹到中轨附近或反弹出现见顶K线时，都可以介入空单，即H、K、L、M、N、X和Y处，都是不错的介入空单位置。

需要注意的是，价格经过大幅下跌之后，再出现做空信号，虽然还可以做空，但一定要注意，一旦有不好信号，即有见底K线，空单要先出局观望一下。因为这里所有空单都有获利，并且高位的空单获利丰厚，随时有获利了结的现象出现。

当然，在明显的下跌行情中，当价格跌破BOLL指标下轨，即出现超跌现象时，空单要注意止盈，因为这时常常会出现反弹，即J处。

另外还要注意，只要价格在BOLL中轨下方，价格都是空头行情，这时如果MACD指标出现背离，即MACD指标出现做多信号，只可以短多，并且多单要注意及时止盈。当MACD指标再度死叉时，就是新的做空机会，即W处。

提醒：波段行情来临时，投资者以持有单子为主，有时为了一时的短线盈利，可能会失去大机会。因为单子止盈了，没有给更好的介入位置，可能就不敢再介入空单了。

7.3.3 价格处在BOLL中轨下方的做空技巧

图7.13显示的是美原油连（CONC）2008年7月10日至2008年11月20日的日K线图和BOLL指标。

美原油连（CONC）经过几波连续上涨之后，创出147.25美元/桶的高点。需要注意的是，此时的BOLL指标是水平的，所以在BOLL指标的上轨附近，多单要注意止盈。

价格创出高点这一天，却收了一根带有上影线的K线，这表明上方有压力。随后价格震荡一天，接着就是大跌，跌破了BOLL指标的中轨，这意味着价格要开始走弱了。所以手中有多单的要及时出局，并关注做空机会。

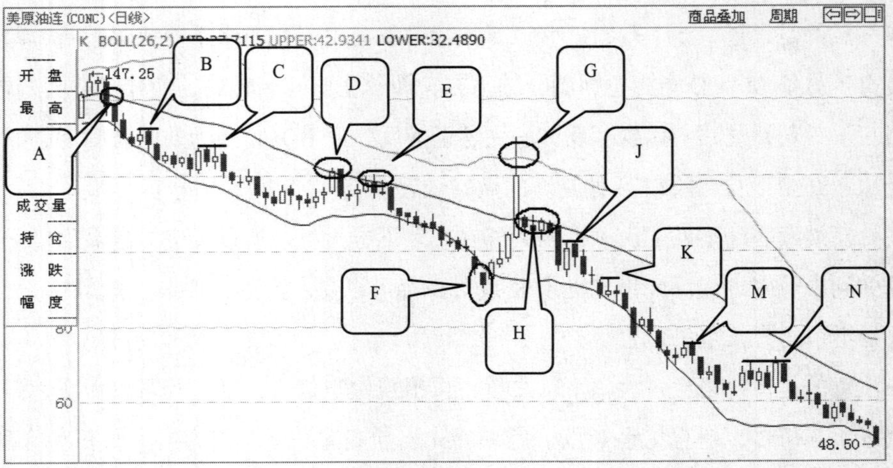

图 7.13 美原油连（CONC）2008 年 7 月 10 日至 2008 年 11 月 20 日的日 K 线图和 BOLL 指标

价格跌破中轨附近，又连续下跌三个交易日，才出现反弹，但反弹很弱，在 B 处又出现平顶，所以 B 处是不错的做空位置。

接着价格继续震荡下跌，价格始终处在 BOLL 指标的中轨下方，这表明价格始终在空头行情之中。所以每当出现见顶信号时，都可以介入空单，所以 C 处的平顶，也可以介入空单。

价格连续下跌之后，出现了较强的反弹，但只是反弹到 BOLL 指标的中轨附近，就再度受压下行，所以中轨附近仍是较好的做空位置，即 D 和 E 处。

D 处和 E 处价格见顶后继续下跌，注意随后的下跌时间比较长，并且出现了超跌现象，即价格跌到 BOLL 指标的下轨下方，即 F 处，所以 F 处空单要注意止盈。

随后价格出现了反弹，这一波反弹比较强，反弹到 BOLL 指标上轨附近。由于当前 BOLL 指标仍是下行的，所以上轨附近是最佳的做空位置，即 G 处。

需要注意的是，价格反弹到上轨附近后，随后价格就低开低走，并且在中轨附近再度受压，所以中轨附近仍可以介入空单，即 H 处。

当价格在中轨下方，每当价格出现反弹，出现平顶信号，都可以介入空单，即 J、K、M 和 N 处。

需要注意的是，价格经过大幅下跌之后，再出现做空信号，虽然还可以做空，但一定要注意，一旦有不好信号，即有见底 K 线，空单要先出局观望一下。因为这里所有空单都有获利，并且高位的空单获利丰厚，随时有获利了结的现象出现。

第 8 章

电脑炒原油的 KDJ 分析技巧

KDJ 技术指标具有迅速、快捷、直观的特点，其设计中综合了动量观念、相对强弱指数和移动平均线的一些优点。在计算过程中主要研究高低价位与收盘价的关系，即通过计算当日或最近数日的最高价、最低价及收盘价等价格波动的真实波幅，反映价格走势的强弱和超买超卖现象。

本章主要内容包括：

- 初识 KDJ
- KDJ 指标的 D 值跌破 20 后的做多技巧
- KDJ 指标金叉的做多技巧
- KDJ 底背离的做多技巧
- KDJ 指标的 D 值突破 80 后的做空技巧
- KDJ 指标死叉的做空技巧
- KDJ 顶背离的做空技巧
- 30 分钟和 60 分钟 KDJ 实战应用经验
- KDJ 指标综合应用实战

8.1 初识 KDJ

KDJ 技术指标，又称随机指标，是由乔治·蓝恩博士（George Lane）最早提出的，是一种相当新颖、实用的技术分析指标，最早应用在期货投资方面，功能颇为显著，后来广泛应用于白银市场的中短期趋势分析中，是最常用的技术分析指标之一。

8.1.1 KDJ 概述

KDJ 通过特定公式对当前行情的最高价、最低价及收盘价进行计算，得出 K 值、D 值和 J 值，然后分别在指标坐标上形成点并连成线，于是形成能反映价格波动趋势的 KDJ 技术指标。

在 KDJ 技术指标中，移动速度最快的是 J 线，其次是 K 线，最慢的是 D 线。其中 D 值和 K 值的变化范围都在 0～100，而 J 值可以大于 100，也可以小于 0。

提醒：有些行情分析软件，为了便于图形的绘制，当 J 值大于 100 时，仍按 100 绘制；当 J 值小于 0 时，仍按 0 绘制。所以在 KDJ 指标图形中可以看到 J 值在 0 或 100 处呈“直线”状。

美原油连（CONC）的日 K 线图和 KDJ 指标如图 8.1 所示。

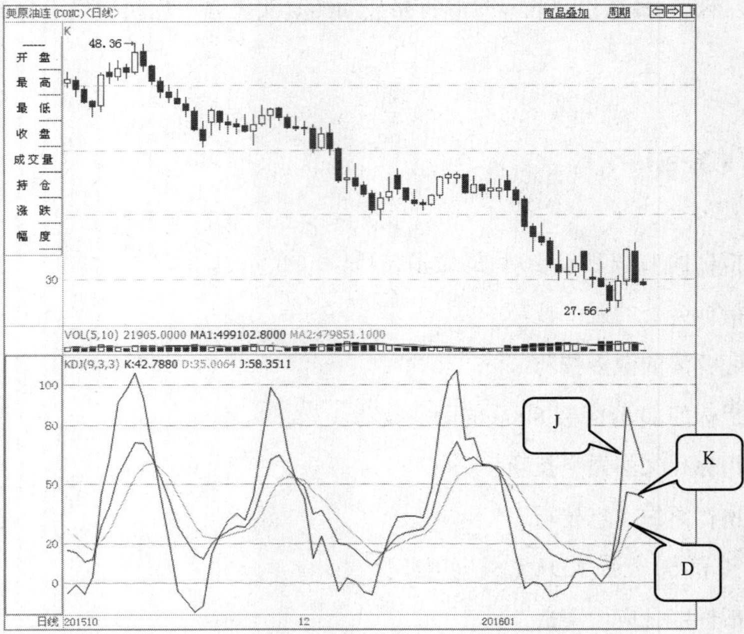

图 8.1 美原油连（CONC）的日 K 线图和 KDJ 指标

在 KDJ 技术指标中，就敏感性而言，J 值最强，K 值次之，D 值最弱；就安全性而言，J 值由于反应过于灵敏而最差，K 值居中次之，D 值由于反应慢反而更稳、更准确。

根据 KDJ 的取值，可以将其划分为三个区，分别是超买区、超卖区和整理区。一般来说，当 K、D 和 J 三值在 50 附近时，表示多空双方力量均衡；当 K、D 和 J 三值都大于 50 时，表示多方力量占优；当 K、D 和 J 三值都小于 50 时，表示空方力量占优。

由于 K 线反应速度较快，其数值超过 90 为超买，低于 10 为超卖；D 线相对反应速度最慢，数值越过 80 为超买，数值低于 20 为超卖；J 值反应最快，方向性最为敏感，若 J 值高于 100，特别是连续 5 天及以上，行情至少会形成短期头部，是卖出信号；反之若 J 值低于 0，特别是连续数天以上，行情至少会形成短期底部，是买进信号。

8.1.2 KDJ 的设置

打开原油行情分析软件，即博易大师软件，输入“CONC”，回车，就可以看到美原油连（CONC）的日 K 线图，默认状态下显示了 KDJ 技术指标，如图 8.2 所示。

图 8.2 美原油连（CONC）的日 K 线图和 KDJ 指标

删除 KDJ 技术指标。选择 KDJ 技术指标中的任一条曲线，单击右键，在弹出菜单中单击“删除指数”命令，弹出如图 8.3 所示的“确认”提示对话框。

图 8.3 “确认”提示对话框

单击“是”按钮，就可以删除 KDJ 技术指标。注意这时只能看到 K 线图，下方显示 KDJ 指标的副图没有了。

在 K 线图的空白处，单击右键，在弹出的菜单中单击“视图组合”命令，显示其子菜单，如图 8.4 所示。

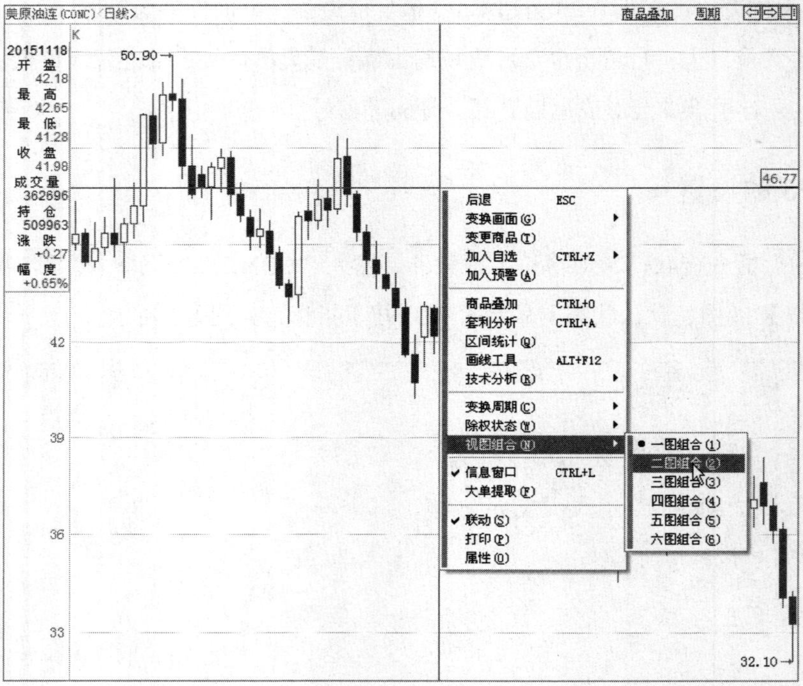

图 8.4 单击右键显示子菜单

单击右键菜单中的“二图组合”命令，就会增加一个副图。

按下键盘上的“K”键，这时弹出“智能键盘”提示对话框，并显示了以 K 开头的所有指标参数，如图 8.5 所示。

在“智能键盘”提示对话框中双击“KDJ”，就会显示 KDJ 技术指标图形，并且自动关闭“智能键盘”的提示对话框。

修改 KDJ 技术指标的计算参数。鼠标光标指向 KDJ 技术指标图形，单击右键，在弹出菜单中单击“指标参数”命令，弹出“KDJ 指标参数”设置对话框，如图 8.6 所示。

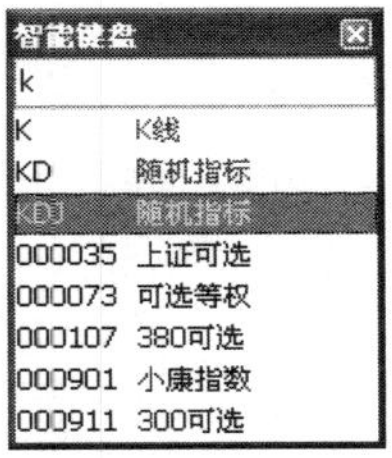

图 8.5 “智能键盘”提示对话框

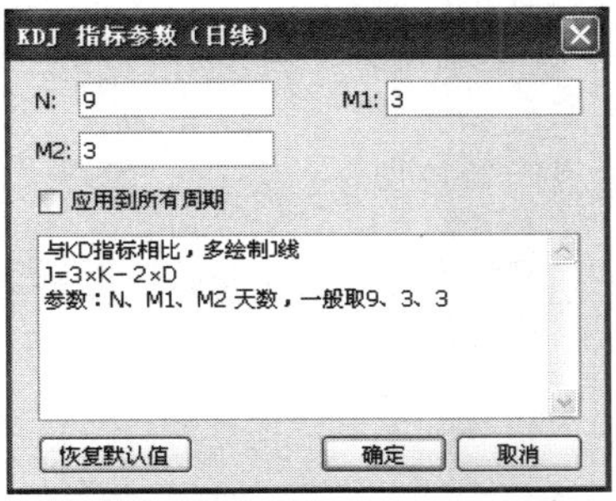

图 8.6 “KDJ 指标参数”设置对话框

KDJ 最常用的默认参数是 9，在短线上将参数改为 5，则反应更敏感，也更快捷，而且可以降低钝化率；如果将参数设置为 19，则敏感性降低，但信号的准确率较高。

提醒：在实战经验中，一般常用的 KDJ 参数有日 K 线的 5、9、18、25、34、46、72 等，周 K 线的 5、15、25、55 等。在实际操作中，应将不同的周期综合起来分析，短、中、长趋势便会一目了然。

KDJ 技术指标也可以修改，鼠标光标指向 KDJ 技术指标图形，单击右键，在弹出菜单中单击“修改公式”命令，弹出“指标编辑器”对话框，如图 8.7 所示。

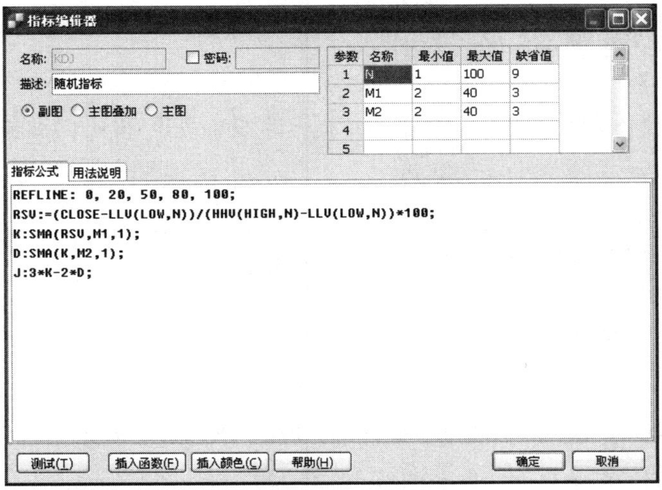

图 8.7 “指标编辑器”对话框

系统指标参数，一般不要随机修改其算法。但如果投资者对各种指标参数非常熟悉，并且知道具体算法，则可以修改。

提醒：一般不建议修改系统指标参数。

单击“用法说明”选项卡，就可以看到 KDJ 指标的基本用法，如图 8.8 所示。

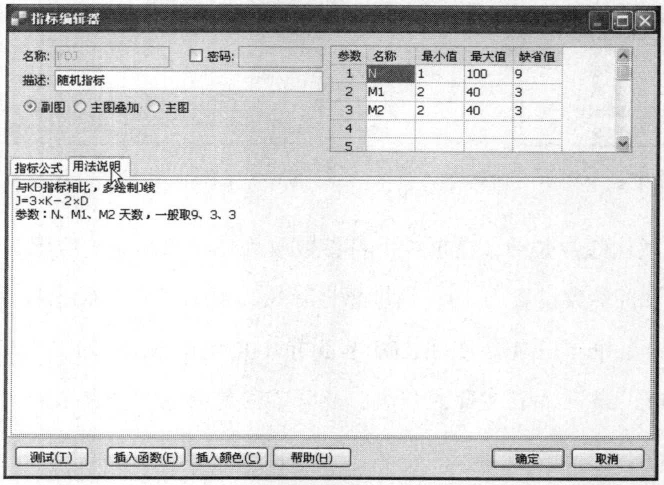

图 8.8 KDJ 指标的基本用法

8.2 KDJ 实战做多技巧

KDJ 实战做多技巧共有 3 种，分别是 KDJ 指标的 D 值跌破 20 后的做多技巧、KDJ 指标的金叉的做多技巧、KDJ 底背离的做多技巧。

8.2.1 KDJ 指标的 D 值跌破 20 后的做多技巧

图 8.9 显示的是美原油连（CONC）2014 年 12 月 18 日至 2015 年 5 月 5 日的日 K 线图和 KDJ 指标。

美原油连（CONC）经过一波快速下跌之后，在 A 处，KDJ 指标的 D 值已跌到 20 以下，这意味着价格已超跌，即价格在这里易反弹，所以不要再追空了。如果手中还有空单，要注意保护盈利。

图 8.9　美原油连（CONC）2014 年 12 月 18 日至 2015 年 5 月 5 日的日 K 线图和 KDJ 指标

随后价格出现了反弹，注意 KDJ 指标的 D 值不断抬高，这意味着价格开始震荡反弹。所以及时转变做单思维，即由原来的趋势做空，变成短线灵活操作。

在 B 处，KDJ 指标的 D 值再度回到 20 附近，这时价格虽然创出 43.58 美元/桶的低点，但在创出低点这一天，价格却收了一根见底十字 K 线，所以空单在这里要注意止盈。

随后价格出现了反弹，反弹三小波后，价格再度下跌。注意这一波下跌，没有再创新低，并且在 C 处，KDJ 指标的 D 值再度回到 20 附近，所以 C 处也是空单止盈的好位置。

从其后走势来看，价格在 C 处企稳后，就出现了一波较大幅度的上涨，如果空单不及时出局，很可能由盈利变成亏损。

提醒：为了提高行情判断的准确率，投资者可以将不同级别 K 线图中的 KDJ 指标结合起来使用。例如，日线级别中的 KDJ 指标的 D 值进入超卖区间的同时，周线级别中的 KDJ 指标的 D 值也进入超卖区间，则该形态的看涨信号会更可靠。

8.2.2 KDJ 指标金叉的做多技巧

当 K、D 和 J 三值均小于 50，而 J 线和 K 线几乎同时向上突破 D 线时，说明市场将转强，行情下跌趋势有望结束，将止跌反弹，是买入信号，这是第一种形式的“黄金交叉”。

提醒：KDJ 指标金叉出现的位置越低，该指标的看涨信号就越强烈，20 下方超卖区的金叉看涨信号最强。

图 8.10 显示的是美原油连（CONC）2013 年 12 月 16 日至 2014 年 5 月 23 日的日 K 线图和 KDJ 指标。

图 8.10 美原油连（CONC）2013 年 12 月 16 日至 2014 年 5 月 23 日的日 K 线图和 KDJ 指标

美原油连（CONC）经过一波反弹上涨之后，KDJ 指标在高位出现死叉，价格就开始下跌，并且下跌速度很快，连续阴线下跌。经过 8 个交易日下跌之后，价格创出 91.24 美元/桶的低点，但在创出低点这一天，价格收了一根见底 K 线。

随后价格开始在低位震荡，这时 KDJ 指标的 D 值已回到 20 附近。价格震荡之后，KDJ 指标在低位出现金叉，即 A 处，这表明价格要上涨了，所以空单要及时出局，然后介入多单。

KDJ 指标在 A 处金叉后，价格就开始震荡上涨，最高上涨到 105.22 美元/桶。随后价格又开始回调，在价格回调过程中，KDJ 指标的 D 值不断下行，经过 8 个交易日的调整，KDJ 指标的 D 值又回到 20 附近。此时的价格又开始企稳，开始震荡上行，KDJ 指标在低位出现金叉，即 B 处，这表明价格要上涨了，所以空单要及时出局，然后介入多单。

同理，C 处也是一样的，KDJ 指标的 D 值再次回到 20 附近，这时 KDJ 指标出现金叉，是比较好的做多机会。

当 K、D 和 J 三线均处于 50 附近盘整时，若 J 线和 K 线几乎同时再次向上突破 D 线，说明市场在强势中，行情将继续上涨，是加仓做多信号，这是第二种形式的“黄金交叉”。

图 8.11 显示的是美原油连（CONC）2008 年 1 月 29 日至 2008 年 7 月 3 日的日 K 线图和 KDJ 指标。

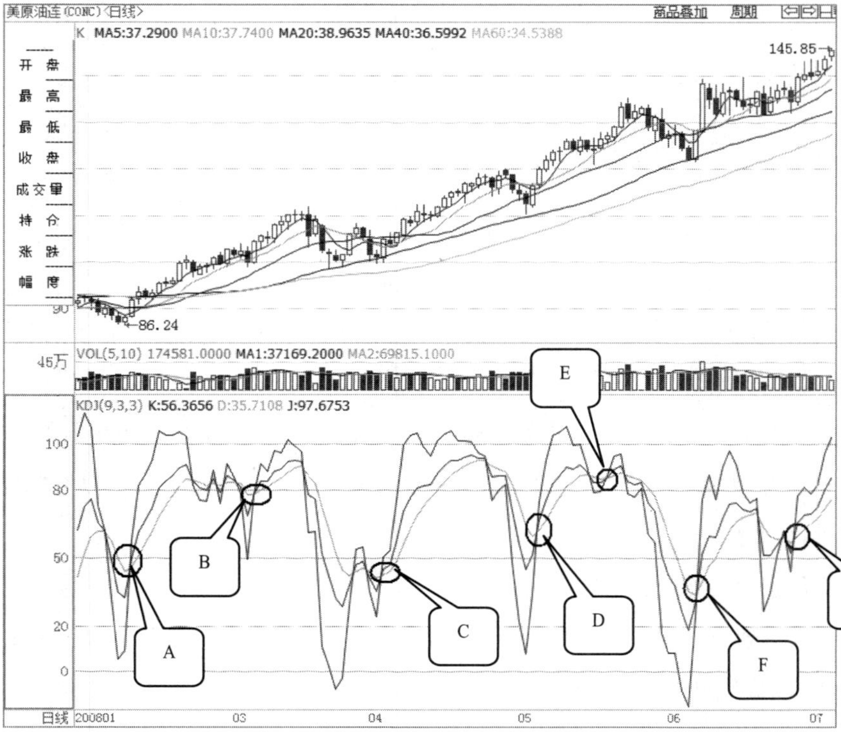

图 8.11 美原油连（CONC）2008 年 1 月 29 日至 2008 年 7 月 3 日的日 K 线图和 KDJ 指标

美原油连（CONC）经过一波回调后，价格创出 86.24 美元/桶的低点，但在创出低点这一天，价格却收了一根中阳线，这表明已有抄底做多力量，并且比较强。

随后价格继续大阳线上涨，并且站上了所有均线，这表明均线已开始走好，价格再度走上涨行情。另外 KDJ 指标的 D 值已上升到 50 附近，这时 KDJ 指标发现金叉做多信号，即 A 处。所以 A 处是不错的做多机会，从其后走势来看，在这里做多，会有不错的投资收益。

在价格震荡上涨过程中，只要均线良好，即均线是多头排列，KDJ 指标只要发出做多信号，都可以进场做多，所以 B 处仍可以进场做多。但需要注意的是，随后价格不断上涨，多单盈利空间越来越大，所以多单有止盈的趋势。在高位进的多单，要注意一旦有不好的 K 线信号出现，多单就要及时止盈。

价格经过一波趋势性上涨之后，出现了较长时间的回调，KDJ 指标的 D 值回到 20 附近，这时发现金叉做多信号，是比较好的做多位置，即 C 处。

价格在上涨过程中，出现了较短时间的回调，这时 KDJ 指标的 D 值往往只回调到 50 附近，会再度出现金叉，这往往也是不错的做多位置，即 D、E、F 和 G 处。

从其后走势来看，这些位置做多，都会有不错的投资收益。

8.2.3 KDJ 底背离的做多技巧

KDJ 的底背离，是指原油的价格一直在下跌，即 K 线走势是一浪比一浪低，与此相反，KDJ 技术指标的走势却是低位攀升，一浪比一浪高。

图 8.12 显示的是美原油连（CONC）2014 年 11 月 26 日至 2015 年 5 月 5 日的日 K 线图和 KDJ 指标。

在 A 处，美原油连（CONC）的价格继续创出新低，但 KDJ 指标不再出新低，反而是不断攀升，这就是 KDJ 指标的底背离。KDJ 指标的底背离是一个做多信号，所以空单要注意止盈，并且可以在价格出现见底 K 线时，介入多单。

下面来详细解读一下 KDJ 指标底背离过程。

在 B 处，价格创出 53.61 美元/桶的低点，注意在创出低点这一天，价格收了一根见底 K 线，另外 KDJ 指标的 D 值已在 20 以下，这进一步说明，价格有反弹要求。

图 8.12 美原油连（CONC）2014 年 11 月 26 日至 2015 年 5 月 5 日的日 K 线图和 KDJ 指标

所以在 B 处空单可以先止盈，然后进行灵活的短线操作。随后价格开始横向盘整，这时的 KDJ 指标的 D 值也在 20 附近震荡。

震荡几天后，价格再度下跌，并创出 43.58 美元/桶的新低，即 C 处，但 KDJ 指标的 D 值没有下降，反而攀升到 30 附近，这意味着 KDJ 指标已底背离了，所以 KDJ 指标再出现金叉做多信号，就是比较好的做多位置了。

提醒：KDJ 指标底背离时，D 值越低，看涨信号越强。

从其后走势可以看出，价格创出 43.58 美元/桶的低点后，就出现了反弹，虽然反弹不算太强，但如果空单不及时止盈，也会由盈利变成亏损。

虽然随后价格再度下跌，但没有再创新低，企稳后就开始一波比较强的反弹。总之，KDJ 指标底背离后，空单一定要及时止盈，出现做多信号 K 线时，就要关注做多机会。

8.3 KDJ 实战做空技巧

KDJ 实战做空技巧共有 3 种，分别是 KDJ 指标的 D 值突破 80 后的做空技巧、KDJ 指标的死叉的做空技巧、KDJ 顶背离的做空技巧。

8.3.1 KDJ 指标的 D 值突破 80 后的做空技巧

KDJ 指标的 D 值突破 80，就进入超买区间，这说明多头力量强盛到极致，后续力量有不足的危险，价格继续上涨的空间也不大。这时如果多头力量稍有减弱，空方力量就会加强，从而造成价格的下跌。

图 8.13 显示的是美原油连（CONC）2009 年 9 月 16 日至 2010 年 1 月 29 日的日 K 线图和 KDJ 指标。

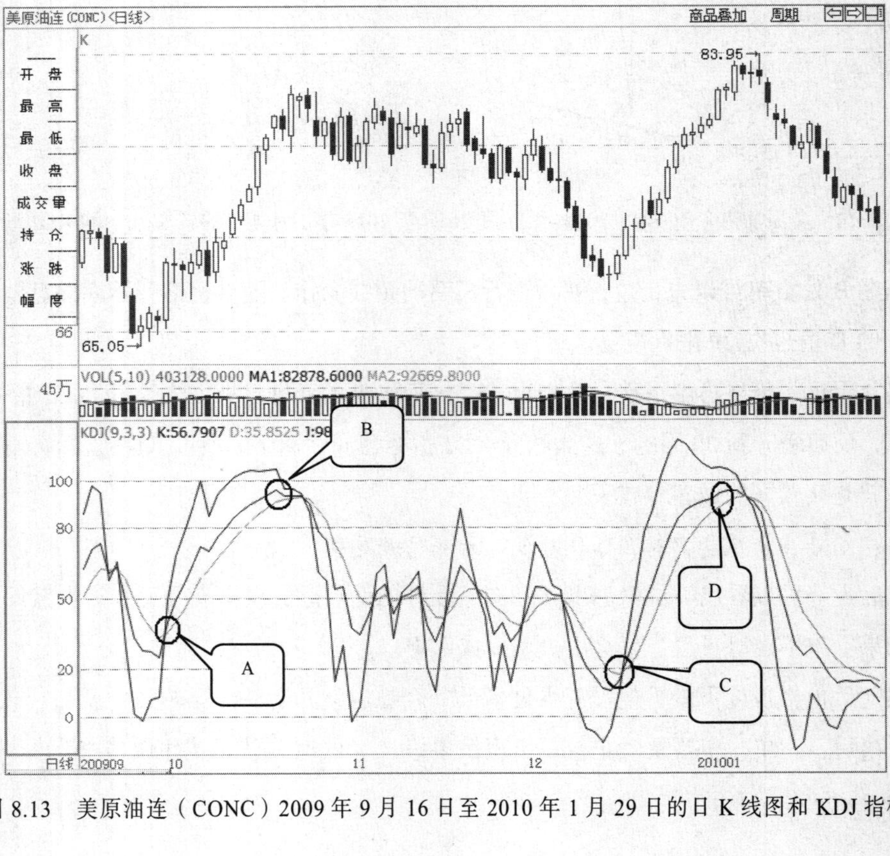

图 8.13 美原油连（CONC）2009 年 9 月 16 日至 2010 年 1 月 29 日的日 K 线图和 KDJ 指标

美原油连（CONC）经过一波调整，价格创出65.05美元/桶的低点，但在创出低点这一天，价格却收了一根带有下影线的见底 K 线，随后价格在低位震荡，然后中阳线向上突破，这时KDJ指标出现金叉，即A处。所以A处是做多位置。

随后价格开始震荡上行，经过十几个交易日的上涨之后，KDJ指标的D值上涨到80以上，即B处。KDJ指标的D值在80以上，意味着价格已超涨，后市也许还有上涨动力，但上涨力量已不足，随时有回调要求。

从其后走势来看，KDJ指标的D值突破80后，价格开始在高位震荡，所以多单要注意逢高止盈。

价格在高位震荡后，出现了一波下跌，下跌结束后，价格再度在低位出现金叉，即C处，所以C处是做多机会。

随着价格的不断上涨，KDJ指标的D值上涨到80以上，即D处。KDJ指标的D值在80以上，意味着价格已超涨，后市也许还有上涨动力，但上涨力量已不足，随时有回调要求，所以D处是多单止盈位置。

当然如果D处出现见顶K线，就要关注做空机会了。从其后走势可以看出，这一波价格创出83.95美元/桶的高点，但在创出高点这一天，价格收了一根见顶十字线。所以如果手中有多单，这一天，多单一定要注意止盈，并且在这里要关注做空机会。

提醒：为了提高行情判断的准确率，投资者可以将不同级别 K 线图中的 KDJ 指标结合起来使用。例如，日线级别中的KDJ指标的D值进入超买区间的同时，周线级别中的KDJ指标的D值也进入超买区间，则该形态的看跌信号会更可靠。

8.3.2 KDJ指标死叉的做空技巧

当K、D和J三值均大于50，而J线和K线几乎同时向下跌破D线时，说明市场将转弱，行情上涨趋势有望结束，将迎来下跌行情，是做空信号，这是第一种形式的“死亡交叉”。

提醒：KDJ指标死叉出现的位置越高，该指标的看跌信号就越强烈，80上方超买区的死叉看跌信号最强。

图8.14显示的是美原油连（CONC）2012年2月3日至2012年5月31日的日K线图和KDJ指标。

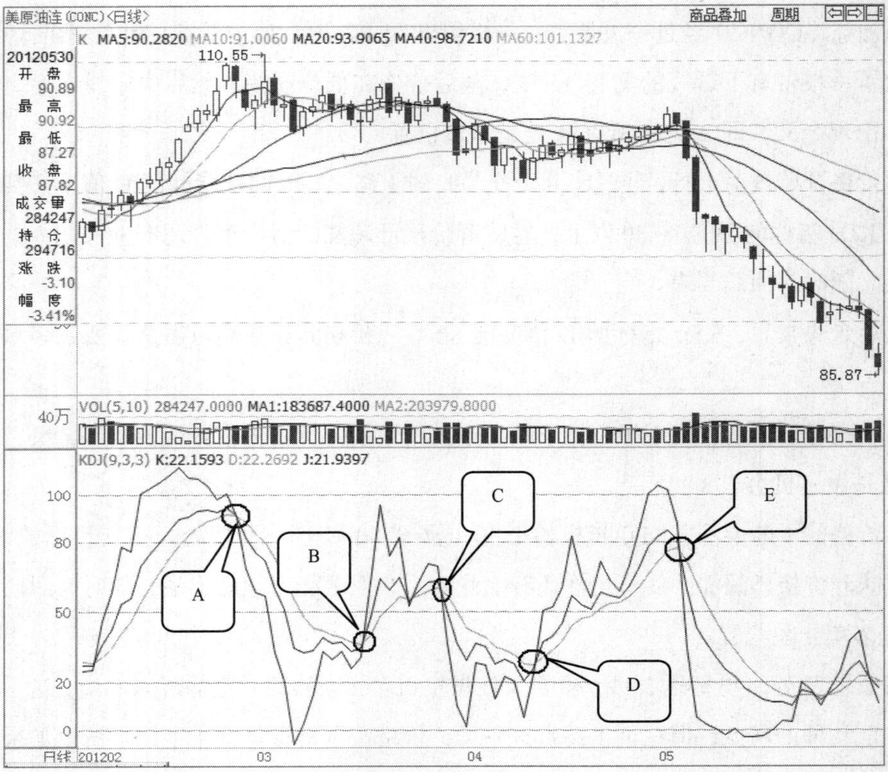

图 8.14 美原油连（CONC）2012 年 2 月 3 日至 2012 年 5 月 31 日的日 K 线图和 KDJ 指标

美原油连（CONC）经过一波趋势性上涨，KDJ 指标的 D 值上涨到 80 以上，这表明价格已超买，所以多单要注意止盈。

随后价格在高位震荡，KDJ 指标在高位出现死叉，即 A 处，这表明价格有回调趋势，所以多单要逢高止盈。当然，如果出现明显的见顶 K 线，就可以关注做空机会了。

这一波行情，价格创出 110.55 美元/桶的高点，但在创出高点这一天，价格却收了一根带有上影线的见顶 K 线，这表明上方压力较大，所以手中还有多单的要注意止盈，同时，可以以 110.55 美元/桶为止损，逢高布局空单。

随后价格并没有出现明显的下跌，而是横盘震荡，KDJ 指标在震荡过程中，D 值不断下行，回到 30 附近，然后再度出现金叉，即 B 处。KDJ 指标金叉是一个做多信号，所以可以做短多。

这一波上涨，也没有明显的涨幅，几乎是横盘整理。横盘整理几天后，KDJ 指标的 D 值回到 70 附近，然后再度出现死叉，即 C 处。KDJ 指标死叉是一个做空信号，所以 C 处可以做空。

这时可以看到，C 处出现做空信号后，价格出现了几天下跌，但跌幅仍不大。

经过几天下跌之后，KDJ 指标的 D 值再度回到 30 附近，并且又出现了金叉，即 D 处，所以 D 处可以做多。

随后价格出现了反弹上涨，但上涨的力量很弱，经过 15 个交易日的上涨，KDJ 指标的 D 值再度回到 70 附近，这时 KDJ 指标再度出现死叉，这又是一个明显的做空机会，即 E 处。

从其后走势可以看出，在 E 处做空的短时间内就会有不错的投资收益。

当 K、D 和 J 三线均处于 50 附近盘整时，若 J 线和 K 线几乎同时再次向下跌破 D 线，说明市场在弱势中，行情将继续下跌，是加仓做空信号，这是第二种形式的“死亡交叉”。

图 8.15 显示的是美原油连（CONC）2015 年 10 月 30 日至 2016 年 2 月 11 日的日 K 线图和 KDJ 指标。

图 8.15 美原油连（CONC）2015 年 10 月 30 日至 2016 年 2 月 11 日的日 K 线图和 KDJ 指标

美原油连（CONC）经过一波反弹，价格创出 48.36 美元/桶的高点，但在创出高点这一天，价格却收了一根带有上影线的中阳线，这表明虽然上涨仍有力，但上方已出现压力。

中阳线上涨之后，价格没有继续上涨，反而收了一根中阴线，这表明中阳线上涨可能是在诱多。随后价格继续下跌，跌破所有均线，这时 KDJ 指标的 D 值回到 50 附近，并且出现了死叉，即 A 处。所以 A 处是不错的做空机会。

随后价格继续阴线下跌，所以在 A 处做空的短时间都有不错的投资收益。

经过连续 8 个交易日的下跌之后，价格开始反弹，KDJ 指标出现金叉，这时可以轻仓短多。但投资者一定要明白，现在是明显的下跌行情，所以做多只是短多，一旦反弹不动，多单就要注意止盈。

从其后走势可以看出，价格反弹很弱，经过 8 个交易日的反弹，反弹到 20 日均线附近，并且 KDJ 指标的 D 值回到 50 附近。价格反弹不动后，再度下跌，KDJ 指标出现死叉，即 B 处，所以 B 处是不错的做空位置。

同理，C 处和 D 处的反弹也一样，都是在 KDJ 指标的 D 值在 50 附近再度出现死叉，所以 C 处和 D 处都是不错的做空位置。但投资者要明白，随着价格的不断下跌，空单盈利比较丰厚，都有止盈的冲动。所以越是低位做的空单，越要小心谨慎，一旦有见底 K 线，空单就要及时止盈。

8.3.3 KDJ 顶背离的做空技巧

KDJ 的顶背离，是指现货白银的价格一直在上涨，即 K 线走势是一浪比一浪高，与此相反，KDJ 技术指标的走势却是高位震荡下行，一浪比一浪低。

图 8.15 显示的是美原油连（CONC）2014 年 5 月 5 日至 2014 年 10 月 9 日的日 K 线图和 KDJ 指标。

在 A 处，美原油连（CONC）的价格继续创出新高，但 KDJ 指标不再出新高，反而是不断下降，这就是 KDJ 指标的顶背离。KDJ 指标的顶背离是一个做空信号，所以多单要注意止盈，并且可以在价格出现见顶 K 线时，介入短线空单。

从其后走势可以看出，价格在创出 107.68 美元/桶的高点后，价格在高位继续震荡 13 个交易日，然后再开始出现下跌，这时的 KDJ 指标也由死叉慢慢地下行。第一波下跌用了 12 个交易日，然后反弹，反弹就很弱了，随后就开始逐波下跌。总之，KDJ 指标顶背离后，出现见顶

K 线，开始逢高建立空单并继续持有的，会有相当丰厚的投资收益。

提醒：KDJ 指标顶背离时，D 值越高，看跌信号越强。

图 8.15 美原油连（CONC）2014 年 5 月 5 日至 2014 年 10 月 9 日的日 K 线图和 KDJ 指标

8.4 30 分钟和 60 分钟 KDJ 实战应用经验

在实际操作中，一些做短平快的短线客常用分钟指标来判断后市，决定买卖时机。一般情况下多用 30 分钟和 60 分钟 KDJ 来指导进出，具体如下：

- 如果 30 分钟 KDJ 在 20 以下盘整较长时间，60 分钟 KDJ 也是如此，则一旦 30 分钟 K 值上穿 D 值并越过 20，可能引发一轮持续在 2 天以上的反弹行情；若日线 KDJ 指标也在低位发生金叉，则可能是一轮中级行情。但需注意 K 值与 D 值金叉后只有 K 值大于

D值的20%以上，这种交叉才有效。

- 如果30分钟KDJ在80以上向下掉头，K值下穿D值并跌破80，而60分钟KDJ才刚刚越过20不到50，则说明行情会出现回调，30分钟KDJ探底后，可能继续向上。
- 如果30分钟KDJ和60分钟KDJ在80以上盘整较长时间后K值同时向下死叉D值，则表明要开始至少2天的下跌调整行情。
- 如果30分钟KDJ跌至20以下掉头向上，而60分钟KDJ还在50以上，则要观察60分钟K值是否会有效穿过D值（K值大于D值20%）。若有效表明将开始一轮新的上攻；若无效则表明仅是下跌过程中的反弹，反弹过后仍要继续下跌。
- 如果30分钟KDJ在50之前止跌，而60分钟KDJ才刚刚向上交叉，说明行情可能会再持续向上，目前仅属于反弹。
- 30分钟KDJ或60分钟KDJ出现背离现象，也可作为研判大市顶底的依据，详见前面日线背离的论述。
- 在超强市场中，30分钟KDJ可以达到90以上，而且在高位屡次发生无效交叉，此时重点看60分钟KDJ，当60分钟KDJ出现向下交叉时，可能引发短线较深的回调。
- 在暴跌过程中30分钟KDJ可以接近0值，而大势依然跌势不止，此时也应看60分钟KDJ，当60分钟KDJ向上发生有效交叉时，会引发极强的反弹。

另外，当行情处在极强极弱单边市场中，日KDJ屡屡出现钝化，应改用MACD等中长指标。

提醒：随机指标必须附属于基本的趋势分析，从这个意义上说，它只是一种第二位的指标。市场的主要趋势是压倒一切的，顺着它的方向交易这一原则具有重要意义。然而，在某些场合，随机指标也有其特长。例如，在一场重要趋势即将来临时，随机指标分析不仅用处不大，甚至可能使投资者误入歧途。一旦市场运动接近尾声时，随机指标就极有价值了。

8.5 KDJ指标综合应用实战

下面来具体讲解一下KDJ指标综合应用实战。

如果原油的价格经过长时间的下跌，探明底部区域，然后开始震荡上行。在这个过程中，如果 KDJ 在低中位出现了金叉，则是进场做多的好时机；而在高位出现死叉，短线多单需要注意，但不要恐惧，毕竟整个趋势上震荡上升的，如图 8.16 所示。

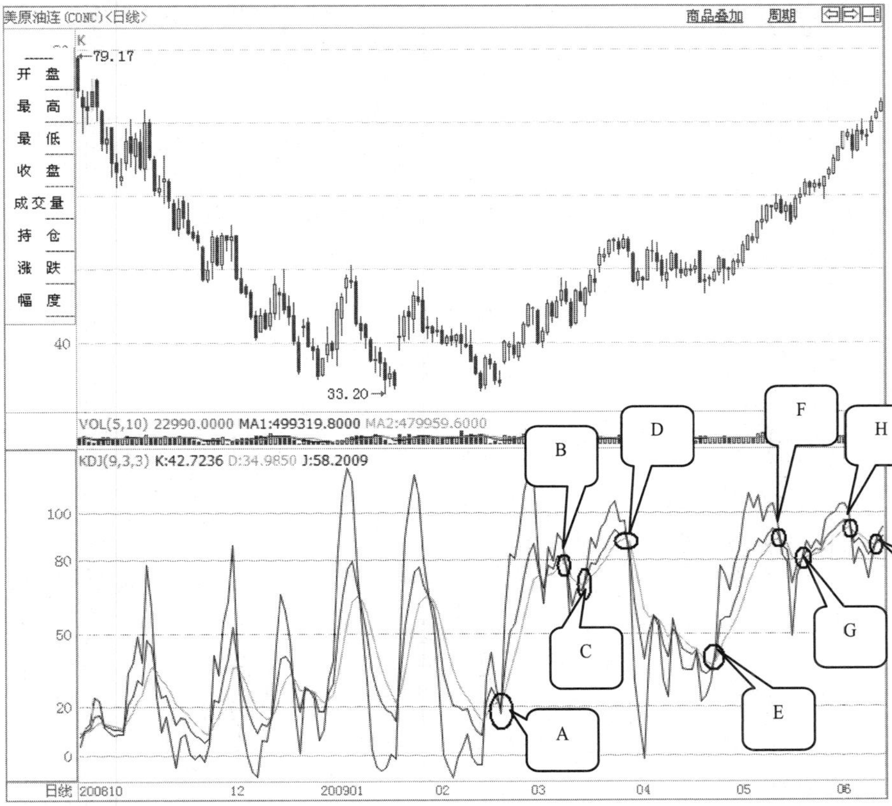

图 8.16　美原油连（CONC）2008 年 10 月 15 日至 2009 年 6 月 11 日的日 K 线图和 KDJ 指标

美原油连（CONC）从 2008 年 7 月份的 147.25 美元/桶的高点，一路下跌，用了半年多的时间，就创出 33.20 美元/桶的低点，跌幅高达 77.5%。

经过大幅下跌之后，美原油连（CONC）开始在低位震荡筑底。震荡筑底结束后，开始震荡上涨。在震荡筑底阶段和震荡上涨的初期，每次 KDJ 指标出现金叉，都是比较好的做多机会，即 A、C、E、G 和 J 处。

在震荡上涨的初期，如果 KDJ 指标出现死叉，投资者也不必过分担心，毕竟价格才刚刚上涨，所以短线多单可以先止盈，然后关注新的做多机会，即 B、D、F 和 H 处。

按下键盘上的"→"，向右移动美原油连（CONC）的日K线图和KDJ指标，如图8.17所示。

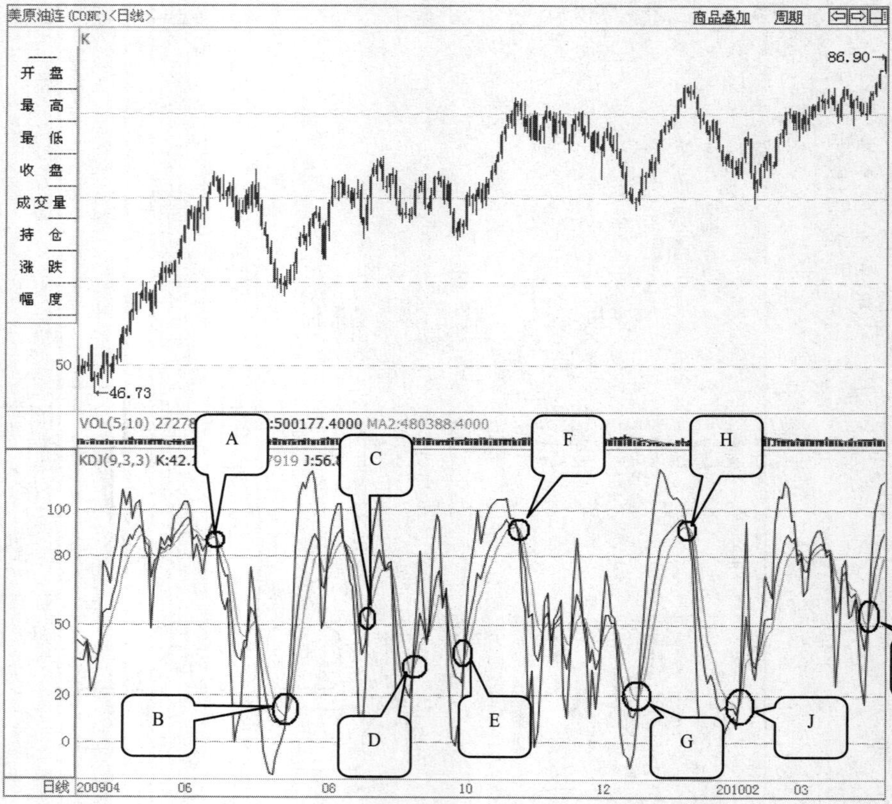

图8.17　美原油连（CONC）上涨途中的日K线图和KDJ指标

美原油连（CONC）经过两波明显的趋势性上涨之后，价格开始震荡上涨。在震荡上涨途中，KDJ指标每次低位出现金叉，仍是比较好的做多机会，即B、C、D、E、G、J和K处。

如果在震荡上涨途中，KDJ指标在高位出现死叉，多单最好先出局观望，也可以轻仓试空，即A、F和H处。

如果原油的价格刚刚从高位下跌，这时KDJ在低位发出金叉，一般不建议多单进场，而是耐心等待逢高做空机会。如果实在手痒，则短线多单轻仓搏反弹，但一定要注意有利润就跑。并且KDJ在高位时就要注意，一出现死叉多单果断出局，空单进场，如图8.18所示。

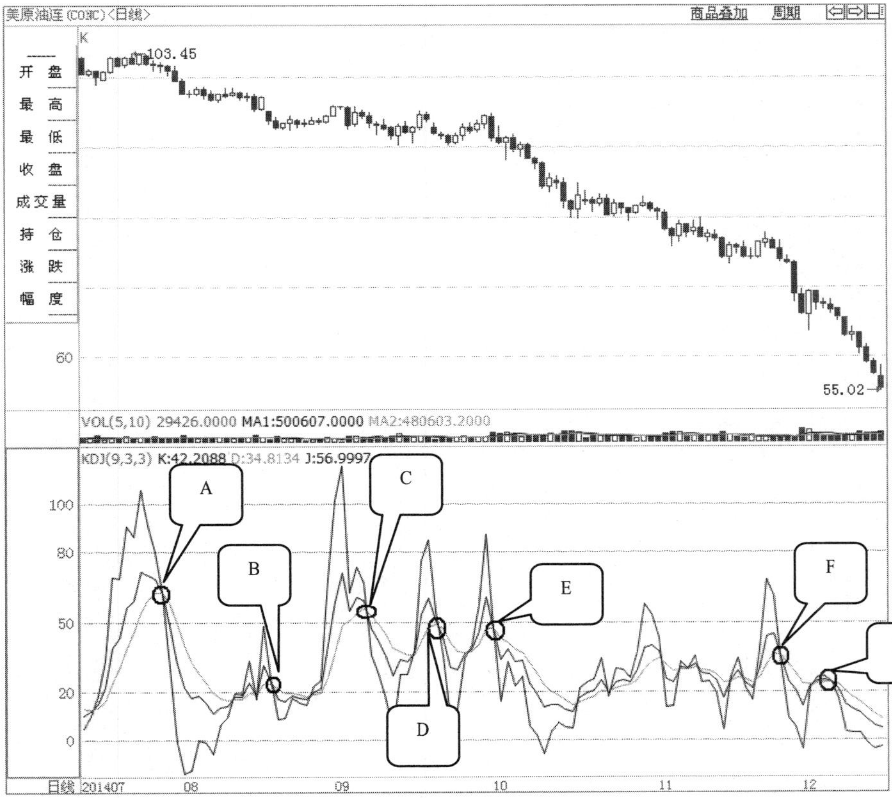

图 8.18 美原油连（CONC）2014 年 7 月 11 日至 2014 年 12 月 15 日的日 K 线图和 KDJ 指标

美原油连（CONC）在明显的下跌趋势中，KDJ 指标出现死叉，都是很好的做空位置，即 A、B、C、D、E、F 和 H 处。

在明显的下跌趋势中，如果 KDJ 指标出现金叉，不要轻易进场做多，如果不及时止盈或止损出来，很可能会越套越深。所以，在下跌趋势很明显的行情中，最好不要做多。

如果原油的价格处在震荡行情中，可以金叉进场做多，死叉进场做空，如图 8.19 所示。

美原油连（CONC）经过较长时间的震荡上涨之后，开始在 80 到 110 区间反复震荡。在明显的震荡行情中，可以利用 KDJ 指标的金叉做多，死叉做空，灵活操作，投资收益还是很不错的。所以 A、C、E、H 和 J 处，都是不错的做多位置；而 B、D、F、G 和 K 处，都是不错的做空位置。

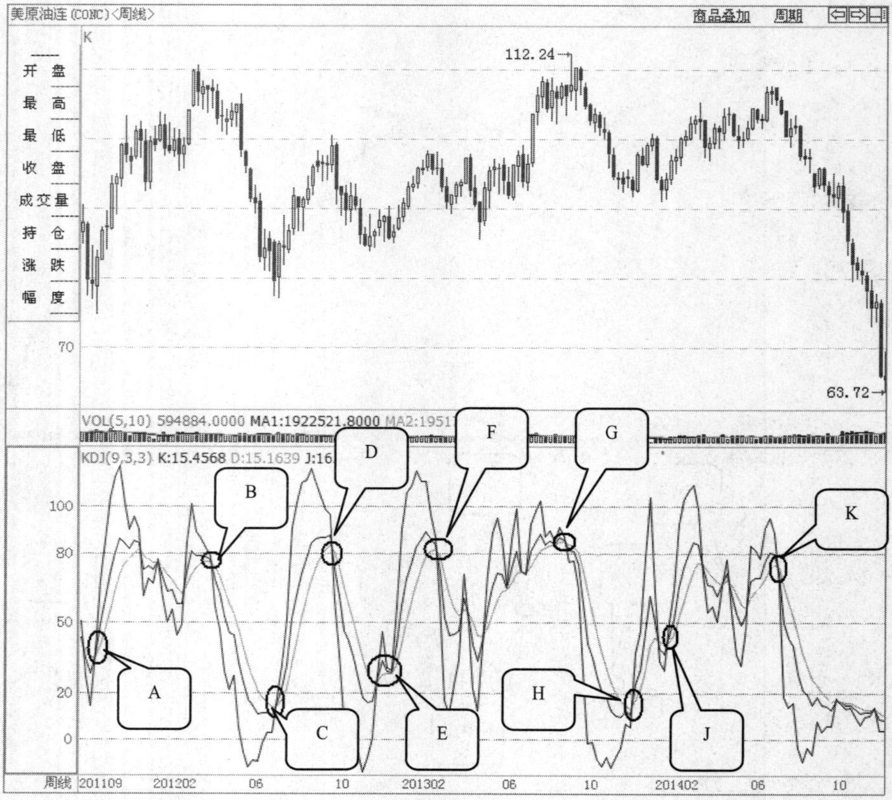

图 8.19　美原油连（CONC）2011 年 9 月 16 日至 2014 年 11 月 5 日的周 K 线图和 KDJ 指标

第 9 章

电脑炒原油的均线分析技巧

原油市场的波动性很大，有时让人摸不着头脑，但均线可以平滑地处理这种波动，使价格过于随意的波动减小。均线技术是最基本的分析技术，在原油、股票、外汇、期货等证券市场得到广泛的应用，甚至可以说是行情的一部分。均线是价格的生命线，是对交易成本最直观的反映。

本章主要内容：

- 均线的定义、类型和特性
- 均线的基本操作
- 黄金交叉和银山谷
- 死亡交叉和死亡谷
- 多头排列和金山谷
- 首次交叉向上发散形和再次交叉向上发散形
- 上山爬坡形和逐浪上升形
- 空头排列
- 首次交叉向下发散形和再次交叉向下发散形
- 下山滑坡形和逐浪下降形

9.1 初识均线

在实战投资分析中，均线占有相当重要的位置。那么，均线究竟是什么呢？均线是价格的生命线，是对交易成本最直观的反映。另外，均线还是一个弯曲的趋势线，是用来追踪趋势的，目的在于识别和显示旧趋势已经终结或反转、新趋势正在诞生。

9.1.1 均线的定义

均线是美国投资专家格兰维尔创建的，由道氏价格分析理论的“三种趋势说”演变而来，是将道氏理论具体地加以数字化，从数字的变动中去预测价格未来短期、中期和长期的变动方向，为投资决策提供依据。

均线，是指一定交易时间内的算术平均线。下面就以 10 日均线为例来说明一下，将 10 日内的收盘价逐日相加，然后除以 10，就得出 10 日的平均值，再将这些平均值依先后次序连接成一条线，这条线就叫 10 日移动平均线，其他平均线算法依此类推。均线如图 9.1 所示。

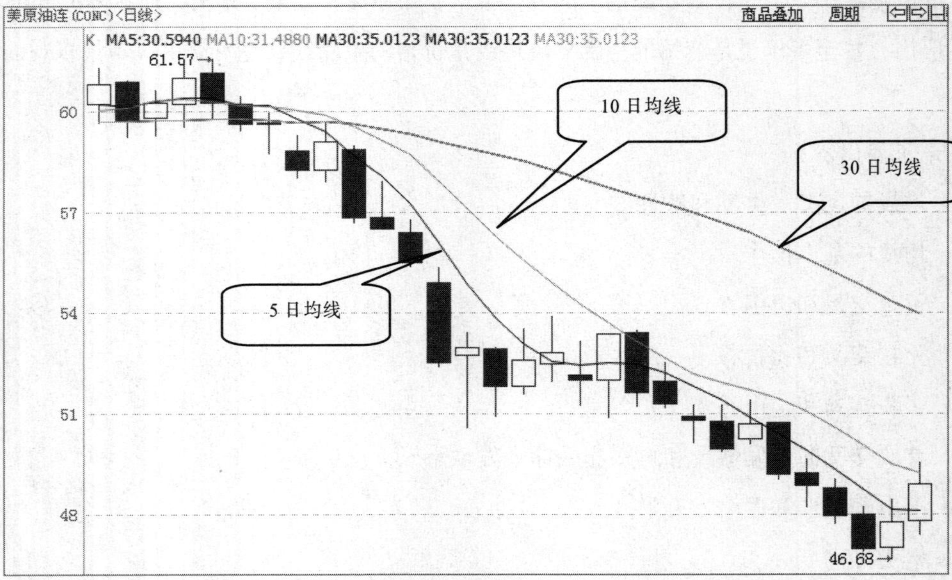

图 9.1　美原油连（CONC）的日 K 线图及不同的移动平均线

9.1.2 均线的类型

均线按时间长短可分为3类，分别是短期移动平均线、中期移动平均线和长期移动平均线。

（1）短期均线

在各类短期均线中，比较强用的有3日、5日、10日、20日和30日均线，下面分别讲解一下。

- 3日均线：一般是行情分析软件中最短时间周期的均线，由于时间短，波动敏感，不能很好地起到价格平滑的作用。该均线对于超短线操作来说是比较有用的。
- 5日均线：是默认的均线，即1周交易日的平均价格，因为1周只有5个交易日。在实际生活中，人们常常用周作为时间单位，所以，5日均线是短线判断的依据，只要价格不跌破5日均线，就说明价格处于极强势状态。
- 10日均线：又称半月线，是连续两周交易的平均价格，是考察价格在半个月内走势变化的重要参考线。相对于10日均线而言，5日均线起伏较大，特别是在震荡时期，买卖的信号很难把握，所以很多短线投资者常以10日均线作为进出的依据。只要价格不跌破10日均线，就说明价格处于强势状态。
- 20日均线：又称月线，标志着价格在过去一个月内的平均交易价格达到了怎样的水平。在这一个月内，市场交易者是处于获利状态还是被套状态。20日均线是考虑价格短期走势向中期走势演变的中继线。
- 30日均线：具有特殊的重要性，它是价格短期均线和中期均线的分界线，日常使用频率非常高，常与其他均线组合使用。30日均线是短线主力的护盘线，这意味着价格突破30日均线，是市场短线主力进场的表现，只有不跌破30日均线，表明短线主力仍在其中。

提醒：有些短线主力会使用25日均线或34日均线做为短期的护盘线。

（2）中期均线

在各类中期均线中，比较常用的有45日、60日和90日均线，下面分别讲解一下。

- 45日均线：一个月的交易时间是22天，那么45天均线基本上是两月线。该均线是一条承接短期均线和中期均线的中继线，对于研判断价格的中期行情。起到重要的作用。
- 60日均线：是三个月的市场平均交易价格，也被称为季度线。这是一条比较常用、标准的中期均线，对于判断价格的中期走势有着重要的作用。

- 90 日均线：是中期均线和长期均线的分界线，其特点是走势平滑、有规律，是判断中期运行趋势的重要依据。90 日均常被主力相中，作为其中期护盘线。这意味着价格突破 90 日均线，是市场中线主力进场的表现，只有不跌破 90 日均线，表明中线主力仍在其中。

提醒：有些中线主力会使用 75 日均线或 100 日均线做为中期的护盘线。

（3）长期均线

在各类长期均线中，比较常用的有 120 日和 250 日均线，下面分别讲解一下。

- 120 日均线：又称半年线，其使用频率在长期均线组合中较高，利用该均线可以观察价格的长期走势。一般来说，在下降趋势中，它是年线的最后一道护身符；而在上升趋势中，它又是年线的前一个挡箭牌。半年线被价格突破的市场震撼力比较大，它意味着将进入长期上升趋势或长期下降趋势。
- 250 日均线：又称年线，是价格运行一年后的市场平均交易价格的反映，它是价格长期走势的生命线，也是“牛熊分界线”，是判断牛市是否形成或熊市是否来临的主要依据。250 日均常被主力相中，作为其长期护盘线。这意味着价格突破 250 日均线，是市场长线主力进场的标志，如果不跌破 250 日均线，表明长线主力仍在其中。

提醒：有些长线主力会使用 225 日均线或 255 日均线作为长期护盘线。

9.1.3 均线的特性

均线可以反映真实价格的变动趋势，即通常所说的上升趋势、下降趋势。借助各种移动平均线的排列关系，可以预测原油的中长期趋势，同时再灵活应用 K 线技术，就可以实现低买高卖，从而获得较高的收益。

在使用移动平均线时，还要注意到平均价格与实际价格在时间上有所超前或滞后，很难利用移动平均线把握价格的最高点和最低点。另外，价格在盘整时期，移动平均线买卖信号会过于频繁。

在使用移动平均线分析商品时，要注意均线的 5 个特性，如图 9.2 所示。

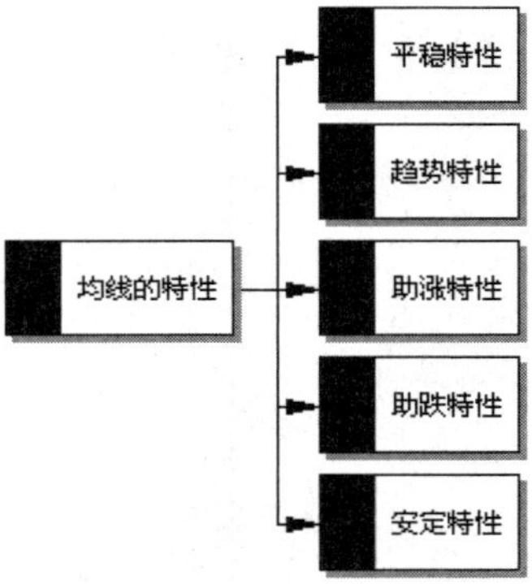

图 9.2 均线的特性

（1）平稳特性

由于移动平均线采用的是“平均”价格，所以它不会像日 K 线图那样高高低低地震荡，而是起落平稳。

（2）趋势特性

移动平均线反映了价格的变动趋势，所以具有趋势特性。

（3）助涨特性

在多头市场中，移动平均线向一个方向移动，且持续一段时间后才能改变方向，所以在价格的上涨趋势中，移动平均线可以看作多方的防线，具有助涨特性。

（4）助跌特性

与助涨特性相反，在价格的下跌趋势中，移动平均线可以看作空方的防线，具有助跌特性。

（5）安定特性

通常，越长期的移动平均线，越能表现安定特性，即价格涨势必须真正明确后，移动平均线才会往上走；价格下落之初，移动平均线还是向上走的，只有价格下落显著时，移动平均线才会向下走。

9.2 均线的基本操作

前面讲解了均线的基础知识，下面利用博易大师软件来看一下具体操作。

打开博易大师软件，输入“CONC”回车，就可以看到美原油连（CONC）的日 K 线图，默认状态下，显示了 5 日、10 日、20 日、40 日和 60 日均线，如图 9.3 所示。

图 9.3 美原油连（CONC）的日 K 线图及默认均线

只需要显示 5 日、10 日和 30 日移动平均线，具体操作是：鼠标指针指向任一均线，单击右键，在弹出菜单中选择“指标参数”命令，如图 9.4 所示。

图 9.4 选择“指针参数”命令

单击“指标参数”命令，弹出“指标参数”对话框，具体设置如图9.5所示。

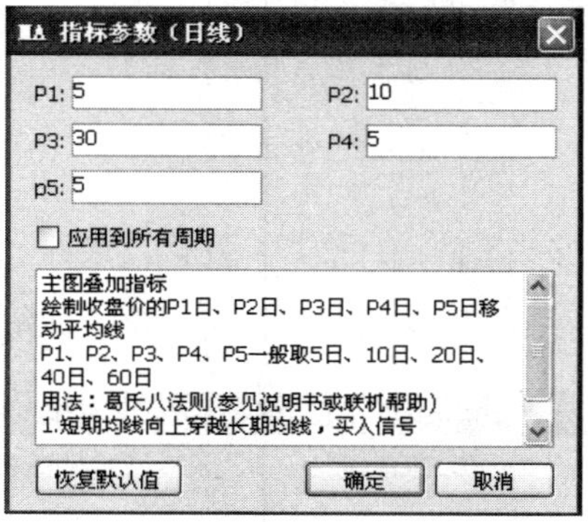

图9.5　指标参数对话框

提醒：如果选中“应用到所有周期”复选框，则在周、月、4小时等周期的K线图中也只显示5、10、30均线。如要想恢复系统默认设置，只须单击“恢复默认值”按钮即可。

设置好后，单击“确定”按钮，这时只能看到5日、10日和30日均线，如图9.6所示。

图9.6　只显示5日、10日和30日均线

修改均线。鼠标指向任一均线，单击右键，在弹出菜单中单击“修改公式”命令，先弹出一个提示对话框，如图9.7所示。

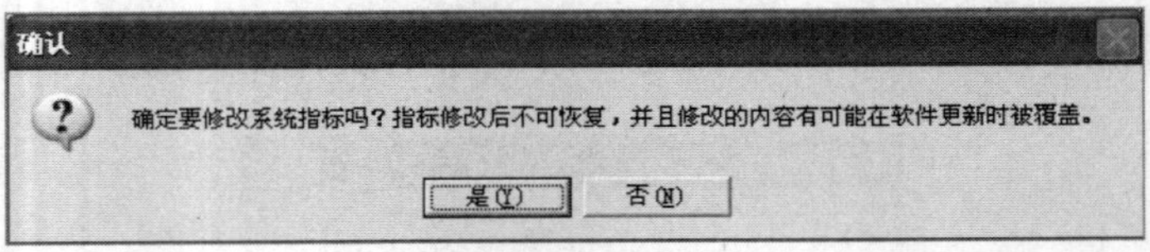

图 9.7 提示对话框

注意，如果对均线指标不够熟悉的话，最好不要修改指标，因为指标修改后不能恢复。

单击“是”按钮，就可以看到“指标编辑器”对话框，如图 9.8 所示。

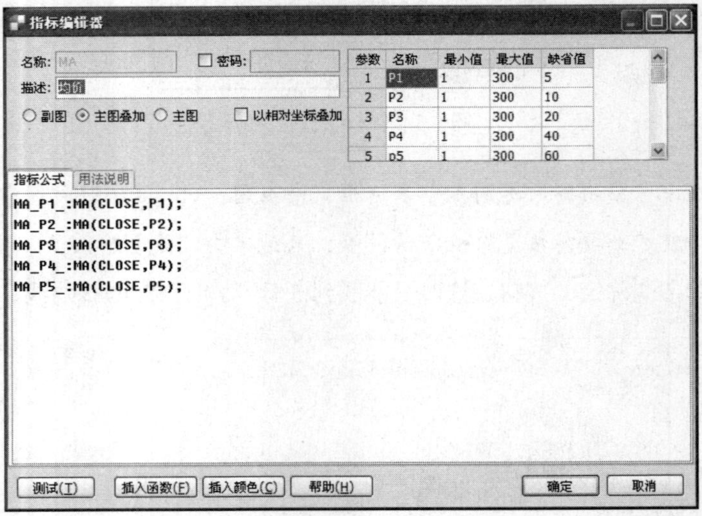

图 9.8 指标编辑器对话框

在这里可以看到均线公式编辑的代码，一般不需要修改。

删除均线。鼠标指向任一均线，单击右键，在弹出菜单中单击“删除指标”命令，就可以删除所有均线。

删除均线后，输入“MA”，然后回车，就可以在 K 线图中看到均线了。

9.3 见底和见顶信号的均线

均线的图形有很多，大致可以分为 4 类，分别是见底信号的均线、见顶信号的均线、买进信号的均线和卖出信号的均线。下面先来讲解一下见底和见顶信号的均线。

注意，本章用直线“——”表示短期移动平均线（5 日均线）；用虚线“⋯⋯”表示中期移动平均线（10 日均线）；用点划线“－－－”表示长期移动平均线（30 日均线）。

9.3.1 黄金交叉和银山谷

黄金交叉出现在上涨初期，由 2 根均线组成，一根时间短的均线由下向上穿过一根时间长的均线，并且时间长的均线是向上移动的。黄金交叉的图形如图 9.9 所示。

商品价格经过大幅下跌后，出现黄金交叉，这就是一个明显的见底信号，投资者可以逢低积极做多。在黄金交叉中，两线交叉的角度越大，见底信号越明显。在图 9.9 中，C 的见底信号最强，其次是 B，见底信号最差的是 A。

提醒：如果在周 K 线或月 K 线中出现黄金交叉，见底信号就更明显，并且会有一段较大的涨幅，中长期投资者开始进场。

银山谷出现在上涨初期，由 3 根均线交叉组成，形成一个尖头向上的不规则三角形。银山谷的图形如图 9.10 所示。

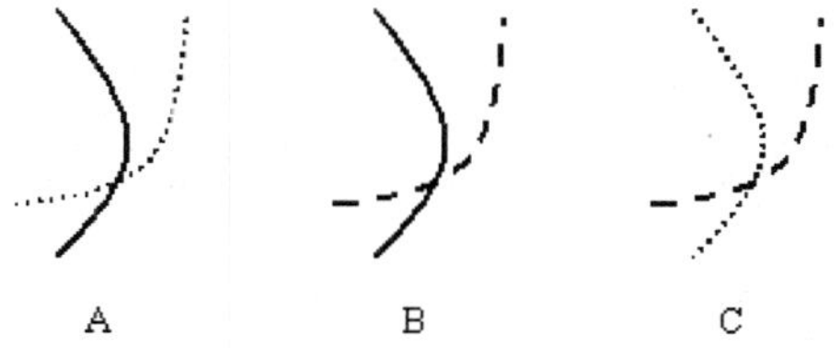

图 9.9 黄金交叉

图 9.10 银山谷

在银山谷形成过程中，尖头向上的不规则三角形的出现，表明多方力量积聚了相当大的上攻能量，是一个见底信号，也是激进型投资者的买进点。

图 9.11 显示的是美原油连（CONC）2012 年 5 月 15 日至 2012 年 9 月 7 日的日 K 线图。

美原油连（CONC）经过一波较长时间较大幅度下跌之后，价格创出 79.28 美元/桶的低点。但随后价格就出现了快速拉涨，价格同时站上 5 日均线和 10 日均线，并且 5 日均线上穿 10 日均线，即 A 处。

随后价格在 30 日均线附近略做震荡，价格继续上涨，5 日均线上穿 30 日均线，即 B 处。

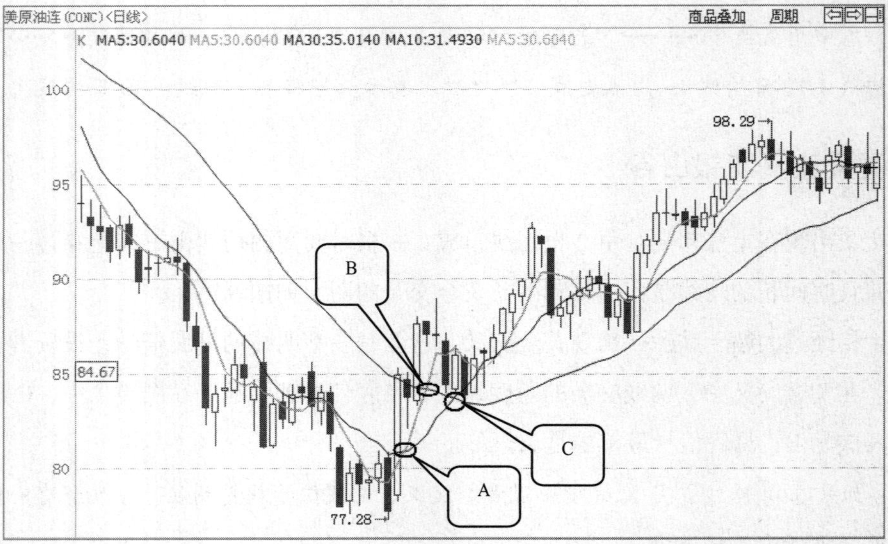

图 9.11　美原油连（CONC）2012 年 5 月 15 日至 2012 年 9 月 7 日的日 K 线图

随后价格就开始回调，但价格回调到 30 日均线附近，价格再度企稳，开始上涨。这时，10 日均线上穿 30 日均线，即 C 处。

所以 A 处、B 处、C 处都是均线的黄金交叉，投资者结合其他技术都可以逢低买入。

由 A、B 和 C 处组成的尖头向上的不规则三角形，叫银山谷，是一个见底信号，投资者见其信号后，可以适量买入。

提醒：5 日均线和 10 均线金叉买进，风险较大，但进货成本低，一旦上涨则收益比较大；10 日与 30 日均线金叉买进，风险较小，但进货成本高，获得较小。

从其后走势来看，这一波是沿着 30 日均线上涨的，所以只要价格不跌破 30 日均线，都可以关注逢低做多信号。

9.3.2　死亡交叉和死亡谷

死亡交叉出现在下跌初期，由 2 根均线组成，一根时间短的均线由上向下穿过一根时间长的均线，并且时间长的均线是向下移动的。死亡交叉的图形如图 9.12 所示。

价格经过大幅上涨后，出现死亡交叉，这是一个明显的见顶信号，投资者可以积极做空。在死亡交叉中，两线交叉的角度越大，见顶信号越明显。在图 9.12 中，C 的见顶信号最强，其次是 B，见顶信号最差的是 A。

提醒：如果在周 K 线或月 K 线中出现死亡交叉，见顶信号就更明显，并且会有一段较大的跌幅，投资者的多单及时出局为妙，并且要敢于逢高建空单。

死亡谷出现在下跌初期，由 3 根移动平均线交叉组成，形成一个尖头向下的不规则三角形。死亡谷的图形如图 9.13 所示。

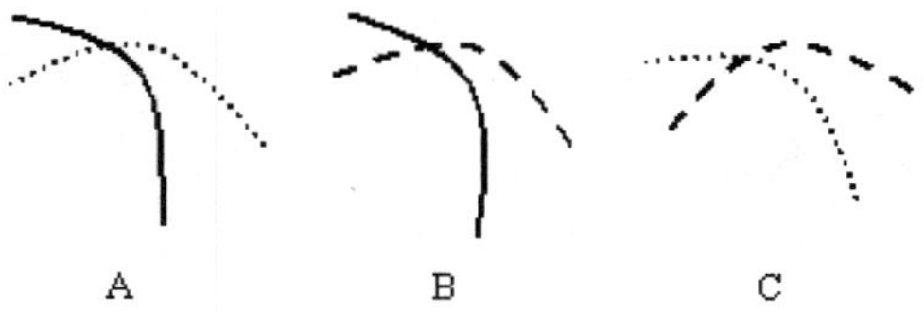

图 9.12　死亡交叉

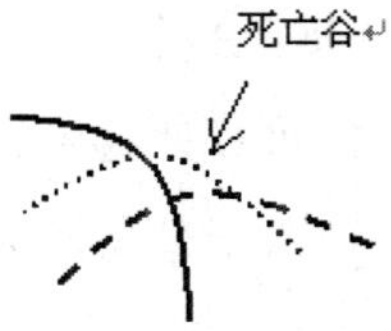

图 9.13　死亡谷

在死亡谷形成过程中，尖头向下不规则三角形的出现，表明空方力量积聚了相当大的杀跌能量，是一个见顶信号，投资者见此信号还是逃跑为妙。如果逃不及，常弄得遍体鳞伤，惨不忍睹。死亡谷见顶信号要比死亡交叉强。

图 9.14 显示的是美原油连（CONC）2014 年 5 月 13 日至 2014 年 10 月 15 日的日 K 线图。

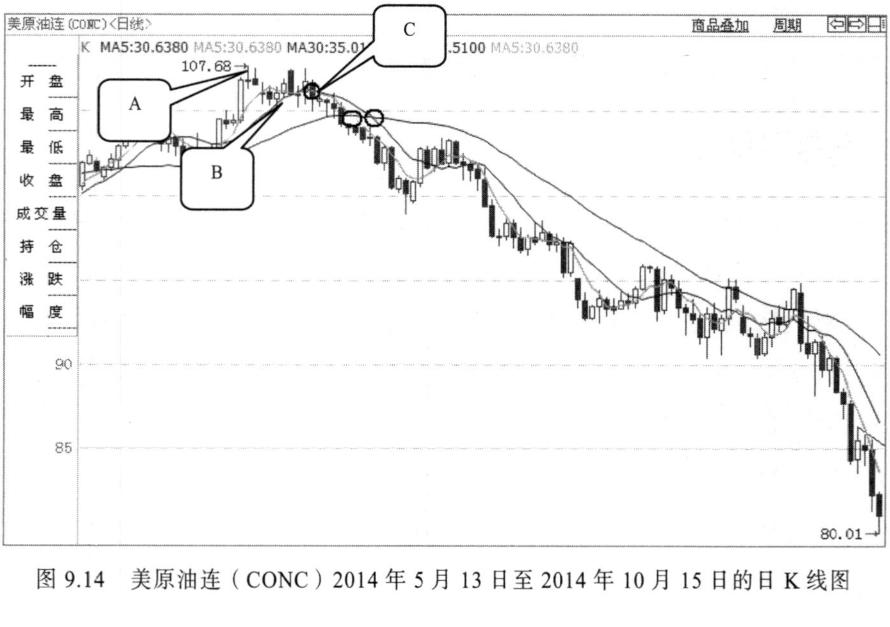

图 9.14　美原油连（CONC）2014 年 5 月 13 日至 2014 年 10 月 15 日的日 K 线图

原油连（CONC）经过几波震荡上涨，价格创出 109.68 美元/桶的高点，但需要注意的是，在价格创出高点这一天，收了一根阴十字线，这表明上方有压力。随后价格开始在高位震荡。

震荡几个交易日后，价格开始震荡下跌，首先 5 日均线下穿 10 日均线，即 A 处；接着价格继续沿着 5 日均线小幅下跌，5 日均线下穿 30 日均线，即 B 处。

随后价格跌破 30 日均线，继续沿着 5 日均线下跌，10 日均线下穿 30 日均线，即 C 处。

所以 A 处、B 处、C 处都是均线的死亡交叉，投资者结合其他技术都可以逢高做空。

由 A、B 和 C 处组成的尖头向下的不规则三角形，叫死亡谷，是一个见顶信号，投资者见其信号后，要敢于逢高做空。

提醒：5 日均线和 10 均线死叉做空，风险较大，但进货成本低，一旦下跌则收益比较大；10 日均线与 30 日均线死叉做空，风险较小，但进货成本高，获得较小。

从其后走势来看，价格是沿着 30 日均线震荡下跌的，只要价格没有有效突破 30 日均线，空单都可以继续持有。

9.4 买进信号的均线

前面讲解了见底、见顶信号的均线，下面就来讲解一下买进信号的均线。

9.4.1 多头排列和金山谷

多头排列出现在上涨趋势中，由 3 根均线组成，最上面一根是短期均线，中间一根是中期均线，最下面一根是长期均线，并且 3 根均线呈向上圆弧状。多头排列的图形如图 9.15 所示。

提醒：一般来说，在上涨初期，当均线出现多头排列后，表明市场做多力量较强，往往会有一段升势。只要均线呈多头排列，途中出现一些形象不好的 K 线图，也不要慌张，否则就会被主力洗盘出局，让煮熟的鸭子飞了，后悔不已。

金山谷一定出现在银山谷之后，并且金山谷不规则的尖头向上三角形与银山谷是相同的。金山谷可处于银山谷相近的位置，也可高于银山谷。金山谷的图形如图 9.16 所示。

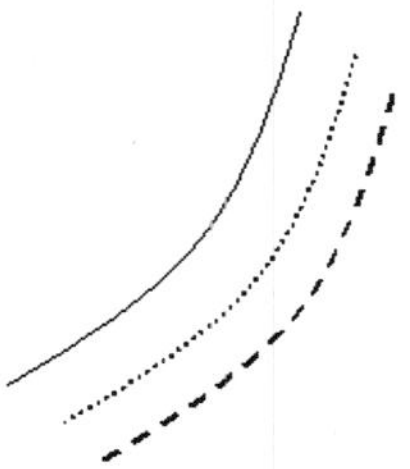

图 9.15 多头排列

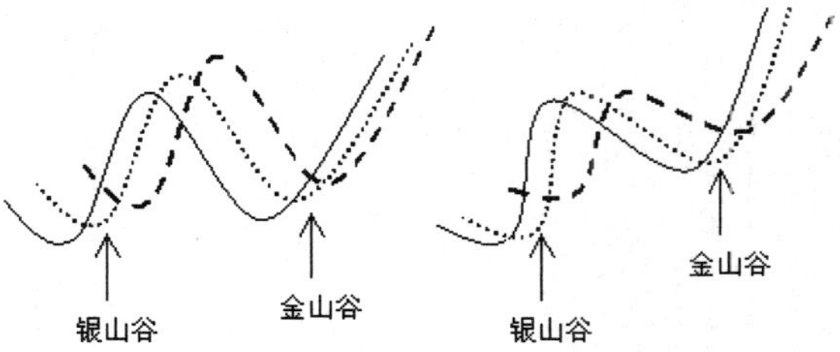

图 9.16 金山谷

从技术来说，金山谷买入信号的可靠性要比银山谷强，因为金山谷是对银山谷做多信号的再一次确认，即多方力量积聚更加充分了，这时买入风险较小。

提醒：金山谷与银山谷相隔时间越长，所处位置越高，则价格上升潜力就越大。

如果原油价格的均线形成了明显的多头排列，操作方法相当简单，就是逢低做多，不要去盲目地猜顶，如图 9.17 所示。

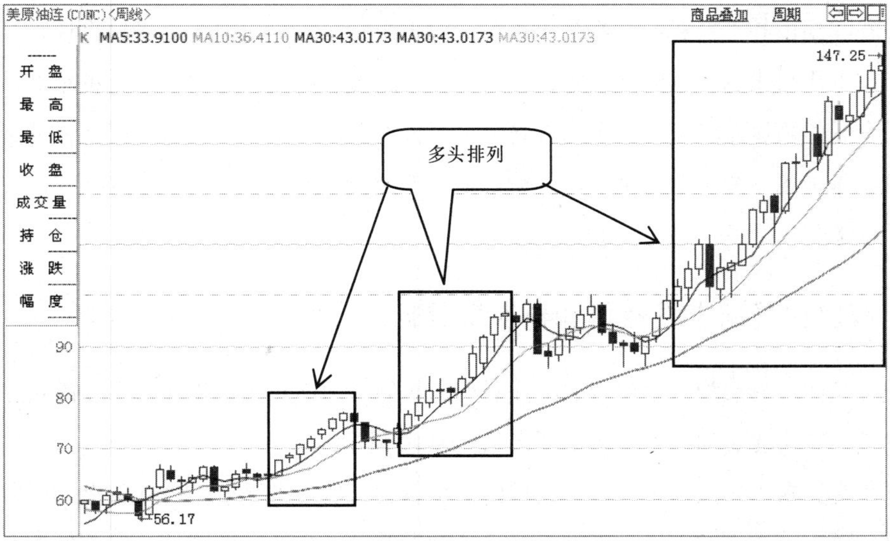

图 9.17 美原油连（CONC）的周 K 线图

图 9.18 显示的是美原油连（CONC）的日 K 线图。美原油连的价格经过大幅下跌之后，开始在底部盘整，先是出现了银山谷，即 A 处，然后出现了金山谷，即 B 处。

图 9.18　美原油连（CONC）的日 K 线图

金山谷和银山谷形状相同，都是尖头朝向的不规则三角形，但金山谷的出现，有时高于银山谷，有时低于银山谷。从时间上来说，两个谷间隔时间越长，金山谷含金量越大；从高度上来说，两个谷的高度差越大，则金山谷含金量越大。总之，金山谷是一个很不错的买点。

提醒：银山谷一般是大幅下跌之后的反弹，而金山谷的出现，表明后市有可能反转，所以金山谷的做多信号更强。

9.4.2　首次交叉向上发散形和再次交叉向上发散形

首次交叉向上发散形常常出现在下跌后期，短期、中期和长期均线从下发散状逐渐收敛后再向上发散。首次交叉向上发散形的图形如图 9.19 所示。

在首次交叉向上发散形中，向上发散的角度越大，后市上涨的潜力就越大。但要注意在向上发散时，要有成交量的支持，否则均线系统刚发散又会重新交叉或粘合，价格上升也是昙花一现。其次，在交叉向上发散初期买进风险较小，越到后面风险越大。还有一点要注意，当均线发散时，距离越大，则回调风险越大，如 5 日均线与 30 日均线距离大，一般都会回调。

再次交叉向上发散形，即第二次交叉向上发散形，少数情况下也有第三次、第四次，它们的技术特征是相同的。再次交叉向上发散形的图形如图 9.20 所示。

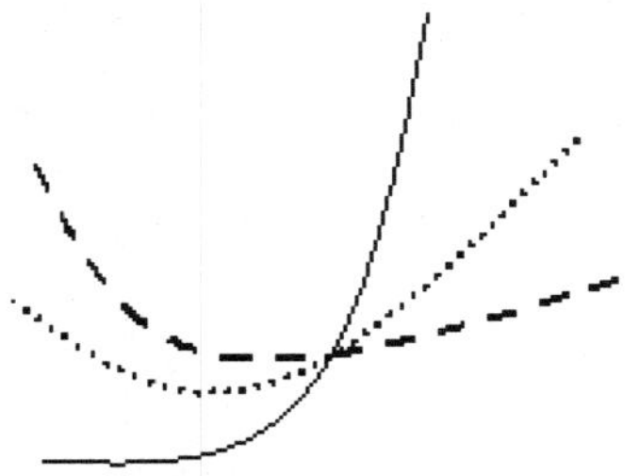

图 9.19　首次交叉向上发散形

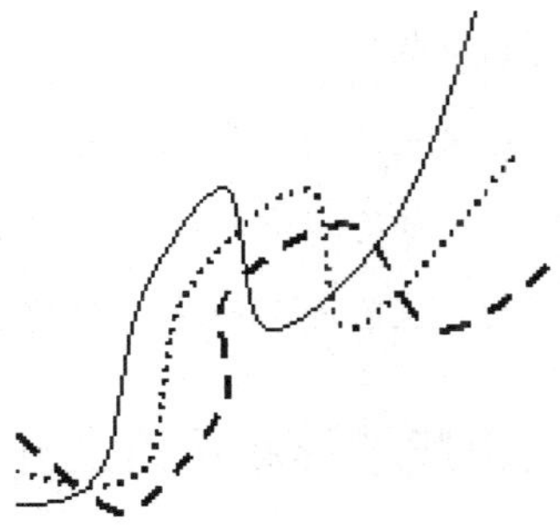

图 9.20　再次交叉向上发散形

首次交叉向上发散形的出现，说明第一次向上发散，是过去积弱太久或主力做盘故意打压，经过调整后，多方又发动一次进攻，即再次发散，这时是投资者买入的机会，买入后成功机会将很大。

图 9.21 显示的是美原油连（CONC）2008 年 3 月 19 日至 2008 年 7 月 2 日的日 K 线图。

图 9.21　美原油连（CONC）2008 年 3 月 19 日至 2008 年 7 月 2 日的日 K 线图

美原油连（CONC）经过一波回调，价格创出 98.65 美元/桶的低点，但在创出低点这一天，价格收了一根见底十字线。随后价格震荡筑底，震荡筑底完成时，均线系统出现了首次交叉向上发散形时，投资者可以逢低买进做多。随后价格继续上涨，再次出现回调，这时均线出现了再次交叉向上发散形，在这里仍可以逢低买进做多。

提醒：首次交叉向上发散形时，激进型投资者可以适量买入，观察几日，见几根均线仍保持向上发散状，就可以积极做多。再次交叉向上发散形是对均线首次发散的一次确认，这是比较安全的买点，风险相对较小，稳健型投资者一般会在这里开始做多。

9.4.3 上山爬坡形和逐浪上升形

上山爬坡形一般出现在涨势中，短期、中期和长期均线基本上沿着一定的坡度往上移动。上山爬坡形的图形如图 9.22 所示。

均线形态出现上山爬坡形，表明价格将有一段持续的升势。一般来说，具有这种走势的商品上升潜力很大。所以投资者见到此图形，要坚持做多，一跌持有，直到这种均线形态有了改变。

逐浪上升形一般出现在涨势中，短期和中期均线上移时多次出现交叉现象，但长期均线以斜线状托着短期和中期均线往上攀升，一浪一浪往上走，浪形非常清楚。逐浪上升形的图形如图 9.23 所示。

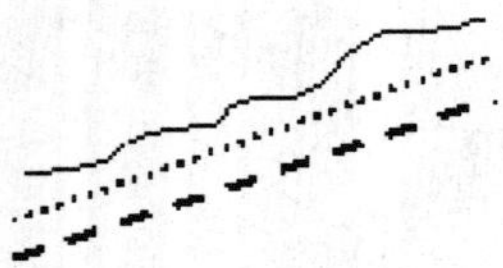

图 9.22　上山爬坡形

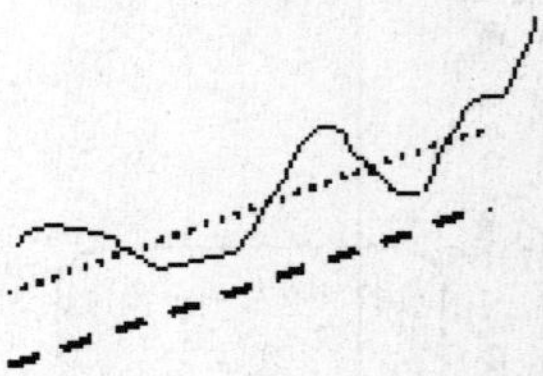

图 9.23　逐浪上升形

均线形态出现逐浪上升形，表明商品价格整体呈上升趋势，往往按进二退一的方式前进，空方只能小施拳脚，即价格小幅回落，并无多大打击价格的能力，多方始终占据着主动地位。从技术上讲，逐浪上升形是买入信号，买进后持有即可，直到这种均线形态有了改变。

图 9.24 显示的是美原油连（CONC）2009 年 2 月 13 日至 2009 年 6 月 11 日的日 K 线图。美原油连（CONC）价格在 33.8 美元/桶附近震荡筑底后，价格开始震荡上涨，价格先是站上所有均线，然后继续震荡上涨，均线形成上山爬坡形，即 A 处。面对这种不紧不慢的上涨，最佳策略是买进并持有，直到出现明显的见顶 K 线再卖出，这样会收益丰厚。

经过一波上涨之后，价格开始震荡盘整，经过震荡之后，价格再度上涨，均线形成上山爬坡形，即B处。所以B处，只要敢于买进多单，然后耐心持有，就可以实现丰厚的投资回报。

图 9.24　美原油连（CONC）2009 年 2 月 13 日至 2009 年 6 月 11 日的日 K 线图

图 9.25 显示的是美原油连（CONC）2008 年 1 月 3 日至 2008 年 8 月 27 日的日 K 线图。

图 9.25　美原油连（CONC）2008 年 1 月 3 日至 2008 年 8 月 27 日的日 K 线图

美原油连（CONC）经过一波下跌之后，价格创出 86.11 美元/桶的低点，随后价格出现了反弹，正好反弹到 30 日均线附近再度受压下行。但需要注意的是，价格虽然下跌，但没有再创新低，然后就开始上涨，并在 A 处突破了双底的颈线，这意味着双底形态成立，所以投资者如果手中还有空单，要及时出局，并且要敢于逢低介入多单。

从其后走势来看，价格在震荡上涨过程中，均线出现了逐浪上升形，这表明其上涨动力很足，只要不出现大幅上涨，都可以持有不动。

这一波震荡上涨，价格最高创出 149.25 美元/桶的高点。随后价格就开始下跌，先是有效跌破 30 日均线，即 B 处，这意味着上涨行情结束，所以多单要注意出局。另外，在 B 处，原油的价格也出现了双顶结构，可以关注逢高做空的机会。

9.5 卖出信号的均线

前面讲解了见底、见顶、买进信号的均线，下面来讲解一下卖出信号的均线。

9.5.1 空头排列

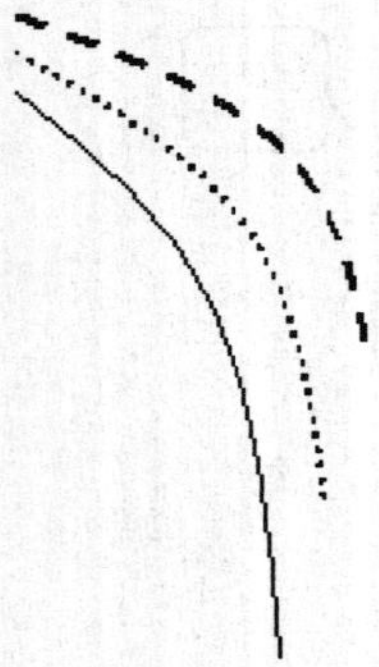

图 9.26　空头排列

空头排列出现在跌势中，由 3 根移动平均线组成，最上面一根是长期均线，中间一根是中期均线，最下面一根是短期均线，并且 3 根均线呈向下圆弧状。空头排列的图形如图 9.26 所示。

在空头排列的初期和中期，以做空为主，在其后期，应该谨慎做空。

如果原油的价格经过一段时间的上涨之后，然后开始下跌，均线慢慢转为空头排列，这时投资者要明白，行情性质已由上涨转为下跌，不要总是想着抄底，而应该逢高做空，如图 9.27 所示。

如果原油的价格已处在下跌行情中，然后出现了较大幅度的反弹，反弹后再次下跌，这时均线出现空头排列，投资者要敢于逢高做空，如图 9.28 所示。

图 9.27 美原油连（CONC）2014 年 4 月 24 日至 2014 年 8 月 19 日的日 K 线图

图 9.28 美原油连（CONC）2015 年 5 月 29 日至 2016 年 1 月 20 日的日 K 线图

9.5.2 首次交叉向下发散形和再次交叉向下发散形

首次交叉向下发散形常常出现在涨势后期，短期、中期和长期均线从上发散状逐渐收敛后再向下发散。首次交叉向下发散形的图形如图 9.29 所示。

在首次交叉向下发散形中，向下发散的角度越大，后市下跌的幅度也越大。还要注意在向下发散时，如果成交量放大，则情况更加不妙，多单还是要及时出局，空单果断进场。

再次交叉向下发散形，即第二次交叉向下发散形，少数情况下也有第三次、第四次，它们的技术特征是相同的。再次交叉向下发散形的图形如图 9.30 所示。

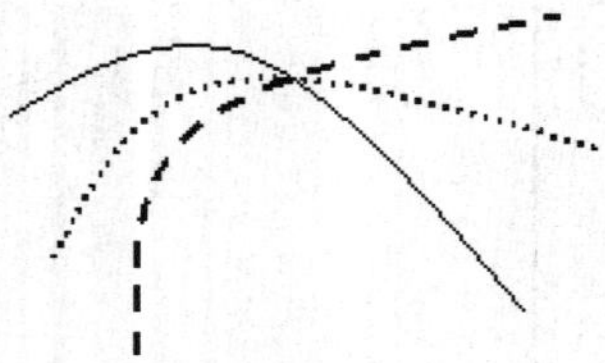

图 9.29 首次交叉向下发散形

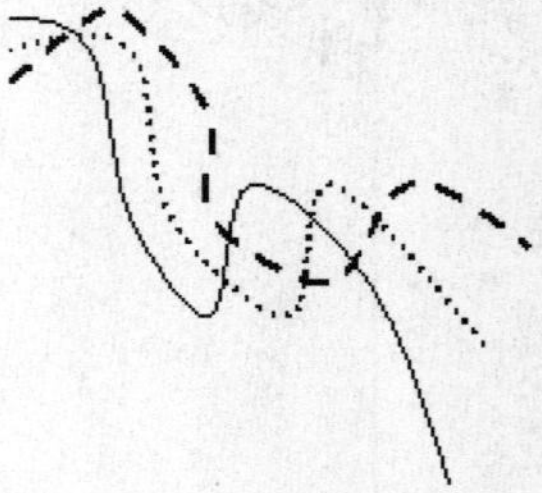

图 9.30 再次交叉向下发散形

商品价格大幅下跌后，均线再一次出现交叉向下发散形，投资者只可适度做空，以防空头陷阱。

图 9.31 显示的是布油连续（OILC）2008 年 3 月 26 日至 2008 年 11 月 20 日的日 K 线图。

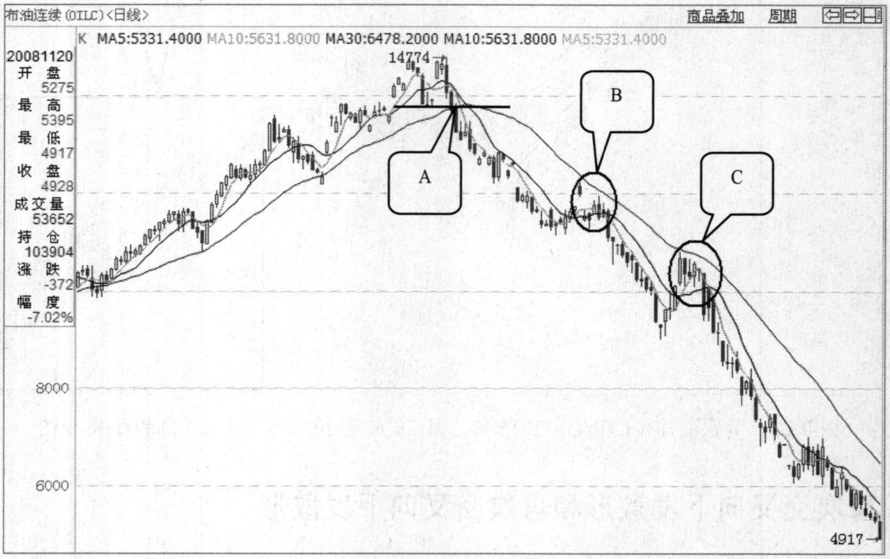

图 9.31 布油连续（OILC）2008 年 3 月 26 日至 2008 年 11 月 20 日的日 K 线图

布油连续（OILC）经过几波上涨之后，价格创出 14774 美元/桶的高点，然后开始快速下跌，先是跌破 5 日均线和 10 日均线，然后跌破 30 日均线，这样双重顶结构就形成了，即 A 处跌破了双重顶的颈线，并且均线首次交叉向下发散。这时如果手中还有多单，一定要及时出局，否则会套在高位。当然，在均线首次出现了交叉向下发散形时，要敢于逢高建立空单。

双重顶结构成立后，意味着价格要震荡下跌了，所以投资者可以顺势做空。从其后走势可以看出，价格双重顶结构成立后，价格继续沿着 10 日均线下跌。

连续下跌之后，价格出现了反弹，均线再次交叉向下发散形，即 B 处，所以 B 处也是很好的做空位置。

同理，C 处的均线再次交叉向下发散也是很不错的做空位置。

提醒：很多投资者会问，既然是明显的下跌行情，直接做空就行了，为什么还要等各种做空信号呢？原因在于，下跌行情也会有反弹，如果在不合适的位置做空，价格一旦出现强反弹，很可能会爆仓或认为价格要开始上涨了，导致止损出局。总之，做单一定要等信号，不以价格的高低为判断标准。

9.5.3 下山滑坡形和逐浪下降形

下山滑坡形一般出现在跌势中，短期、中期和长期均线基本上沿着一定的坡度往下移动。下山滑坡形的图形如图 9.32 所示。

均线形态出现下山滑坡形，表明价格将有一段持续的下跌，所以投资者见到此图形后，多单要第一时间清仓出局，空单要敢于逢高建立。

逐浪下降形一般出现在跌势中，短期均线和中期均线下降时多次出现交叉现象，但长期均线以斜线状压着短期均线和中期均线往下走，一浪一浪往下走，浪形非常清楚。逐浪下降形的图形如图 9.33 所示。

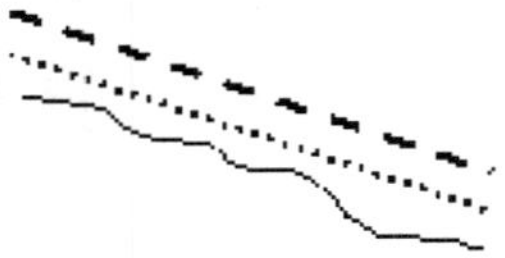

图 9.32 下山滑坡形

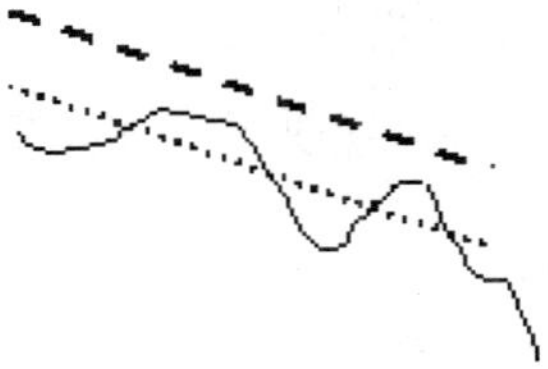

图 9.33 逐浪下降形

均线形态出现逐浪下降形，表明原油价格整体呈下降趋势，并往往按退二进一的方式下滑，多方只能小施拳脚，即价格小幅上升，并无还手能力，空方始终占据着主动地位。从技术上说，逐浪下降形是卖出信号，任何时候多单逢高出局、空单进场都是正确的。

图 9.34 显示的是美原油连（CONC）2014 年 5 月 19 日至 2015 年 1 月 12 日的日 K 线图。

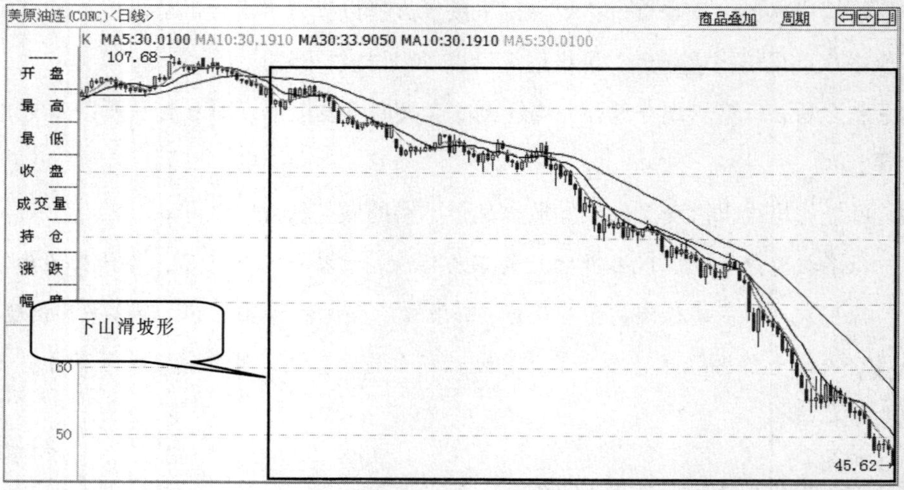

图 9.34　美原油连（CONC）2014 年 5 月 19 日至 2015 年 1 月 12 日的日 K 线图

美原油连（CONC）经过几波反弹，价格创出 109.68 美元/桶的高点，但创出高点这一天，却收了一根带有上影线的见顶 K 线，这表明上方压力较大。

随后价格在高位震荡，震荡后价格先是跌破 5 日均线和 10 日均线，然后价格继续下跌，又跌破 30 日均线，均线很快出现了死亡谷，形成空头排列，并且均线是一个明显的下山滑坡形。均线出现这种形态，投资者就要敢于逢高做空，特别是价格反弹到 30 日均线附近，从其后走势看，30 日均线是其弯曲的趋势线，即只要价格没有有效站上 30 日均线，空单都可以持有。

如果原油的价格在下跌过程中，均线出现了逐浪下降形，表明价格将有一段持续的下跌。所以，投资者见到此图形后，多单要第一时间清仓出局，并且每一次反弹都是做空的良机，如图 9.35 所示。

图 9.35 美原油连（CONC）2015 年 6 月 1 日至 2015 年 8 月 24 日的日 K 线图

第 10 章

电脑炒原油的分时图分析技巧

日 K 线图都是直上直下的，即使是同样的形状和同样的成交量，但其形成的过程也是不同的。分时走势图诠释了日 K 线的形成过程和由来，具有重要的盘后分析和盘中交易的参考价值。对于短线投机者或决定当日交易的投资者来说，分时走势图是主要参考依据。

本章主要内容包括：

- 分时线和均价线
- 成交量
- 盘口数据和成交明细
- 双底做多技巧
- V 形底做多技巧
- 头肩底做多技巧
- 圆弧底做多技巧
- 均价线支撑做多技巧
- 双顶做空技巧
- V 形顶做空技巧
- 头肩顶做空技巧
- 圆弧顶做空技巧
- 高点不断降低做空技巧
- 均价线压力做空技巧

10.1　初识分时图

打开博易大师软件，输入“CONC”回车，就可以看到美原油连（CONC）的分时走势图，如图 10.1 所示。

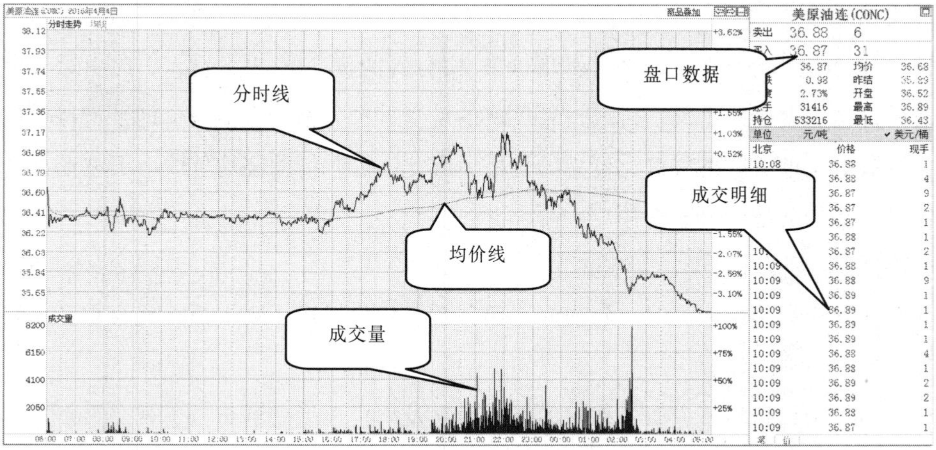

图 10.1　美原油连（CONC）2016 年 4 月 4 日的分时走势图

在分时走势图中，可以看到均价线、分时线、成交量、盘口数据和成交明细，下面就来详细讲解一下。

10.1.1　分时线和均价线

分时线和均价线占据了分时图的大部分界面，显然是最重要的分析内容。无论是进行日内短线交易，还是进行趋势性波段交易，分时线和均价线都是分析的重点，并且要关注它们的位置关系。

提醒：如果分时线始终在均价线之下，就以逢高建立空单为主；如果分时线始终在均价线之上，就以逢低建立多单为主。

（1）分时线

分时线就是把每分钟最后一笔的成交价格连接起来，就得到分时线。

在价格波动过程中，每分钟内都会有多笔成交。所以，这一分钟没有过去，分时线就会处于波动状态之中，直到这一分钟过去之后，这个点才可以确定下来。

因此，分时线无法显示价格在这一分钟之内的变化，只能显示这一分钟最后一笔成交的价格。

注意，由于分时线忽略了每分钟内的其他成交价格，所以分时线有一定的片面性，这个缺陷需要交易者利用成交明细加以弥补。

（2）均价线

均价线的计算公式是：每分钟的平均价格=每分钟的成交额/成交量，因此由每分钟的平均价格形成的点连成的曲线就是均价线。它反映的是当日每分钟内入市资金的平均持仓成本，均价线好比商品的价值，分时线好比商品的价格，因此，分时线围绕均价线上下波动，反映了均价线对价格走势的支撑和打压作用。

① 均价线的支撑作用

当分时线处于均价线上方时，每次向下回落触及均价线后受到支撑，就会重新上涨。

② 均价线的打压作用

当分时线处于均价线下方时，每次向上反弹触及均价线后受到打压，就会重新回落。

注意，利用均价线的支撑和打压作用，可以进行短线操盘。当分时线处于均价线上方，若回落到均价线后重新起涨时，可以买入，以获取更大的利润；相反，当分时线处于均价线下方，若反弹到均价线后重新回落时，应立即卖出，以减少更大的损失。

10.1.2 成交量

成交量的大小反映了市场投资者在当日价格区间中进行交易的活跃程度，还体现出投资者目前的心理状态是积极介入、出场观望还是持币等待。此外，它还反映出价格向某方向变动的能量在聚集或释放。当原油价格处于缩量整理时，多空双方处于交战的平衡点，如果成交量开始温和放大且价格上涨，则表明新资金进场，价格将转强，适用于“量增价涨”的判断；当合约价格处于连续上涨阶段，如果成交量创下巨量却不能维持价格继续上涨，则表示多头能量消耗过大，价格有可能盛极而衰。

成交量显示的是每分钟内的所有成交手数，注意其单位不是金额，而是成交手数。成交量柱体的高低，反映了资金交易的积极性。成交量柱体越高，表明多空交战的激烈程度越大；成交量柱体较低，表明多空都处于休整状态。

从美原油连（CONC）2016年4月4日的分时走势图（图10.1）来看，成交量柱体时而放大，时而缩短，这表明资金一会儿集中介入，一会儿又处于暂缓交易状态。

对成交量的分析，主要关注其放量的程度以及柱体放长时的连续性，也就是通常所说的是否放量，以及量能放大时是否可以延续。

提醒：成交量所衡量的是迫切性，它是市场上投资者的交易需求所产生的结果，因为在市场上没有比亏损部位更紧迫的事情。从任何图形分析，都可以看出市场输家正在做什么，所以技术操作者都会监视市场中的迫切性（也就是成交量），以评估当时价格方向的强度（上涨、下跌或盘整）。

10.1.3 盘口数据和成交明细

在分时图界面的右侧上半部分，显示了盘口数据，包括卖出、买入、最新、均价、涨跌等信息，如图10.2所示。

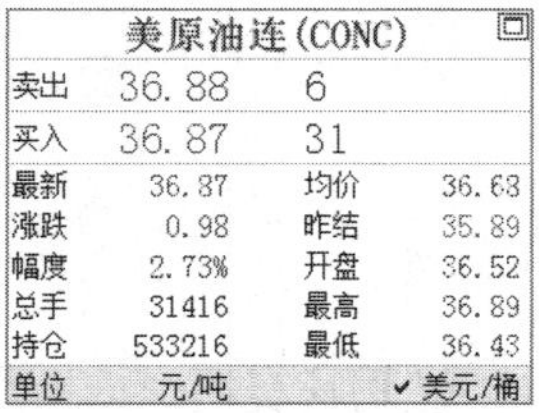

美原油连(CONC)			
卖出	36.88	6	
买入	36.87	31	
最新	36.87	均价	36.63
涨跌	0.98	昨结	35.89
幅度	2.73%	开盘	36.52
总手	31416	最高	36.89
持仓	533216	最低	36.43
单位	元/吨	✓美元/桶	

图10.2 盘口数据

下面就来讲解一下盘口各名词的意义及在操作实战中的应用。

（1）卖出：是指当前最低卖出价；

（2）买入：是指当前最高买入价；

（3）最新：即最新价格，是指刚刚成交的一笔交易的成交价格；

（4）均价：是指当天开盘以来买卖双方成交的平均价格，其计算公式为：均价= 成交总额 / 成交量；

（5）涨跌：是指现在的最新价格与前一天收盘价相比涨跌的钱数；

（6）昨收：是指上一个交易日的结算价格，在当天的行情变化中，它是固定不变的；

（7）幅度：是指现在的最新价格与前一天收盘价相比涨跌幅度的百分数；

（8）开盘：即开盘价，是指当天第一笔交易的成交价格；

（9）总手：是指从当天开盘以来所成交的全部手数；

（10）最高：是指当天开盘以来各笔成交价格中最高的成交价格，收盘时“最高”后面显示的价格是当日成交的最高价格；

（11）持仓：是指从当天开盘以来仍没有平仓的手数；

（12）最低：是指当天开盘以来各笔成交价格中最低的成交价格，收盘时“最低”后面显示的价格是当日成交的最低价格；

（13）单位：国内原油的单位是元/吨，而国际原油的单位是美元/桶。

在分时走势图右下角是成交明细，可以看到每笔交易的时间、价格、现手，如图 10.3 所示。

北京	价格	现手
10:08	36.88	1
10:08	36.88	4
10:08	36.87	9
10:08	36.87	2
10:08	36.87	1
10:09	36.88	1
10:09	36.87	2
10:09	36.88	1
10:09	36.88	9
10:09	36.89	1
10:09	36.89	1
10:09	36.89	1
10:09	36.89	1
10:09	36.88	4
10:09	36.88	1
10:09	36.89	2
10:09	36.89	2
10:09	36.88	1
10:09	36.87	1

图 10.3　成交明细

利用成交明细，投资者可以更细微地体会分时图的价格走势，更真切地观察盘中异动。

10.2　分时图的做多技巧

分时图的做多技巧包括 6 种，分别是双底做多技巧、头肩底做多技巧、圆弧底做多技巧、V 形底做多技巧、低点不断抬高做多技巧、均价线支撑做多技巧。

10.2.1　分时图的双底做多技巧

双底，又称 W 形底，因为其价格走势像 W 字母，是一种较为可靠的盘中反转形态。对这种形态的研判重点是价格在走右边的底部时，成交量是否会出现底背离特征。如果成交量不产生背离，W 形底就可能向其它形态转化，如多重底。转化后的形态即使出现涨升，其上攻动能也会较弱。这类盘中底部形态研判比较容易，形态构成时间长，可操作性强，适用于短线爱好者操作或普通投资者选择买点时使用。

双底的第二个低点往往略高于第一个低点，也是最佳进场做多的位置。因为这是空方力量最弱的位置，即空方已无力再创出新低。所以这个位置也最容易形成连续反弹的走势，如果这个位置敢于介入，往往会获利丰厚。当然如果价格跌破第一个低点，投资者就要及时止损出局。

图 10.4 显示的是美原油连（CONC）2016 年 2 月 22 日的分时走势图。

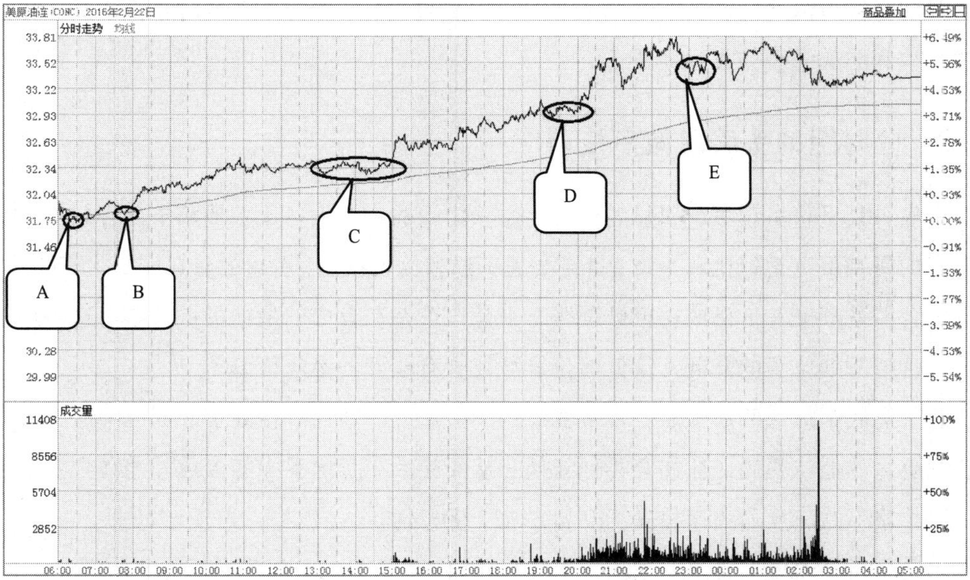

图 10.4　美原油连（CONC）2016 年 2 月 22 日的分时走势图

美原油连（CONC）开盘先沿着均价线下跌两小波，然后开始震荡筑底，在 A 处出现了双底结构。需要注意的是，第二个低点没有再创新低，另外第二个低点附近成交量是缩量的，所以第二个低点附近可以介入多单，止损放在第一个低点处。

随后价格开始震荡上涨，先是上攻均价线，虽然第一次没有站稳，但随后的回调，价格始终在双底的颈线上方。回调结束后，价格就站上了均价线，随后就沿着均价线震荡上涨，这样每当价格回调到均价线附近，都可以介入多单，所以 B 处可以介入多单。

价格的震荡上涨非常有规律，即每急拉一波之后，就开始横盘整理，整理后再上涨。在 C 处，价格又震荡较长时间，但价格始终在均价线上方，这表明价格始终处在多头行情之中，这时又出现双底结构，所以当价格突破双底的颈线时，又是新的做多机会。

同理，在 D 处也出现了双底结构，所以多单可以持有，并且仍可以介入多单。

需要注意的是，价格在 D 处企稳之后，出现了两波快速拉涨，同时，成交量放的较长，急拉放量，多单要注意逢高止盈。

价格急拉之后，在 E 处再度出现双底结构，仍可以做多。但要注意的是，这里放的量太大，所以多单只能是短线，即有盈利要及时出局。

从其后走势可以看出，在 E 处介入多单，有盈利机会，但如果不及时止盈出局，在后面的回调中，盈利的单子会变成亏损单子。

10.2.2 分时图的头肩底做多技巧

头肩底，其型状呈现三个明显的低谷，位于中间的一个低谷比其他两个低谷的低位更底。对头肩底的研判重点是量比和颈线，量比要处于温和放大状态，右肩的量要明显大于左肩的量。在有量配合的基础上，价格成功突破颈线，则是该形态在盘中的最佳买点。参与这种形态的炒作要注意价格所处位置的高低，偏低的位置往往会有较好的参与价值。

注意头肩底中最低的那个点，常常就是假突破走势。即当价格处于底部区间时，做多主力为了获利更多的低位筹码，往往会再创新低，从而让散户卖出手中的多单。当散户卖出手中的多单后，价格不跌，反而快速拉升，开始一波上涨行情。

图 10.5 显示的是美原油连（CONC）2016 年 1 月 12 日的分时走势图。

美原油连（CONC）开盘沿着均价线上涨三小波，随后价格跌破了均价线，这表明价格要回调了。

随后价格沿着均价线下跌，经过三波明显的下跌，创出低点。但随后价格开始震荡盘升，形成了头肩底结构。在 A 处，价格突破了头肩底形态的颈线，所以 A 处是一个做多机会。

价格突破头肩底形态的颈线后，出现了快速上涨，但没有站稳均价线，又快速回调，正好回调到头肩底颈线附近，即 B 处，所以 B 处是最佳的做多位置。

随后价格开始快速上涨，经过连续三波上涨之后，价格开始回调，这一波回调结束，又出现头肩底形态。

价格突破头肩底形态的颈线，又是新的做多机会，即 C 处。

需要注意的是，价格在 C 处企稳后，又出现连续三波上涨，但这三波上涨成交量放的较大，并且在最后一波上涨时出现了双顶结构，即 D 处，所以 D 处多单要注意止盈。

随后价格开始逐波下跌，最后跌破均价线，意味着价格再度走弱，所以 D 处是多单最佳止盈位置。

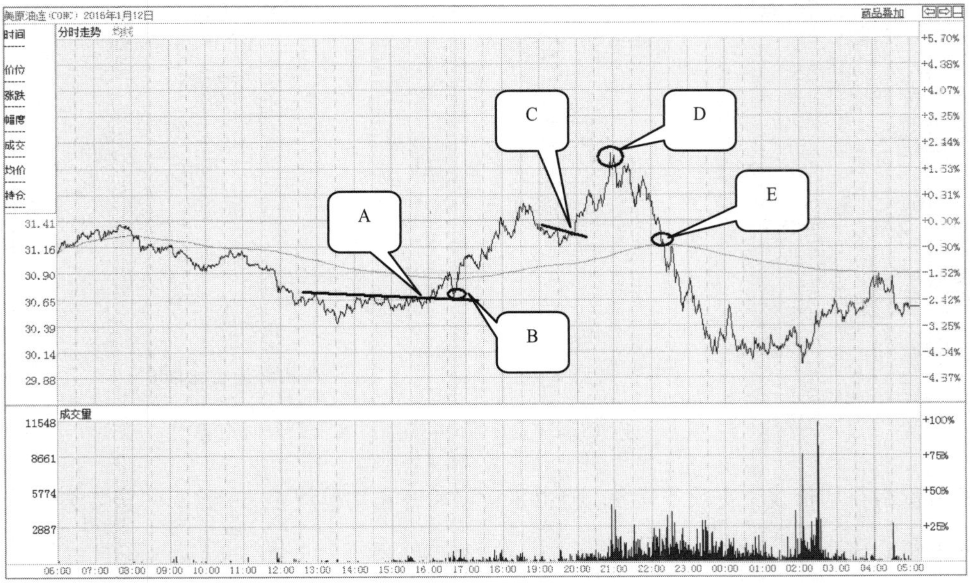

图 10.5　美原油连（CONC）2016 年 1 月 12 日的分时走势图

10.2.3　分时图圆弧底做多技巧

圆弧底是指价格运行轨迹呈圆弧型的底部形态。这种形态的形成原因是由于部分做多资金正在少量的逐级温和建仓，显示价格已经探明阶段性底部的支撑。它的理论上涨幅度通常是最低价到颈线位的涨幅的一倍。

图 10.6 显示的是美原油连（CONC）2015 年 10 月 28 日的分时走势图。

美原油连（CONC）开盘就围绕均价线小幅波动，这种窄幅震荡一直持续到下午 16:30。随后价格有一个向下诱空动作，但这一小波诱空幅度很小，并且形成了圆弧底，即 A 处。

需要注意的是，在圆弧底形成过程中成交量略放量，这表明多方主力逢低进行吸筹。随后价格站上均价线，这表明价格要开始转强了。所以，当价格站上均价线后，手中还有空单的要注意逢低出局，并且要开始关注做多机会，手中有抄底多单的可以持有多单。

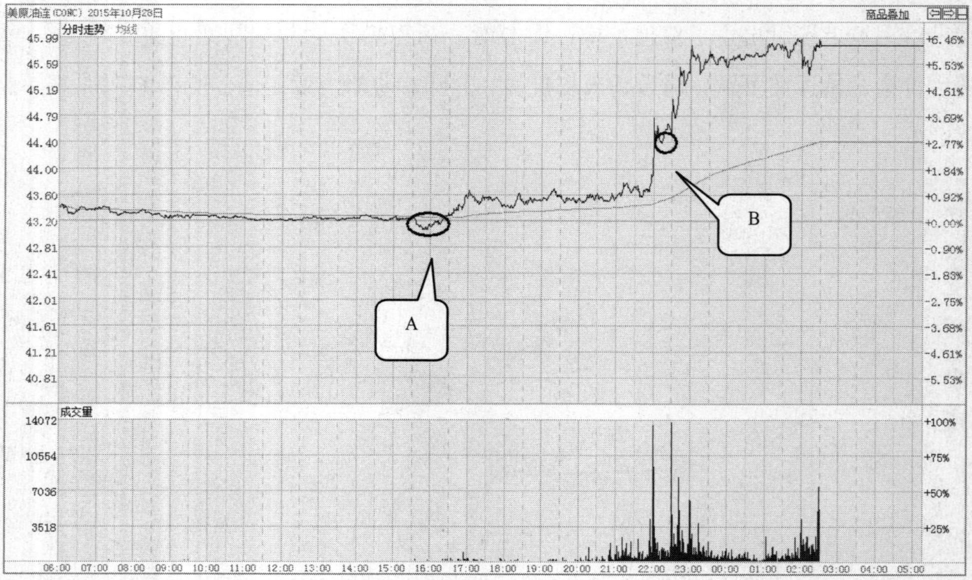

图 10.6 美原油连（CONC）2015 年 10 月 28 日的分时走势图

随后价格在均价线上方反复震荡，但由于价格始终在均价线上方，这表明多方力量比较强，所以多单耐心持有。

震荡较长时间后，价格开始向上拉涨。第一波拉涨速度很快，并且成交量也放出来了，即放量拉升，后市继续看多。所以多单可以持有，并且在回调时出现见底信号仍可以做多。

快速拉涨之后，价格出现了回调，回调再度出现圆弧底，即 B 处，所以 B 处也是不错的做多位置。

从其后走势可以看出，在 B 处做多的短时间内也会有不错的投资收益。

10.2.4 分时图 V 形底做多技巧

V 形底，俗称“尖底”，形态走势像 V 型。其形成时间最短，是研判最困难、参与风险最大的一种形态。但是这种形态的爆发力最强，把握得好，可以迅速获取利润。它的形成往往是主力刻意打压造成的，使得价格暂时性的过度超跌，从而产生盘中的报复性上攻行情。

图 10.7 显示的是美原油连（CONC）2016 年 3 月 21 日的分时走势图。

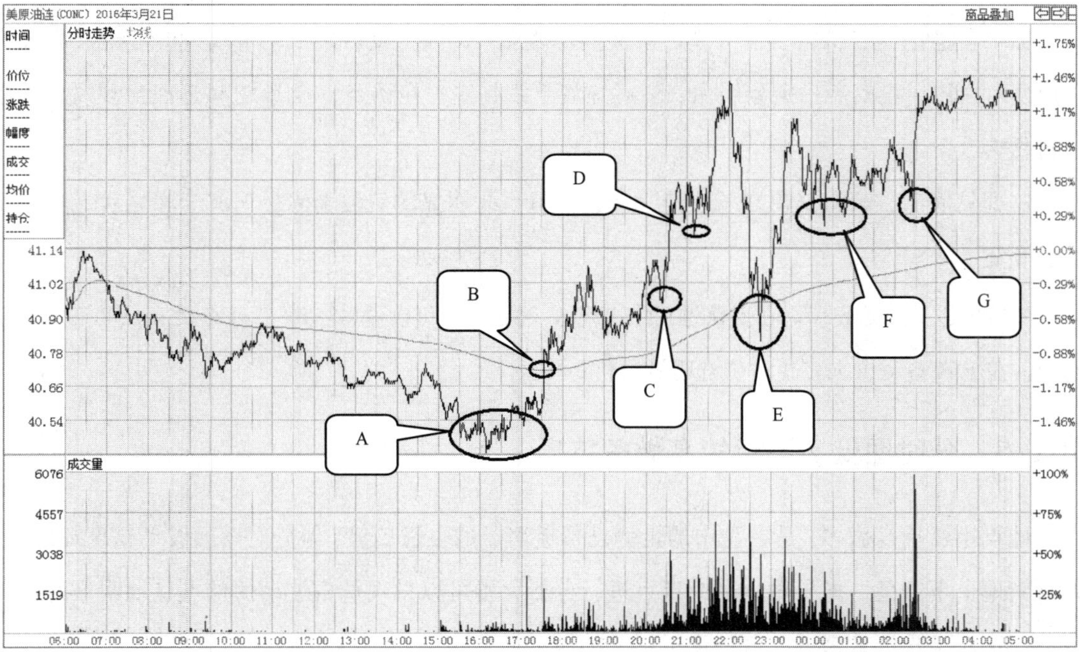

图 10.7 美原油连（CONC）2016 年 3 月 21 日的分时走势图

美原油连（CONC）开始略震荡后，出现了三小波上涨，三波上涨之后，价格就开始震荡下跌，先是跌破均价线，然后继续沿着均价线下跌。

经过较长时间的下跌之后，在 A 处出现了复杂的头肩底形态。随后价格突破头肩底的颈线，然后又突破均价线，这样价格就开始震荡上涨。

价格在均价线上方时出现回调，回调出现做多信号，此时可以关注做多机会，所以 C 和 D 处的 V 形底，都可以介入多单。

价格连续几波上涨之后，在高位价格连续放量，这表明多单开始止盈，所以投资者手中的短线多单也要注意止盈。

随后价格从高位快速下跌，并且出现了连续三波下跌，下跌速度很快，多单不及时止盈就会被套。

三波下跌之后，价格回到均价线附近，但主力为了把多单洗干净，又来一波下跌，下跌速度很快，并且跌破均价线。

需要注意的是，价格快速下跌之后又快速地涨了回来，重新站上均价线，即E处又出现了V形底。所以，投资者一定要明白，最后一波下跌是主力在诱空，当E处V形底出现后，要敢于再做多。

E处见底后，价格又出现了快速上涨，并且也是明显的三波上涨，三波上涨之后，多单要注意止盈。

随后价格又开始震荡，在震荡过程中出现V形底，仍可以做多，即F和G处。从其后的走势来看，在F和G处介入多单，仍有明显的获利机会。

10.2.5 分时图低点不断抬高做多技巧

低点不断抬高做多，是指盘中的走势已形成明显的上涨趋势，但分时图的波动幅度却较小，即频繁地上下震荡。如果对震荡的低点进行分析，则可以发现价格波动的低点呈现明显的抬高迹象。这对于投资者来说，就提供了不错的做多机会。

价格波动的低点不断抬高，意味着做多力量不断介入，虽然分时图暂没有形成强劲的上涨态势，但价格后期继续上涨的概率非常大。所以投资者可以在抬高的低点处介入多单，或在价格向上突破时，积极入场做多。

图10.8显示的是美原油连（CONC）2016年3月11日的分时走势图。

美原油连（CONC）开盘围绕均价线震荡后，开始沿着均价线震荡上涨。

在价格震荡上涨时的规律是调整的低点连续抬高，这意味着多方力量仍很强，空方根本无力与之对抗。在低点抬高的过程中，投资者可以入场做多操作。只要震荡的低点没有跌破，就可以持有，即A处。

只要价格不跌破均价线，都可以关注做多机会。但投资者需要注意的是，价格上涨到高位之后，价格不再沿着均价线上涨，而是围绕均价线宽幅震荡，这样投资者不能一味持有多单，而是应该高抛低吸做短线。

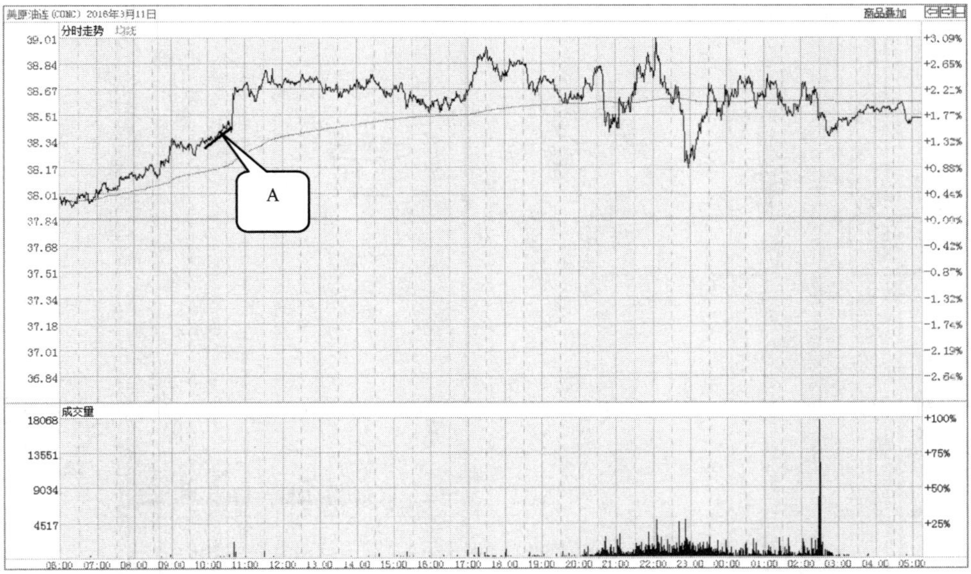

图 10.8 美原油连（CONC）2016 年 3 月 11 日的分时走势图

10.2.6 分时图均价线支撑做多技巧

均价线是多空分界线，即如果价格在均价线上方，投资者就可以积极进行做多操作。特别是在分时线向下暂时回落接触或靠近均价线时，只要整体盘面保持明显的多头迹象，可以在此介入多单。

图 10.9 显示的是美原油连（CONC）2015 年 8 月 27 日的分时走势图。

美原油连（CONC）开盘略震荡后，沿着均价线小幅下跌，价格小幅下跌企稳后，开始震荡上行，先是站上均价线，即 A 处，这表明价格开始转多，所以手中还有空单的最好逢低先出局。

随后价格沿着均价线震荡上涨，由于均价线是多头的支撑位置，所以每当分时线接近均价线时，就可以介入多单。更何况，在价格震荡上涨时，量价配合良好。

从其后走势看，在均价线附近买入多单，投资者在短时间内就可以获利丰厚的投资回报，即 B、C 和 D 处。

需要注意的是，价格在接近均价线附近时，成交量一定不能连续放大，否则过多的资金入场做空，就会减弱均价线的支撑作用。如果价格无量回落至均价线附近，就可以积极做多了。

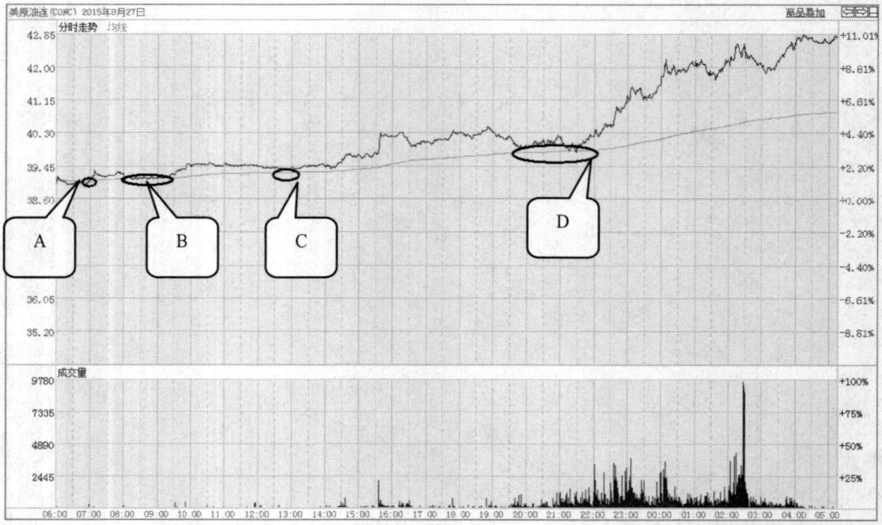

图 10.9 美原油连（CONC）2015 年 8 月 27 日的分时走势图

10.3 分时图的做空技巧

分时图的做空技巧包括 6 种，分别是双顶做空技巧、头肩顶做空技巧、圆弧顶做空技巧、V 形顶做空技巧、高点不断降低做空技巧、均价线压力做空技巧。

10.3.1 分时图的双顶做空技巧

双顶，因其形状像英文的“M”，所以又称“M 头”，这是一种较为可靠的盘中反转形态。对这种形态的研判重点是价格在走右边的顶部时，成交量是否会出现底背离的特征。如果成交量不产生背离，M 顶就可能向其它形态转化，如多重顶。转化后的形态即使出现跌势，其下跌动能也较弱。这类盘中顶部形态研判比较容易，形态构成时间长，可操作性强，适用于短线爱好者操作或普通投资者选择卖点时使用。

双顶的第二个高点，往往略低于第一个高点，也是最佳进场做空的位置。因为这是多方力量最弱的位置，即多方已无力再创出新高。所以，这个位置也最容易形成连续下跌的走势，如果这个位置敢于介入空单，往往会获利丰厚。

图 10.10 显示的是美原油连（CONC）2016 年 1 月 6 日的分时走势图。

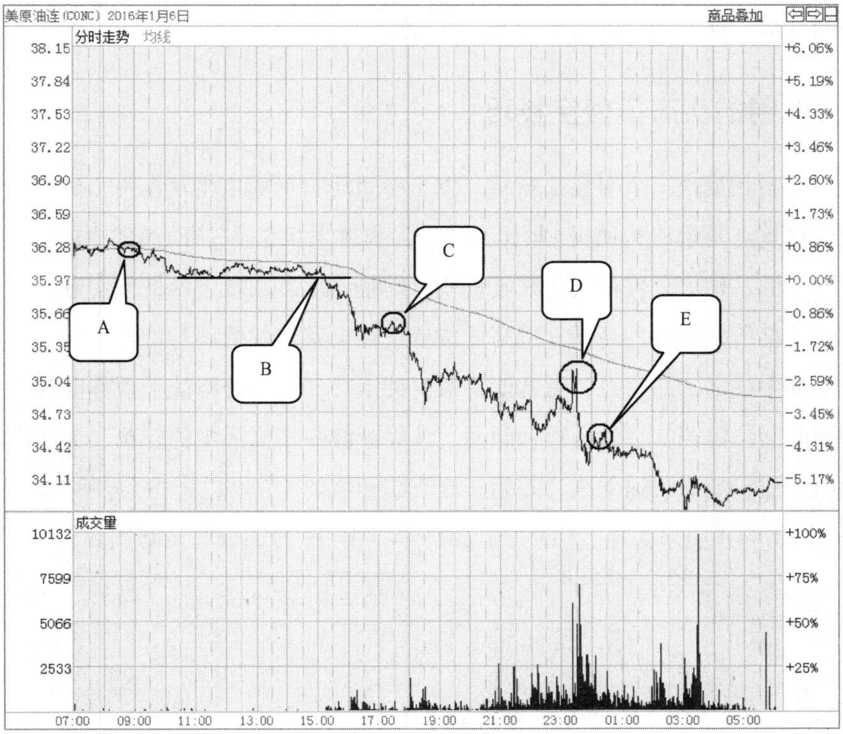

图 10.10　美原油连（CONC）2016 年 1 月 6 日的分时走势图

美原油连（CONC）开盘围绕均价线小幅震荡后，在 A 处，价格跌破了均价线，这表明价格已开始走弱。

随后价格开始出现明显的下跌，下跌后，价格开始反弹，但反弹的力量很弱，没有再度站上均价线。在均价线下方运行较长时间后，在 B 处，价格开始向下突破，出现了新的波段下跌，所以 B 处是新的做空机会。

价格经过三波下跌之后，再度反弹，价格反弹仍很弱，并且价格始终在均价线下方，这时在 C 处出现双顶，所以 C 处也是不错的做空位置。

C 处价格震荡结束后，价格再度出现急跌，经过几波下跌之后，又出现反弹，注意这一波反弹比较强，即 D 处，但这时价格始终在均价线下方，这表明空头力量始终控制着局面，并且在 D 处价格再度出现双顶结构，所以 D 处是新的做空位置。

D 处价格见顶后，出现了一波快速下跌，价格下跌之后出现了反弹，反弹较弱，反弹后端再度出现双顶结构，即 E 处，所以 E 处也是不错的短空位置。

10.3.2 分时图的头肩顶做空技巧

头肩顶，其型状呈现三个明显的峰顶，位于中间的一个峰顶比其他两个峰顶的高位更高。对头肩顶的研判重点是量比和颈线，量比要处于温和放大状态，右肩的量要明显大于左肩的量。如果在有量配合的基础上，价格成功跌破颈线，则是该形态在盘中的最佳卖点。参与这种形态的炒作要注意价格所处位置的高低，偏高的位置往往会有较好的参与价值。

注意头肩顶中最高的那个点，常常就是假突破走势。即当价格处于顶部区间时，做多主力为了获取更多的高位筹码，往往会再创新高，从而让散户卖出手中的空单。当散户卖出手中的空单后，价格不涨，反而快速下跌，开始一波下跌行情。

图 10.11 显示的是美原油连（CONC）2016 年 2 月 16 日的分时走势图。

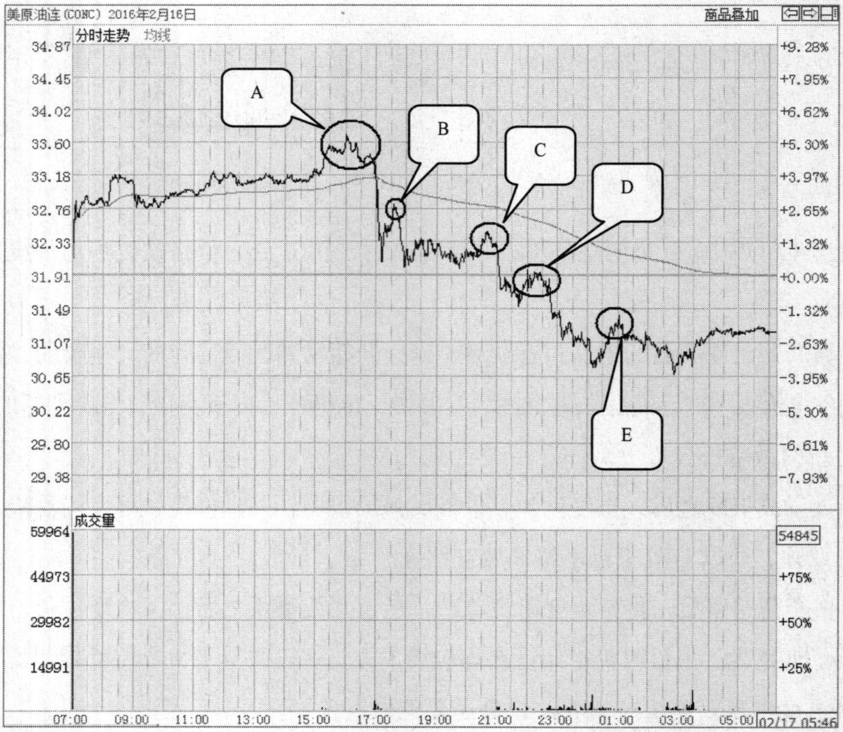

图 10.11 美原油连（CONC）2016 年 2 月 16 日的分时走势图

美原油连（CONC）开盘就急拉，然后沿着均价线震荡上涨。一直到下午 15:00 价格都是小幅震荡上涨，下午 15:00 后，价格出现了一波急拉，但急拉之后，价格在高位震荡，在震荡过程中出现了头肩顶形态，即 A 处。在 A 处，多单要注意止盈，因为头肩顶成立后，会有大幅下跌行情，当然投资者也可以关注做空机会。

A 处头肩顶成立后，价格出现了快速下跌，先是跌破均价线，然后继续下跌。快速下跌后，易出现反弹，反弹往往易出现 V 形顶。在这里可以看到，B 处出现 V 形顶，所以 B 处也是不错的做空位置。

随后价格震荡下跌，但价格始终在均价线下方，所以每次盘中出现反弹，反弹出现见顶信号或反弹不动，都可以关注做空机会，即 C 处的头肩顶和 D 处的圆弧顶，都是不错的做空机会。

价格经过几波震荡下跌之后，再度出现较强的反弹，反弹后端出现了头肩顶，即 E 处，所以 E 处仍可以做空。

10.3.3 分时图的圆弧顶做空技巧

圆弧顶是指价格运行轨迹呈圆弧型的顶部形态。这种形态的形成原因是由于有部分做空资金正在少量的逐级温和建仓，显示价格已经探明阶段性顶部。它的理论下跌幅度通常是最低价到颈线位的跌幅的一倍。

图 10.12 显示的是美原油连（CONC）2016 年 3 月 29 日的分时走势图。

美原油连（CONC）围绕均价线略震荡，就开始沿着均价线下跌，经过小三波下跌之后，价格出现了反弹，正好反弹到均价线附近，即 A 处，出现了圆弧顶，所以 A 处是新的做空位置。

随后价格开始新的下跌，需要注意的是，只要价格始终在均价线下方，这时价格出现反弹，反弹不强，出现见顶信号，都可以做空，所以 B 处的圆弧顶、C 处的 V 形顶和 D 处的圆弧顶，都可以介入空单。

从其后走势可以看出，B、C 和 D 处介入空单，都会有不错的投资收益。

价格经过多波下跌之后，在 E 处出现底部形成，即双底结构，所以 E 处有空单的要注意止盈。

随后价格出现了较强的反弹，经过几波反弹，正好反弹到均价线附近，即 F 处。在 F 处，价格再度出现圆弧顶，所以 F 处仍可以做空。

F 处价格见顶后，价格出现了急跌，急跌空单可以先止盈。但需要注意的是，随后价格没有再创新低，反而低点在不断抬高，这表明价格仍有反弹要求，所以以观望为主。

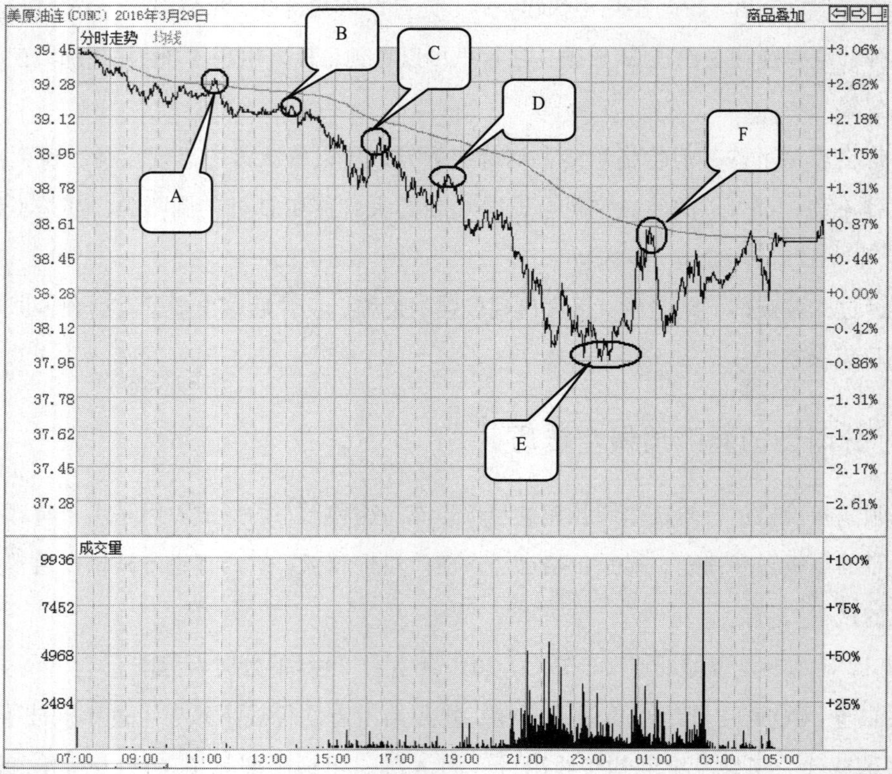

图 10.12　美原油连（CONC）2016 年 3 月 29 日的分时走势图

10.3.4　分时图的 V 形顶做空技巧

V 形顶，俗称“尖顶”，形态走势像倒 V 型。其形成时间最短，是研判最困难、参与风险最大的一种形态。但是这种形态的爆发力最强，把握得好，可以迅速获取利润。它的形成往往是主力刻意打压造成的，使得价格暂时性的过度超涨，从而产生盘中的报复性下跌行情。

图 10.13 显示的是美原油连（CONC）2015 年 7 月 15 日的分时走势图。

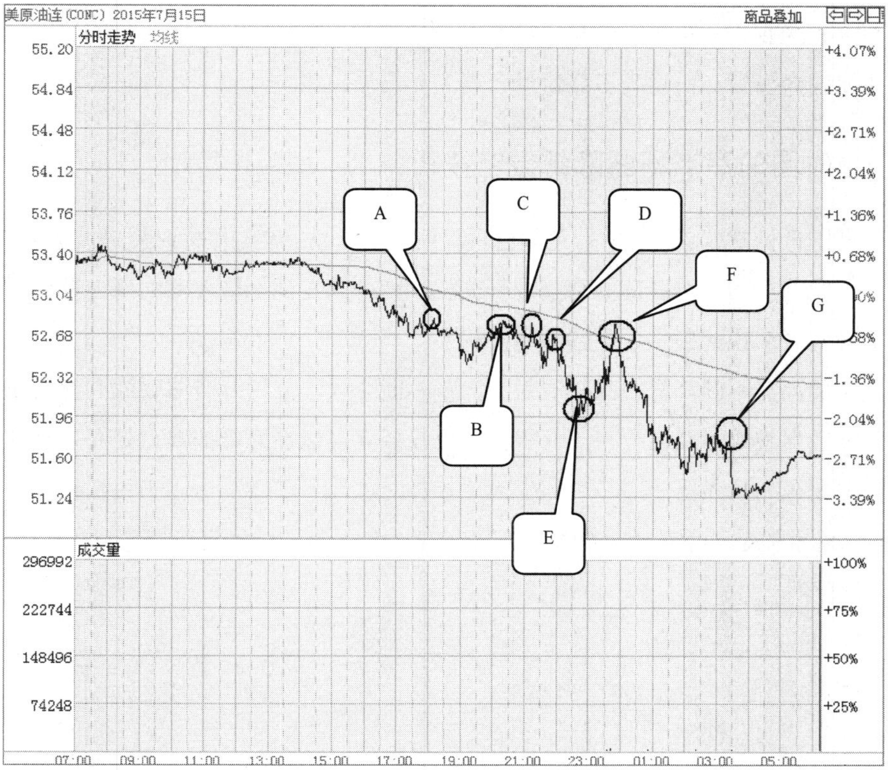

图 10.13　美原油连（CONC）2015 年 7 月 15 日的分时走势图

美原油连（CONC）开盘就是窄幅震荡，一直到 13:15，然后价格开始沿着均价线下跌。虽然下跌速度很慢，但下跌趋势明显，并且均价线也开始下行。

只要均价线下行，并且价格始终在均价线下方，这时分时图出现反弹，都可以关注逢高做空机会。所以 A 处的 V 形顶、B 处的圆弧顶、C 处的 V 形顶和 D 处的 V 形顶，都是不错的做空位置。

价格经过较长时间、较大幅度下跌之后，价格在 E 处出现了底部形态，即出现双底结构。所以在 E 处，手中有空单的就要注意止盈。

价格在 E 处企稳后，出现了反弹，刚开始反弹仍弱，但最后一波反弹比较快，也比较强，还突破了均价线。但价格突破均价线后，很快又回到均价线下方，出现了均价线假突破，并出现了 V 形顶，即 F 处，所以 F 处是新的做空机会。

当然，只要均价线下行，并且价格始终在均价线下方，分时图出现反弹，仍可以做空，即

G 处的 V 形顶。但要注意的是，价格下跌幅度较大之后，盈利空单都有止盈的冲动，所以在做空时，一定要轻仓谨慎，一旦有不好信号，就要先出局出望。

10.3.5 分时图的高点不断降低做空技巧

高点不断降低做空，是指盘中的走势已形成明显的下跌趋势，但分时图的波动幅度却较小，即频繁地上下震荡。如果对震荡的高点进行分析，则可以发现价格波动的高点呈现明显降低迹象。这对于投资者来说，提供了不错的做空机会。

价格波动的高点不断降低，意味着做空力量不断介入，虽然分时图暂没有形成强劲的杀跌态势，但价格后期继续下跌的概率非常大。所以投资者可以在降低的高点处介入空单，或在价格向下突破时积极入场做空。

图 10.14 显示的是美原油连（CONC）2016 年 3 月 8 日的分时走势图。

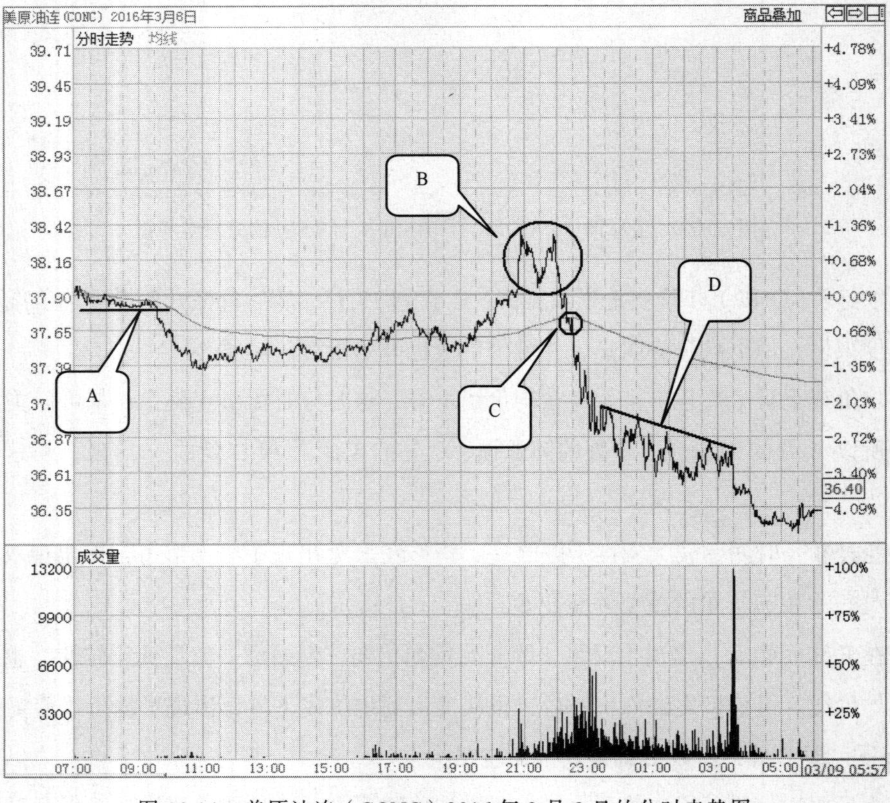

图 10.14 美原油连（CONC）2016 年 3 月 8 日的分时走势图

美原油连（CONC）开盘就开始窄幅震荡，但价格始终在均价线下方，这表明价格是比较弱的。

经过一段时间震荡之后，价格在A处跌破震荡平台，开始出现一波下跌，所以A处是做空的位置。

价格经过几小波下跌之后，开始震荡反弹，需要注意的是，这一波反弹，最终站稳了均价线，这表明当前是震荡行情，所以空单要注意逢低先止盈。

价格经过几波震荡上涨之后，站稳均价线，开始上涨。但要注意的是，最后价格经过快速上涨，出现了双顶结构，即B处，这是明显的见顶信号。所以多单在B处要注意止盈，当然在B处，也可以关注做空机会。

双顶结构成立后，价格出现了快速下跌，先是跌破均价线，然后价格继续下跌，这样，均价线也开始下行。

经过快速下跌之后，价格开始缓跌。注意，反弹的高点不断降低，这意味着空方力量仍很强，多方根本无力与之对抗。在高点降低的过程中，投资者可以入场做空操作，即D处。只要震荡的高点没有突破，空单就可以持有。

从其后走势看，价格缓跌之后，再来两波快速下跌，这样介入的空单短时间内就有不错的投资收益。

10.3.6 分时图的均价线压力做空技巧

均价线是多空分界线，即如果价格在均价线下方，投资者就可以积极进行做空操作。特别是在分时线向上暂时反弹接触或靠近均价线时，只要整体盘面保持明显的空头迹象，就可以在此介入空单。

图10.15显示的是美原油连（CONC）2015年8月3日的分时走势图。

美原油连（CONC）开盘就是一个急跌，但急跌之后，价格就开始反弹，价格先是站上均价线，即A处，随后继续反弹。

但要注意的是，价格反弹的力量不强，上涨速度很慢，所以手中有多单的，只要价格不跌破均价线就可以持有；但如果跌破均价线，多单就要注意止盈。

从其后走势来看，价格在B处，回调到均价线附近，没有跌破，所以多单可以持有，想短多的仍可以介入多单。

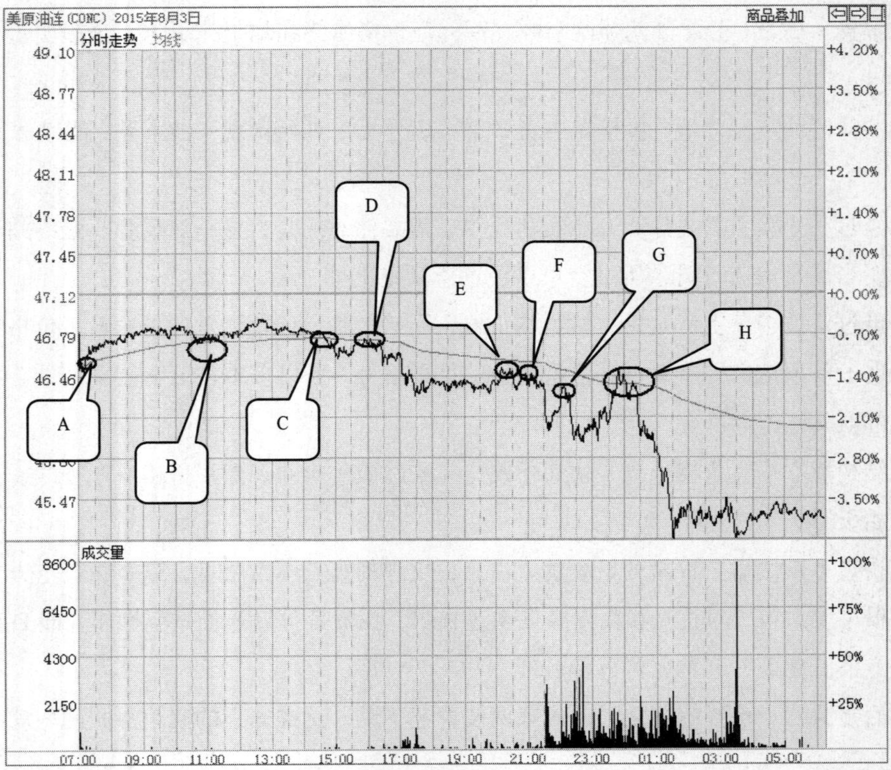

图 10.15 美原油连（CONC）2015 年 8 月 3 日的分时走势图

但随后上涨仍不强，并且价格在 C 处跌破均价线，这表明价格开始转弱，所以多单要注意出局。

价格跌破均价线之后，价格并没有出现快速下跌。而是继续震荡。但在震荡反弹时，价格没有再突破均价线，所以当价格反弹到均价线附近时，就可以做空，即 D 处。

随后价格就开始出现了明显的下跌，均价线开始下行。在明显的下跌行情中，只要均价线的方向是向下的，价格出现反弹，反弹过程中出现见顶信号，都可以做空，即 E 处的双顶、F 处的双顶和 G 处的 V 形顶，都是不错的做空位置。

价格经过几波下跌之后，出现了较强的反弹，反弹有个突破均价线的动作。但这时的均价线是下行的，并且随后价格又跌破了均价线，所以这里也是不错的做空位置，即 H 处。

从其后走势可以看出，在 H 处做空，短时间内就有不错的投资收益。

第 11 章

电脑炒原油的基本面分析技巧

原油交易是一个残酷的博弈过程，在这里充满了机遇和风险，也充满了欺骗和谎言。如果想要在原油交易市场中生存下来，就必须学习好基本面分析技巧。

本章主要内容包括：

- 什么是基本面分析
- 技术分析与基本面分析的联系
- 影响原油价格的供给因素
- 影响原油价格的需求因素
- 影响原油价格的短期因素

11.1 初识基本面分析

基本面分析是中长线交易者最重要的分析方法，是把原油的内在价值分析放在首位。这也是技术分析者成功操作的前提，否则就会掉入市场主力设计好的陷阱。

11.1.1 什么是基本面分析

基本面分析是指，通过分析原油的供求状况及影响因素，解释和预测原油价格变化趋势的方法。

原油供求状况及影响供求的众多因素对原油价格产生重要影响，所以，通过分析原油供求状况及其影响因素的变化，可以帮助交易者预测和把握原油价格变化的基本趋势。

11.1.2 技术分析与基本面分析的联系

技术分析和基本面分析，都认为原油价格是由供求关系所决定。但基本面分析主要是根据对影响供需关系的种种因素的分析来预测原油未来的价格走势；技术分析则是根据价格本身的变化来预测原油价格的未来走势。

技术分析的逻辑是：只要价格上涨，不论是什么因素，需求一旦超过了供给，后市理应看好；如果价格下跌，不管是什么原因，供给一旦超过了需求，后市就应该看跌。

技术分析所依赖的图表本身并不能导致市场的涨跌，它只是简明地显示了市场投资者现行的乐观或悲观心态，而技术分析者则正是从中窥出价格后期变化的可能性。

大多数投资者，要么说自己是技术分析派，要么说自己是基本面分析派，实际上很多投资者两者兼备。绝大部分基本面分析者对图表分析的基本立场有大概的了解，同时，绝大部分技术分析者对经济基础也至少有一个粗略的印象。

但问题是，在大多数情况下，图表的预测和基本面的分析南辕北辙。当一场重要的市场运动初露端倪时，市场常常表现得颇为奇特，从基本面上找不出什么理由。恰恰是在这种趋势萌生的关键时候，两种分析方法分歧最大。等趋势发展了一段时间后，两者对市场的理解又协调起来，可这个时候往往来得太迟，投资者已经无法下手了。

总之，市场价格是实体经济的超前指标，即大众常识超前指标。实体经济的新发展在被统计报告等资料揭示之前，早已在市场上实际发生作用，已经被市场消化吸收了。所以说，一些最为剧烈的牛市或熊市在开始的时候，几乎找不到表明实体经济已改变了的资料，等到好消息或坏消息纷纷出笼时，新趋势早已滚滚向前了。

技术分析者往往非常自信，当大众常识同市场变化牛头不对马嘴时，也能够“众人皆醉我独醒”，应对自如。他们乐于领先一步，当少数派，因为他们明白，其中原因迟早会大白于天下，不过那肯定是事后诸葛亮，他们既不愿意也没有必要坐等，从而失去良机。

11.2　影响原油价格的供给因素

影响原油价格的供给因素主要包括世界原油储量、原油供给结构以及原油生产成本，如图 11.1 所示。

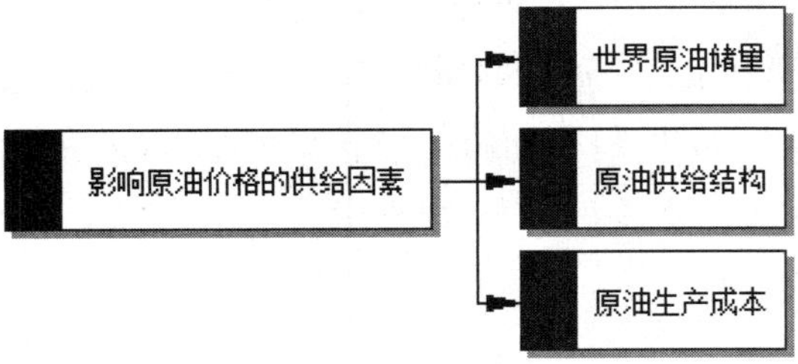

图 11.1　影响原油价格的供给因素

11.2.1　世界原油储量

原油产量必须以原油储量为基础。过去的几十年中，世界原油资源探明的储量一直在持续增加，2014 年底世界原油资源探明可采储量约为 1.8 万亿桶，比 10 年前增加了 6000 亿桶，增长 33.8%。虽然产量的增长速度大于已探明储量的增长速度，但 2014 年底全球原油储量与产量之间的比例为 46：1，即按现有石油消费水平，世界石油还可开采 46 年。

可以预见，至少在未来 10 年内不会出现全球范围内的原油供给短缺现象。但是，由于原油资源的不可再生性，国际能源机构（EIA）预测世界原油产量将在 2030 年以前达到顶峰，随后全球原油供给逐步进入滑坡阶段。

提醒：美国能源署（Energy Information Administration），简称 EIA，它为美国政府能源决策提供支持服务，是能源信息数据统计和分析机构，通过提供有关能源政策的信息及能源预测和分析，提升决策理性和市场绩效，促进能源与经济、环境之间的协调发展。

11.2.2 原油供给结构

世界原油市场的供给特点也对原油供给产生重大影响。目前世界原油市场的供给方主要包括原油输出国组织（OPEC）和非 OPEC 国家。

OPEC 拥有世界上绝大部分探明原油储量，其产量和价格政策对世界原油供给和价格具有重大影响。而非 OPEC 国家主要是作为价格接受者存在，根据价格调整产量。

11.2.3 原油生产成本

原油生产成本也会对原油供给产生影响。原油作为一种不可再生能源，其生产成本会影响生产者跨时期的产量配置决策，进而影响到市场供给量，间接地引起原油价格波动。世界原油价格的下限一般主要由高成本地区的原油生产决定，而低成本地区的原油决定了价格的波动幅度。

11.3 影响原油价格的需求因素

原油需求主要由世界经济发展水平和经济结构变化，以及替代能源的发展和节能技术的应用共同决定，如图 11.2 所示。

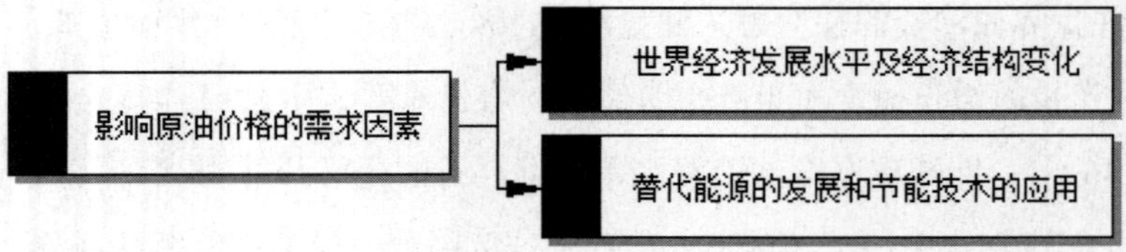

图 11.2 影响原油价格的需求因素

11.3.1 世界经济发展水平及经济结构变化

全球原油消费与全球经济增长速度明显正相关。全球经济增长或超预期增长都会牵动国际原油市场价格出现上涨。以中国、印度为代表的发展中国家经济强劲增长也使得对原油的需求急剧增加，导致世界原油价格震荡走高。其中，中国对原油的需求带动了全球原油消费增长的1/3。而反过来，异常高的油价势必会阻碍世界经济的发展，全球经济增长速度放缓又会影响原油需求的增加。

11.3.2 替代能源的发展和节能技术的应用

替代能源的成本将决定原油价格的上限。当原油价格高于替代能源成本时，消费者倾向于使用替代能源，而节能将使世界原油市场的供需矛盾趋于缓和。目前各国都在大力发展可再生能源和节能技术，这势必将对原油价格的长期走势产生影响。

11.4 影响原油价格的短期因素

短期影响因素通过对原油供求关系造成冲击或短期内改变人们对供求关系的预期而对原油价格发挥作用。影响原油价格的短期因素如图 11.3 所示。

11.4.1 突发的重大政治事件

原油除了具有一般商品属性外，还具有战略物资的属性，其价格和供应很大程度上受政治势力和政治局势的影响。近年来，随着政治多极化、经济全球化和生产国际化的发展，争夺原油资源和控制原油市场，已成为原油市场动荡的重要原因。

例如，土耳其于 2015 年 11 月 24 日宣布击落一架俄罗斯战机，引发全球金融市场波动，同时也引发原油短线的快速拉涨反弹，如图 11.4 所示。

注意：这种事件造成的上涨或下跌，往往都是短线的，原油价格很快还会沿着原来的趋势运行。

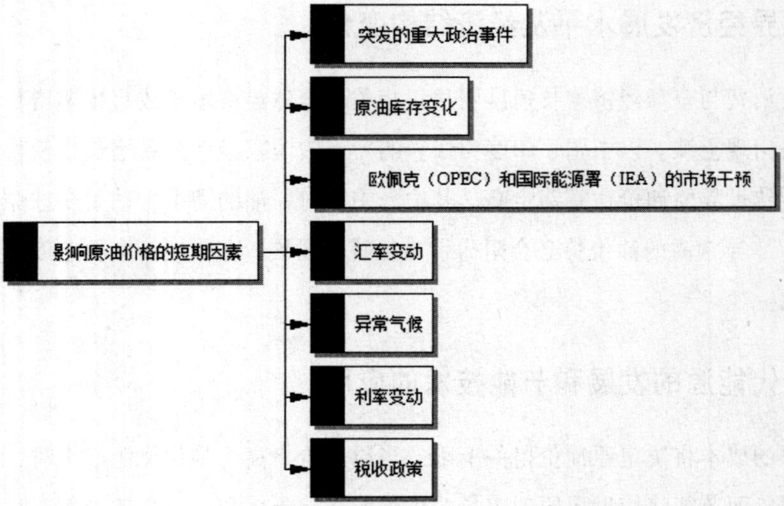

图 11.3　影响原油价格的短期因素

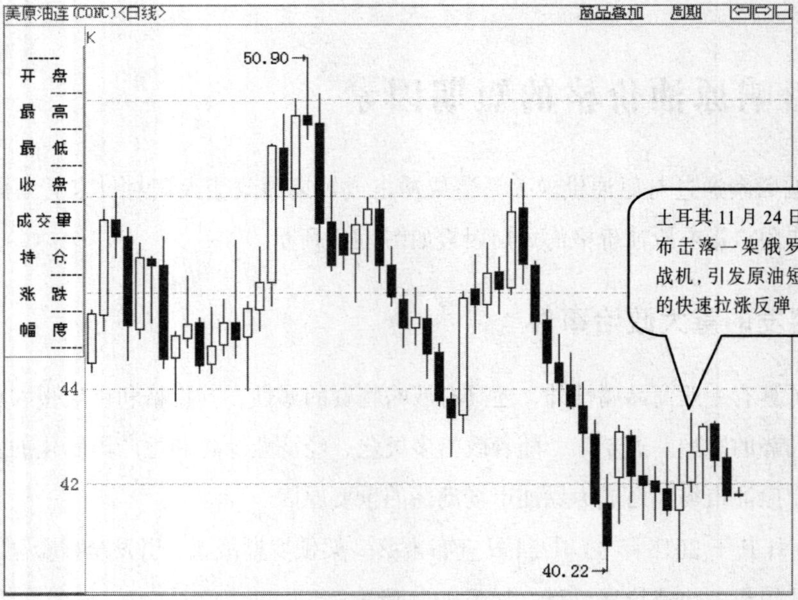

图 11.4　突发的重大政治事件

11.4.2　原油库存变化

库存是供给和需求之间的一个缓冲，对稳定油价有积极作用。库存水平已经成为国际油价的指示器，并且商业库存对原油价格的影响要明显强于常规库存。

当期货价格远高于现货价格时，原油公司倾向于增加商业库存，刺激现货价格上涨，期货现货价差减小；当期货价格低于现货价格时，原油公司倾向于减少商业库存，现货价格下降，与期货价格形成合理价差。

原油库存主要有两种，分别是 API 原油库存和 EIA 原油库存。

（1）API 原油库存

API 原油库存是美国石油协会（API）每周二公布，基于官方数据——美国能源资料协会（EIA）提供的每周原油库存变化数据，这个数据影响了可以对通货膨胀和其他经济影响力造成影响的成品油的价格。而原油和成品油价格都会对美国的经济产生重要影响，也会对原油主要出口国加拿大的货币加元产生重要影响。

通过介绍可以看出，美国 API 原油库存数据是非官方数据，是数据原油协会民间组织提供的。但是数据公布是基于官方数据，因此该数据基本上可以说是美国官方数据 EIA 的预测数据、前奏数据。

如果 API 原油库存减少超出预期，则利多原油；如果 API 原油库存增加超出预期，则利空原油。

例如，API 公布的具体数据显示，截至 2015 年 11 月 6 日，当周美国原油库存增加 630 万桶，总数为 4.8626 亿桶，前值为增加 280 万桶，远大于市场预测的增加 50 万桶。API 数据还显示，美国上周汽油库存减少 320 万桶，预测减少值为 50 万桶，前值为减少 301 万桶。此外，美国上周炼油日均产能增加 19.3 万桶，原油日均进口增加 19.8 万桶。

因美国 2015 年 11 月 6 日当周 API 原油库存高于预期，美原油连（CONC）走低，如图 11.5 所示。

（2）EIA 原油库存

EIA 原油库存是由美国能源资料协会（EIA）是美国能源部下属的能源信息署统计公布的。该数据每周公布一次【周三晚间 10:30（冬令时 11:30）公布】，此数据主要显示了美国当周原油库存数量，对于原油及原油提炼品（汽油、柴油、沥青等）有较大影响。由此可见美国 EIA 原油库存数据更具权威性和准确性，更具有说服力。

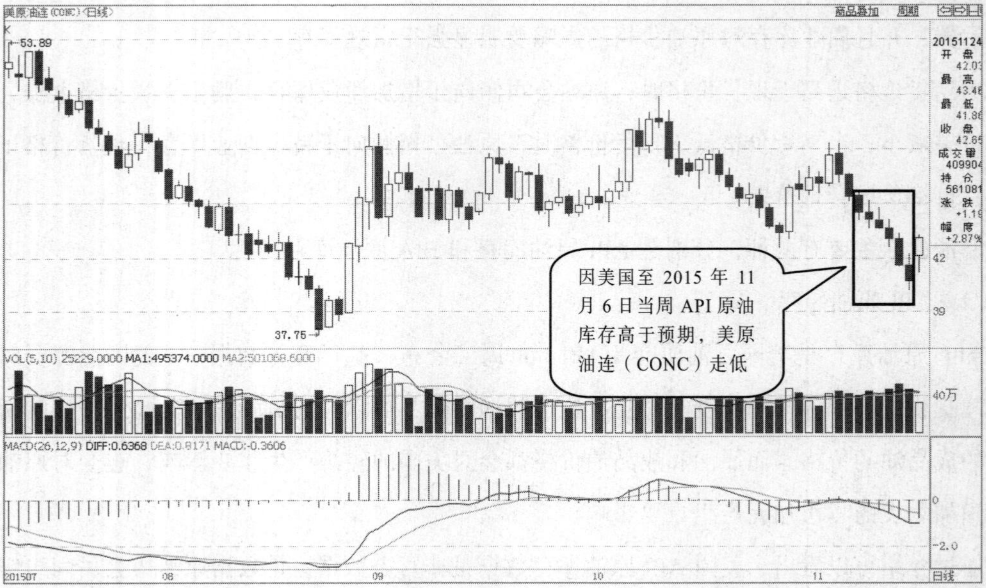

图 11.5　2015 年 11 月 6 日当周 API 原油库存高于预期

当 EIA 原油库存增加时，表明市场上原油供应量过剩，导致油价下跌；当 EIA 原油库存减少，表明市场上对原油需求旺盛，导致油价上涨。

美国能源资料协会（EIA）周三（2016 年 4 月 6 日）公布的数据显示，美国上周原油库存意外大幅减少，因炼厂继续增加产量且进口下滑，但汽油库存增加，结束六周连跌。具体数据方面，截至 4 月 1 日，该周美国原油库存减少 493.7 万桶，分析师预估增加 315 万桶。库存数据意外大跌激发原油短线做多热情，美原油止跌反弹，如图 11.6 所示。

11.4.3 欧佩克（OPEC）和国际能源署（IEA）的市场干预

欧佩克（OPEC）控制着全球剩余原油产能的绝大部分，国际能源署（IEA）则拥有大量的原油储备，它们能在短时期内改变市场供求格局，从而改变人们对原油价格走势的预期。欧佩克（OPEC）的主要政策是限产保价和降价保产，国际能源署（IEA）的 26 个成员国共同控制着大量原油库存以应付紧急情况。

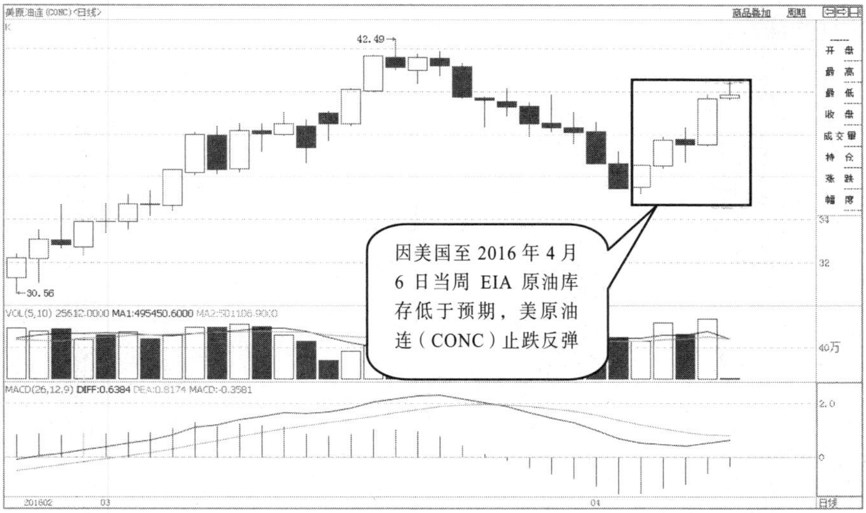

图 11.6　2016 年 4 月 6 日当周 EIA 原油库存低于预期

11.4.4　汇率变动

相关研究表明，原油价格变动和美元与国际主要货币之间的汇率变动存在弱相关关系。美元指数的涨跌直接反应美元的升值与贬值，而国际大宗商品是用美元来计价的，原油也不例外。美元作为国际原油的主要结算货币，原油的出口国通过出售原油取得美元，这使得美元对国际原油价格的影响远超其他货币。

1．原油价格与美元挂钩

美元是世界性货币，在外汇交易市场中基本上所有的货币都与美元挂钩。美元指数对国际原油价格产生影响，理论上，当美元贬值时，原油价格上涨；当美元升值时，原油价格呈下降趋势。而原油作为全球性重要商品，于 1975 年建立了以美元进行原油交易的协议，正式确立了美元成为国际原油计价和结算的货币。在这种情况下，其他国家进口原油需要以美元支付。因此，其他国家就需要储备一定的美元，以换取发展所需的石油，这也是美元输出的一种方式。

2．美元和原油价格的关系

由于原油是以美元定价的，美元价值的变化势必会影响到原油价格走势。因此，当美元升值时，原油价格应该是下跌的，而美元贬值时，原油价格应该是上涨的，呈现出一定的负相关关系，如图 11.7 所示。

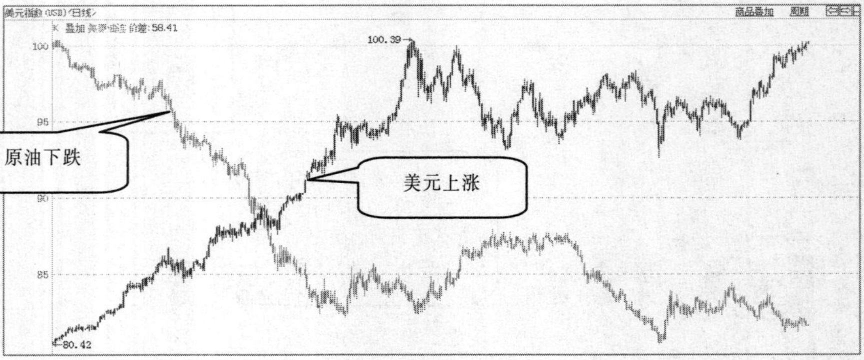

图 11.7　美元和原油价格的对比图

不过投资者需要注意的是，这种负相关关系并不是在任何时候都适用，当面对一些突发因素时，美元和原油的关系发生变化会比较复杂，视具体情况而定。

3．美元是原油价格走势的领先指标

原油和美元之间存在一定的关联性，这为投资者利用美元走势来指导原油交易建立了一定的基础。而多年的市场经验显示，当原油价格上涨的时候，美元不一定上涨，但是美元上涨的时候一定是利空原油价格的。反之美元下跌时，就一定利好原油价格。

11.4.5　异常气候

欧美许多国家用原油作为取暖的燃料，因此，当气候变化异常时，会引起燃料油需求的短期变动，从而导致原油和其他油品价格的变化。另外，异常的天气可能会对原油生产设施造成破坏，导致供给中断，从而影响油价。

11.4.6　利率变动

在标准的不可再生资源模型中，利率的上升会导致未来开采价值相对现在开采价值减少，因此会使得开采路径趋向现在而远离未来。高利率会减少资本投资，导致较小的初始开采规模；高利率也会提高替代技术的资本成本，导致开采速度下降。

11.4.7 税收政策

政府干预会使得市场消耗曲线趋向现在或未来。跨时期原油开采模式的税收效应依赖于税收随时间变化的现值。

例如，税收现值随时间减少会改变开采顺序的决策。和不征税相比，税收最终还是会减少任意时点上的净收益，也就减少了相应时期开采的积极性。而且税收会降低新发现储量的投资回报。

第 12 章

电脑炒原油的理念与方法技巧

思路决定出路，只有掌握好的投资理念和方法，并且在实际原油投资过程中加以运用，才能成为真正的赢家。

本章主要内容：

- 钟摆原理和水床原理
- 顺势而为和市场永远是对的
- 纪律至上和不要相信规律
- 华尔街箴言
- 亚当理论十大守则
- 江恩的 24 条守则

12.1 电脑炒原油的理念

电脑炒原油的理念共有6种，分别是钟摆原理、水床原理、顺势而为、市场永远是对的、纪律至上和不要相信规律。

12.1.1 钟摆原理

钟摆原理，简单地说就是任何一种资产的价格都不可能无限地上涨，也不可能无限地下跌，就如同钟摆一样终究会回归到平衡状态。偏离程度越大，反向调整的幅度也越大，反之亦然。

图12.1显示的是2001年2月至2009年1月的美原油连（CONC）的月K线图。

美原油连（CONC）从15美元/桶开始上涨，用了6年的时间上涨到147.25美元/桶，上涨幅度高达881.7%。我们知道，价格涨得越高，跌的幅度越大，并且上涨的速度远远没有下跌的速度快。所以，一旦有见顶信号，多单一定要注意保护盈利，否则，不但会把前期的盈利吐回去，甚至会由盈利变亏损。

从其后走势看，价格在高位大阴线杀跌之后，就开始大幅下跌，用了不到1年的时间（仅7个月），价格就回到40美元/桶附近。所以当价格快速上涨之后，多单及时获利了结，才是高明之举。

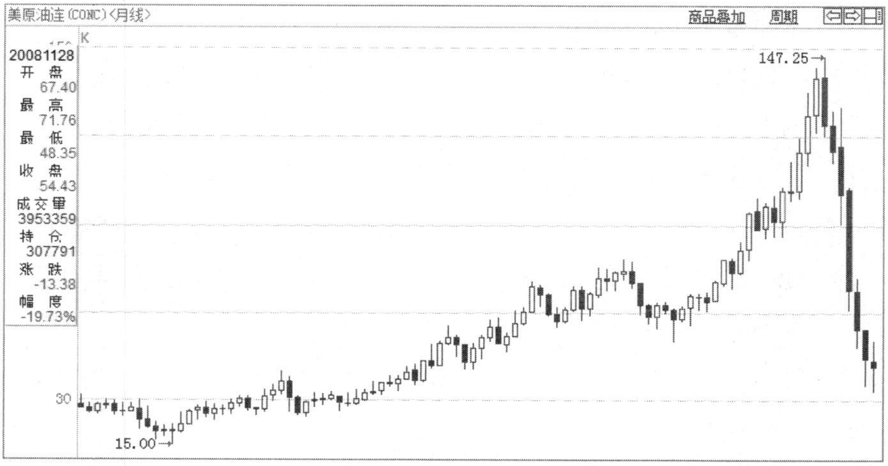

图12.1　2001年2月至2009年1月的美原油连（CONC）的月K线图

但需要指出的是，投资者往往死板运用这个原理，在明显单边市场中希望抓住转势的转折点而不断进行逆市操作，因而造成巨额亏损。价格本身不会告诉投资者何时转势，只有依靠对基本面的把握，同时结合技术分析中的趋势分析，顺势而为，这样才能正确运用这一理论把握原油中长线的运行走势。

12.1.2 水床原理

水床的特点就是从一边按下去，另一边就因为水的挤压而突出来。如果把水床比喻成整个金融市场，那么水床里的水就是资金流，各个金融市场之间的资金流动就表现为此涨彼消的关系。资产价格是由资金来推动的，短期内金融市场的增加或减少的资金量相对于总存量来说可以忽略不计，通过分析把握不同子市场之间资金的流向来判断基金经理们的操作思路，从而把握市场中长期的走势。分析的参考指标通常包括股指、收益率曲线、CRB 指数等等。当然不同市场有不同的特征属性，也决定了资金一般难以在不同属性的市场之间流动，这样就可以将金融市场根据不同属性划分为不同的层次和范围，运用水床原理分别进行分析。

12.1.3 顺势而为

原油市场作为一个全球性的市场，即使是拥有巨额资金的投机基金也无法决定市场价格，何况个人投资者？所以最明智的方法就是跟随市场趋势顺势而为，和市场对博无异于螳臂当车，自不量力。人性使然，一般投资者不愿意相信价格会涨或跌到某个价位，因此不敢追涨或追跌，而在稍微出现一点回调迹象的时候便迫不及待地入市以博取蝇头小利。如果一旦出现亏损便不肯止损，更有甚者为了摊开均价而不断泥足深陷，不可自拔。

图 12.2 显示的是 2007 年 9 月 20 日至 2008 年 7 月 17 日的美原油连（CONC）的日 K 线图。

美原油连（CONC）的价格突破前期整理平台后，开始新的一波趋势上涨行情。在这一波上涨行情中，只有顺势做多的投资者才会成为赢家，并且是大赢家。而在任何位置主动猜顶做空的投资者，也许短时间内会有赢利，但如果不能及时出局，最终都会被市场扫地出门。在这里一定要认识到趋势的力量。

在 A 处，即在前一波上涨行情的高点附近，有投资者做空了，通过其后走势看，这个位置价格出现了回调，但如果空单不及时止盈，价格再度向上突破时，一定要及时出局，否则会亏损惨重。

同理，在B、C和D处做空的投资者，必须能严格止损，或进行短线操作，即短线获利就跑，否则后果都会损失惨重。

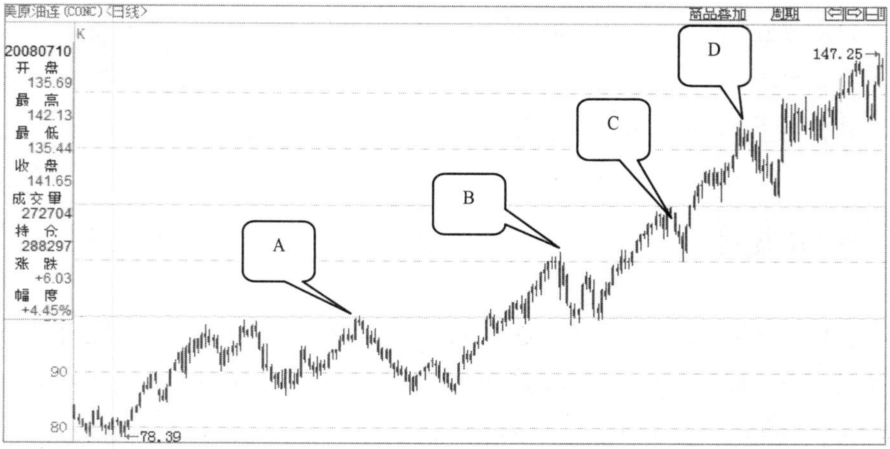

图 12.2　2007年9月20日至2008年7月17日的美原油连（CONC）的日K线图

12.1.4　市场永远是对的

投资者犯的最在错误往往就是在市场面前不肯认输，不肯低头，固执已见。很多人总是装作百思不得其解的模样："见鬼，从任何角度都没有理由是这样的走势，它很快就会反弹的"，因此不肯止损。越聪明的人，越容易自以为是。但是请记住，市场价格已经包含了市场的一切信息，市场永远不会错，错的在于你自己。不要自以为是，不要有虚荣心，按市场给你的信息来决定行动计划，一有不对即刻认错，这才是市场的长存之道。

12.1.5　纪律至上

在决定入市之前，必须先认清风险和自己的期望回报是否对等，以此来决定目标入市价格和止损价格。特别是对于新手而言，往往在入市之后就把原先的计划忘得干干净净，或者即便记得也不能严格遵守，尤其是价格即将到达其止损价时便向自己妥协，临时变动既定的止损价甚至干脆取消，结果落得巨额亏损。在瞬息万变的金融市场上，如果不遵守纪律，不严格止损，是根本没有办法生存的，因为很多投资者还远没有达到在价格面前心若止水的境界。

12.1.6 不要相信规律

任何金融工具的走势绝对不存在所谓的规律、也没有可以保证绝对获利的公式可循，否则岂不是人人都可以成为百万富翁？相信市场走势有规律存在的心理是假定了历史会重演。许多专家经常研究以往造成涨跌的原因，而后期待只要这些原因重复出现，大势也会因此涨跌。不过在接受这类说法时不妨自问：为什么成千上万的聪明人，穷数十年精力研究，却未因此而致富？或许这样就能让自己的脑筋清醒一点，不轻易相信所谓的规律。

12.2 华尔街箴言

苏黎士投机定律（Zurich Axiom）是早期在华尔街从事投机、并希望因此而致富的一群瑞士人所使用的术语。它包括一套实用且相关的定律，可提供任何投资者或投机者（投机和投资根本是一回事，因此以下投机和投资会交互使用）从事金钱游戏并控制风险的法则。

提醒：它是陈述有关控制风险的方法，而不是避免风险，因为任何投资都有风险，对吗？用这些定律检讨得失并身体力行，就可以成为市场赢家。

（1）如果你对自己从事的投机不感到忧虑，那么你冒的风险肯定不够

这条定律也涵盖了两项次要原则，一是在你认为已经发掘好了投机机会时，尽量下足额的资金，二是切勿相信所谓的“不要把所有钱放在一个篮子”分散风险的建议，因为你不是大玩家，过分分散资金同样也会分散获利的机会。

总之，要学习下大赌注，不要怕赔钱，也不要怕让心理受到创伤。事实上只要控制得当，最差的状况也不过是使自己再穷些而已。但相反地，获利的机会却会无可限量，甚至可以让自己脱离穷困。

（2）尽早获利了结

这个定律要求投资者要节制自己的贪婪心理。在操作白银时，贪婪会表现在价格持续疯涨时的惜售，而原因是怕后悔。这也就是说，害怕在卖掉白银之后，白银会继续上涨。的确每个人都有这种经验，有时候它会令人懊恼得寝食难安。甚至会让有些投资者到了口中念念有词的地步。但是华尔街一直流行一句话是：“当白银卖掉之后，别再过问银价的涨跌。”

（3）当船开始下沉时，不要祷告，赶快脱身

欣然接受多次的小额损失，但是要设法候机扳回来。华尔街交易员曾经表示：金融操作赚赔的机会都是二分之一，只要能控制赔小钱，而设法赚大钱，这才是赚钱赚在刀口上的道理。这个定律告诫投资者，当事态转坏时，不要再心存侥幸心理，希望情况会好转。希望是心理创伤的治疗剂，但决不是从事投机活动的有效工具。任何从事白银投机的人最好接受止损这一必要的操作技巧。

（4）人类行为是无法预测的，绝对不能相信任何能预测未来的先知

分析师或市场名嘴经常到处谈论并预测原油价格走势，但是投资者一般很少去验证这些预测的准确度。检验准确度最好的方法就是照着他们的话去做，看看成功的次数如何？获利性如何？当然谁也不能否认有些预测是准确的，但这也不能保证投资者一定能赚得到钱，是吗？

（5）混乱并不危险，相信规律才危险

简单地说，任何金融投资品种的走势绝对不存在所谓的规律，也没有可以保证绝对获利的公式可循。过分相信或依赖某种公式或诀窍，长远来看也不会有效。

（6）不要让资金陷在某个投机工具上，得随时保持机动性

只要资金陷入某项投机工具上，机会成本就会很高，因为资金被卡死会让投资者失去投入其他获利更高的机会。一般经验显示：一个人越钟情于某项投机工具，就越不可能成为一名杰出的投机者。

在这方面，任何人都要克服的心理障碍是：不要因为个人的偏好，而将资金陷在已经没有希望的投机工具上。另一方面，只要发觉有吸引你的投机机会横在眼前，就要毫不犹豫地摆脱原来的樊笼。

（7）只要是能够合理解释的直觉或预感，就可以作为投机活动的依据

相信直觉这个定律可能会是从事投机活动时有效的指导，决不可以因为它听起来有点愚蠢而忽视它。当直觉或预感降临时，不妨自忖它从何而来？如果投资者的确在平常时间对某些投机工具曾寄予相当程度的关注或研究，甚至对它有某种程度的掌握时，就不妨相信自己的直觉。当然它也不会百分之百正确。

但要注意的是，不要把希望和直觉混为一谈。通常人类在对某件事怀有相当程度的渴望时就会产生希望，而轻易相信这件事一定会发生。比较值得参考的辨别方法是，只要你认为自己

渴望的事将会发生时，这种心理就应该以怀疑的态度看待。相反地，当直觉告诉你，事态的发展会和你希望的方面相反时，这种直觉往往很可靠。

（8）迷信金融市场的涨跌受超自然力支配，这是不可能的

这个定律要你别过分相信具有神秘色彩的预言。一般投资者在这方面所犯下的偏颇都是“宁可信其有，不可信其无”。其实，自己做预测也不见得会很离谱。如果这些预言家的预言的确有效，那么他们早就成功了。因此，别对求神问卦的结果相信得太多。如果能淡然处之，也可以从中享受一些乐趣。

圣经上有句话说：“撒旦的归撒旦，上帝的归上帝。”最好还是把金钱世界和信仰世界分得清楚些，毕竟它不会带来太大的用处。有时候，当许多人都迷信某天市场行情会崩盘时，也确实是会有影响的，但仍不致会坏到无可收拾的残局。过分迷信的坏处是它会让投资者失去投机的警觉性，而在毫无提防的情况下让自己陷入绝境。投机最值得依赖的伙伴仍然是自己的智慧。

（9）预期最佳状况会发生就是乐观，而信心则是知道如何处理最坏的状况，决不要因为乐观而采取投机活动

乐观的人经常受人赞美，但是在金钱世界里，过分乐观不会有所斩获。当每个人都陷于极端乐观的情绪之中时，不妨做反向思考，或许反面才是对的。当一个人很乐观时，会很容易因此而丧失独立判断力。在从事投机活动时，不妨先思考好，当事态恶化时要如何处理？如果能找到答案，你就成了一个有信心的投机者。

（10）不要跟着群众走，他们也会犯错

持这种态度的投资者经常会被指为过于自负。在金钱世界里，自负并不是一个人的缺点。不过当个人的看法和群众相异时，的确会造成相当的压力。

（11）失败时别气馁，设法忘掉失败的痛苦，重新再来

用俗话说就是要有毅力。从事投机活动绝不可以心存一次成功的心理。华尔街许多杰出交易员早年都曾数度破产，但是他们却能不断地尝试、学习并且改变自己的个性，终于出类拔萃。

但是毅力不可以和顽固混为一谈。典型的顽固是不承认自己投机所犯的错误，甚至设想要逢低承接，拉低平均成本。这种作法在情势转坏时会显得特别吃重。注意它和（3）的差别。

（12）长期计划会让人产生未来完全在掌握之中的幻觉，绝不要为自己做长期计划

事实上，投资者真正需要的长期计划应该以钱本身作为关切的焦点，也就是要致富的意愿。

要尽量避免从事长期投资，只要有好机会就大胆投入，事态转坏就立即抽身。投资者要随时保持对致富的高度企图心。

如何致富是无法事先了解或计划的，投资者需要知道的事是，总有一天你会发财。套用一句英国经济学家凯因斯的话："长期我们都死了"。

12.3 亚当理论十大守则

亚当理论是美国人威尔德（J.W.Wilder）创立的投资理论。威尔德于1978年发明了著名的强弱指数RSI，还发明了其它分析工具如PAR、抛物线、动力指标MOM、摇摆指数、市价波幅等。这些分析工具在当时的时代很流行，受到不少投资者的欢迎。即使在今天的证券投资市场中，RSI仍然是非常有名的分析工具。但很奇怪，威尔德后来发表文章推翻了这些分析工具的好处，反而推出了另一套崭新理论取代这些分析工具，即"亚当理论"。下面来具体看一下亚当理论十大守则。

（1）赔钱的部位绝不要加码或"摊平"

如果投资者操作的是赚钱的部位，那么在那个时点是对的。如果投资者操作的是赔钱的部位，那么在那个时点是错的。如果错的话，那么唯一的问题是："会错多久？" 唯一的答案是会错到部位转为赚钱，或直到止损触发为止。事情就是这么简单。如果已经错了，只有两种做法使错误比目前更离谱，其中之一是增加错误的部位；其二在守则（3）中说明。

（2）在开始操作或加码时，绝不能不同时设止损，以便在万一差错时能出场

在投资者开始操作之前，先决定愿意错多久。这句话的另一种说法是："这笔操作自己愿意赔多少钱？" 在进场之前，必须做这个决定，因为只有在进场之前，才能做出客观的决定。一旦处在市场之中，就不再客观了。因为已经建立了部位，给了承诺。现在，期望跟冷静而计算妥当的客观性相互缠斗。这世界上绝没有精神上的止损这回事，除非把止损放进市场中，否则止损就不算是止损。

（3）除非是朝操作所要的方向，否则绝不取消或移动止损

投资者会想朝操作反方向移动止损的唯一时刻，是操作部位发生亏损，而且市场对自己不利时，根据定义，在这个时点是错的。会错得更离谱的第二种方式，是移动止损，导致操作赔

更多钱。请记住，最后一次真正客观的时候是在进场之前、决定止损的时候。如果移动止损，那么期待之情便完全压制住自己冷静且算计妥当的客观性，而且自己不再是个理性的操作者。恐惧可以发挥很好的效用，贪婪可以构成障碍，但期待之情一旦占上风，却会使人万劫不复。

（4）绝不让合理的小损失演变成一发不可收拾的大损失，情况不对，立即退场

只要有一次不遵守这十大守则中的任何一条，万劫不复的亏损都可能发生，即只要投资者有一次“犯规”，那么就是这一次，市场会严重烧伤自己。市场是个强敌，是在竞技场中与自己搏斗的勇士。跟真正的斗士一样，一犯错，它就会趁虚而入。只要松懈一次，它就会攻击自己脆弱的部位，血流如注。许多优秀的操作者日进日出，严守这些戒律，时时保持警觉，然后突然有那么一次，他们肯定自己是对的时候，而违反其中一条守则，丢下警戒，开始期待，然后就是血流如注。短短几天内赔掉的，可能比一年赚的还多。

（5）一笔操作，或任何一天，不要让自己亏掉操作资金的 10%以上

恪守以上四项守则，仍可能收到伤害。由于部位很多，即使止损点很接近，许多或所有部位对投资者不利，一天之内，仍可能赔掉操作资金的 10%以上。由于部位太多，所以这种事情可能发生。有时候，投资者买的所有东西都齐步下跌，卖的每样东西都并肩上扬。请记住，操作应该是一件乐事，为了享受乐趣，任何时刻都不要冒亏大钱的险。

（6）别去抓头部和底部，让市场把它们抓出来。亚当理论永远抓不准头部和底部。想去抓的人也抓不准。但是头部和底部终于出现时，亚当理论只会错一次

多数操作者都想抓头部和底部。多少操作者也都赔了钱！多少操作者之所以想抓头部和底部，理由有二：自负和贪婪。抓住头部和底部，准确的几率比在拉斯维加斯玩吃角子老虎机还差。每个人都知道这种事，敌人也知道这种事，他偶尔会让操作者抓准一两次头部和底部，好上瘾，继续做这种事。这是种自负的旅程，好让你能告诉朋友：由于敏锐地研判市场，在低档买进了黄豆。这全是自负心理在作祟。你曾经有多少次买到最低点，而且真的抱着部位，直到最高点才脱手，为什么不只等反转确立呢？为什么要丢掉确立之前的所有利润呢？这全是贪婪在作祟。你有多少次因为不肯等候而赔了钱？即使你遵守前面的所有守则，但不顾这条守则，仍然会赔钱。

（7）别挡在列车前面。如果市场往某个方向爆炸性发展，千万别逆市操作，除非有强烈的证据显示反转也已发生（请注意，是已经发生，而不是将发生或应发生）

超买的市场绝没有不能再涨的理由，超卖的市场绝没有不能再向下的理由。这是敌人喜欢布置的陷进，把一张非常具有方向性的市场图拿给五岁的小孩看，问他明天要站市场的哪一边。这位小孩根本不懂什么叫买超、卖超，什么叫支撑、阻力，更别提更高深的技术分析。他不知道曾经涨得多高，曾经跌得多低。他对什么叫基本面一无所知，他没有操作者背景和经验。那么他会怎么告诉你，说他要站在市场的哪一边？就是这么简单。别站在列车前面，要么就坐上去。

（8）保持弹性。记住你可能会错，亚当理论可能会错，世界上任何事情可能偶尔出差错。记住亚当理论所说的是几率很高的事，而不是绝对肯定的事

做对的次数愈多就愈容易失去弹性。你连续赚六、七笔操作之后，这时难免洋洋自得，使做法失去弹性。这就是你的大敌（也就是市场）等候你这么做的时候。它会跟你要回以前所赚的钱，外加一点鲜血。永远记住：你所处理的是或然率，而不是绝对值。

（9）操作不顺时，不妨缩手休息。如果你一再发生亏损，请退场到别的地方去度假，让情绪冷静下来，等头脑变得清醒再说

多数操作者之所以会赔钱，其中一个理由是，不受约束的途径走起来最轻松。当你的财产值刚刚暴跌时，要放手一段时间是件相当难的事。这种时候来临时人们往往会坚守城池，奋战到底，直到反败为胜，然后才休息。你不愿承认自己最近所做的每件事都错了。你会告诉自己，战斗还没有结束，这只是一时的挫败而已。以前你也曾经迅速扭转乾坤，这次可以再来一次。现在就放手不次于承认失败，而且从头再来时，本钱会少很多。敌人喜欢跟有这种心态的操作者玩游戏。现在，操作者处于劣势。由于操作者受到很大的压力，必须迅速反败为胜，所以比较难以保持客观的态度，会冒平时不肯冒的险。不管操作者自己有没有想到，这种心态不是真的相信自己会赢，而是希望自己能赢。在这种情况下，很难缩手、度假、承认失败。但这是极少操作者能赢的理由之一，也是最难走的路。

（10）问问自己，是不是真的想从市场中赚一笔钱，并仔细听一听自己的答案。

有些人内心渴望着赔钱，也有些人只是想找件事做。“认清自己”，如果在市场上操作的真正理由是想赚钱、想赚一些可以在年底花的钱，那么你会知道，一个人能不能从市场上赚钱，取决于他有没有遵守这十大守则。至于赚多少钱，则取决于进场和退场的方法。如果你问自己这个问题，并仔细倾听答案的话，你将了解这十大守则的价值。亚当理论只是给你一个进场的理由，这个理由是：市场有很高的几率，往某个特定方向移动一段时间。

除非所有的操作都依据这十大守则，否则亚当理论或其他任何方法都不会准到让你不断赚钱。当你懂了这一点，就会在市场上赚不少的钱。

12.4 江恩的 24 条守则

江恩留给后人的著作比较多，其预测技术涵盖了数学、几何学、星相学、宗教等方面的知识，他的交易规则来自多年的交易经验和市场统计。他认为，投资者在市场买卖中受到损失的原因有三项，具体如下：

（1）在有限的资本上过度买卖，即操作过分频繁

在市场中的短线和超短线是要求有很高操作技巧的，在投资者没有掌握这些操作技巧之前，过分强调做短线常会导致不小的损失。

（2）投资者没有设立止损点以控制损失

很多投资者遭受巨大损失就是因为没有设置合适的止损点，结果任错误无限发展，损失越来越大。因此，学会设置止损点以控制风险是投资者必须学会的基本功之一。还有一些投资者，甚至是一些市场老手，虽然设了止损点，但在实际操作中没有坚决执行，结果因一念之差，遭受巨大损失。

（3）缺乏市场知识是在市场买卖中损失的最重要原因

一些投资者不注重学习市场知识，只是想当然办事或主观认为市场应如何做，不会辨别消息的真伪，结果被误导，遭受巨大的损失。还有一些投资者仅凭一些从书本上学来的知识指导实践，不加区别地套用，造成巨大损失。江恩强调的是市场的知识，实践的经验。而这种市场的知识往往要在市场中摸爬滚打相当长时间才会真正有所体会。

江恩在晚年总结了其 45 年来在华尔街的投资经验，最后认为规则重于预测。他总结的 24 条买卖守则（在国内的旧译本中是 21 条）作用相当大，具体如下：

- 将资本分为十份，每次入市买卖，损失不会超过资本的十分之一；
- 设下止损位，减少买卖出错时可能造成的损失；
- 不可过量买卖；
- 不让所持仓位由盈转亏；

- 不逆市而为，市场趋势不明显时，宁可在场外观望；
- 入市时要坚决，犹豫不决时不要入市；
- 只在活跃的市场买卖，买卖清淡时不宜操作；
- 分散风险，如果资金量大，可交易四到五种股票；
- 避免限价出入市，要在市场中买卖；
- 可用止损位保障所得利润；
- 在市场中连战皆胜后，可将部分利润提出，以备急时之需；
- 买股票切忌只望收息；
- 买卖遭损失时，切忌加码，谋求拉低成本，可能积小错而成大错；
- 不要因为不耐烦而入市，也不要因为不耐烦而清仓；
- 赔多赚少的买卖不要做；
- 入市时设下的止蚀位，不宜胡乱取消；
- 做多错多，入市要等待机会，不宜炒卖过密；
- 与趋势保持一致，不应只做单边；
- 不要因为价位过低而吸纳，也不要因为价位过高而看空；
- 避免在不适当的时候金字塔式加码；
- 挑选小盘股加码做多，挑选大盘股做空；
- 永不对冲；
- 如无适当理由，避免胡乱更改所持仓位的买卖策略；
- 避免在长期成功或赢利后增加交易。

提醒：投资者不要变成规则的收集者，而应理解它们产生的本意，要灵活应用，甚至自行修改，为己所用；另外，对于交易规则，只须领会其含义，而在具体执行和细节上，需要投资者制定自己的交易规则。只有自己在实战中获利的教训和规则，才更符合自己的交易习惯，并创造最大的价值。还要记往，是市场产生了规则，而不是规则产生了市场，切不可把市场当作规则里的市场。

第 13 章

电脑炒原油的管理策略技巧

很多投资者只重视市场分析，并花费了大量的时间和精力。而事实上，市场分析只是交易中的一部分。因为市场是“死”的，是被动的，市场的大趋势可以预测，而小的波动是无法预测的。而人在这个交易中是活的，会随时改变看法和主意，所以投资者在实战操盘之前一定要了解如何管好自己。

本章主要内容：

- 无知阶段、盲目求胜阶段和潜心研究阶段
- 稳定赢利阶段和无为而为阶段
- 胜算分析、进场计划、随机应对策略
- 出局的策略、纪律执行保障
- 顺势而为
- 耐心是投资成功的法宝
- 抓住赢多输少的机会
- 学会接受失败
- 有暴利便收手
- 不要敢亏不敢赚

13.1 电脑炒原油的五个阶段

电脑炒原油者人数众多，他们的成长过程大致有5个阶段，分别是无知阶段、盲目求胜阶段、潜心研究阶段、稳定赢利阶段和无为而为阶段。

13.1.1 无知阶段

电脑炒原油者刚刚入市时，往往不是因为对原油有所了解而去炒原油。相反，他们常常是在一无所知的情况下，仅凭一夜暴富的想法就匆匆走进了市场。

在原油投资者眼中，原油投资市场不是赌场而是印钞机，谁进去都能拿到大把大把的钞票回来，何况自己聪明过人呢？所以，他们进入市场的第一天，不是学习，不是等待时机，而是赶紧交易，唯恐自己账户中的资金闲着，唯恐失去了赚线的机会。

在这个阶段，原油投资者除了知道K线图的涨跌含义外，对基本面分析、技术分析、市场主力一无所知，其买卖操作凭的是热情和期盼，其交易策略靠的是消息和相关评论。

在无知无畏的气势下，原油投资者大多重仓操作，没有止损概念，也没有资金管理、交易规则之说；基本上是买进后就捂住不放，不赢利就是不卖，好像自己是主力，价格会按自己的想法行走。

在原油投资市场重仓操作是很重要的，因为原油期货与股市还不一样，是保证金交易，即拿100元，可以买1000元的东西，风险放大了10倍，如果重仓操作，很可能会血本无归。

13.1.2 盲目求胜阶段

当原油投资者向市场交缴了一部分学费后，如梦方醒或心有不甘者开始研究原油市场。这个时候，他们到处寻找投资秘籍和暴利方法，甚至不惜重金购买各种操盘软件，或到处打听小道消息及所谓的内幕消息。其实，这是违反市场规律的徒劳之举，费钱费力的同时还使自己的损失更为严重。

也有不少原油投资者，开始在图书中找立竿见影的方法，并乐此不疲地试图在书中找到交易策略和技巧；还有一些原油投资者迷信技术分析和技术指标，认为这样可以解决市场谜团。他们不知道，任何技术分析都是有假设前提的，任何交易方法都是有附加条件的，任何单一的技术指标都不值得深究，因为投资本身是一门综合的学问。所以，尽管他们偶尔能获利，但终究不知道是怎么获利的，而亏损则在盲目的市场试验中继续加大。

在这个阶段，原油投资者处于求人的阶段，他们没有意识到自己身上更深层的问题，而是认为问题及问题的解决方案在市场而不在于他们自己。由于态度不正确造成方法不正确，进一步造成市场反馈回来的信息也失去了价值。

由于所学知识的片面性，此时的原油投资者即使已分成了基本面分析和技术分析两大派，但是对预测市场的探求仍然很旺盛。同时，还有一些原油投资者则在井底之蛙式的学习中，进入了主观意识顽固、过度逆市思维、盲目自我崇拜、穷尽市场研究等误区，且深陷其中难以自拔，直至资金完全亏掉为止。

13.1.3　潜心研究阶段

当原油投资者达到这一阶段时，往往都是经历过市场大起大落之人。在这个阶段，他们开始潜心研读投资市场书籍，汲取大量相关知识，以求获得对市场客观公正的认识。他们已经意识到，面对一个有人赢、有人输的市场，如果自己一直输肯定是自己出了问题。了解市场、了解问题、了解自己，是他们该阶段的主要任务。

在这里，要经过三道门槛，具体如下：

第一：熟悉主流的分析体系，包括政策性分析、市场热点分析、技术分析等；

第二：熟悉交易市场及交易品种，包括它们的习性、周期、规律、风格等；

第三：了解自己的特性，控制自己的情绪，制定符合自己性格的交易风格和交易系统。

此时，他们开始慢慢放弃主观猜测，转向顺势而为；开始注重趋势本身的运行规律和特征，进行包括市场交易行为、交易心理在内的多重分析。

注意，这个阶段的原油投资者常常又进入另一个误区。他们常常想将各位投资大师的经验集于一身，长线做、短线也做，套利做、投机也做，短线变中线，中线变长线……

这个阶段的原油投资者可以经常获得一些盈利，但其操作不稳定，在技巧、心态及自信方面还欠缺。总之，此时的原油投资者还处在求知的阶段。

13.1.4　稳定赢利阶段

在这个阶段，原油投资者通常都会形成自己的交易体系。具体来说，就是原油投资者在一种市场认知观的支配下，形成几种交易理念及配套策略，以应对不同市道的趋势变化；同时也会自发地产生多种战术，辅以资金管理方法，以获得稳定的投资收益。原油投资者的综合素质，在此时起到了减少亏损并把握盈利的重要作用，它是原油投资者在投资战术上举重若轻的“内功”。具有不同“内功”的原油投资者，其盈利水平相差甚大。

此时的原油投资者已经知道，交易真正的难点并不在市场，而是在自己身上。市场本身是中性的，是全面的，只有原油投资者眼中的市场才是残缺而情绪化的。因此，部分原油投资者已完全摒弃了暴利的念头，也不再按预测行事，而是依据市场的力量顺势而为，凭借良好的交易心态和娴熟的资金管理技巧，在市场中游刃有余。

在这一阶段，最重要的是“知行合一”。一些虽“知”但最终不“行”的原油投资者，就会成为市场的输家。

13.1.5 无为而为阶段

该阶段的原油投资者能够高瞻远瞩，具有领先于市场的投资理念和战略思想，能够以整个市场为假想敌人，进行统筹布局和谋略规划，同时又善于在战术层面上因势利导进行市场伏击。这个层面上的原油投资者，多数已不再进行技术水平上的较量，而是在投资哲学、心态控制、情景发挥上进行多层次、多角度的较量。

该阶段的原油投资者已经得“道”，他们不仅在生活中保持着言行一致的作风，同时在工作中也保持着合乎自然规范的纪律性。他们拥有真我的乐趣，也拥有“知行合一”后的达然与超脱。这种从容的人生境界，往往来自于原油投资者一贯的信仰、勇气和诚实。所谓功夫在课外，内心修为是本阶段的重中之重。

市场经验可以积累，交易知识可以学习，而一个原油投资者的修养和境界，则需要有一个长期追求和领悟的过程。一旦达到这种境界，多数原油投资者不再局限于狭隘的投资市场，而是广泛涉足于黄金、原油、股票、期货、外汇、债券、现货等相关的金融投资市场，形成了独特的投资个性和投资理念。

总之，从感性化交易（随意交易、冲动交易、期盼交易等）到理性化交易（有条理、有规则、有纪律、有方法等），是每个投资者的必经之路。

13.2 计划你的交易，交易你的计划

在交易之前做好计划，是成功投资者的习惯，这样有助于阻止冲动性交易和过度交易。一个交易计划，应包括针对机会品种的胜算分析、进场计划、随机应对策略、出局的策略、纪律执行保障等。

13.2.1 针对机会品种的胜算分析

首先要全面地分析当前原油品种的行情类别，是趋势状态，还是盘整状态。它的长期趋势是什么，中期趋势是什么，短期趋势又是什么。中期趋势处于长期趋势的什么阶段，短期趋势又处于中期趋势的什么阶段。操作的最低限制要求是：在中期趋势的发展阶段，决不允许冲动操作在趋势的末端，这样就相当于把风险之刀架于颈项。

在此基础上，然后再分析，具体如下：

（1）原油的基本面分析，目前的政策导向、供求关系及市场规律；

（2）原油是否活跃，主力的操盘有什么明显的特征；

（3）短期、中期、长期技术图形在价格趋势上是否一致；

（4）在商品市场中，相关品种的走势是否配合；

（5）品种走势的技术位置，目前是否处于短线趋势的起始点，附近是否有一个支撑位或阻力位，可否就近设置止损；

（6）这笔交易的风险多大，是否在承受范围之内；

（7）价格的波动空间有多大，潜在的风险报酬比是多少；

（8）目前是否是最佳介入时机。

13.2.2 进场计划

进场计划是以交易策略和方法为基础的，进场信号必须基于牢固的、合乎逻辑的理论基础，即必须是清晰的、唯一的，不能模棱两可，具体内容如下：

（1）大体进场的价位区间；

（2）进场的开仓方向；

（3）首次开仓的资金量；

（4）计划运用资金的比例和关系；

（5）盘中紧贴止损位的设置；

（6）走势符合预期，是否需要加仓；

（7）尾盘的留仓条件，留仓的仓位控制；

（8）必须保证在符合操作的条件下，按计划进场交易。

13.2.3 随机应对策略

凡事预则立，不预则废。市场行情的发展具有不确定性，交易过程中千变万化，行情走势参差不一，投资者要根据行情的变化对未来一天或几天的走势进行预测：

（1）明天可能的走势有几种；

（2）针对明天将会出现的这几种走势，将采取何种策略；

（3）在与预期相反的走势下，止损点位将如何调整；

（4）在走势符合预期的情况下，是否做进一步的加仓动作；

（5）止盈位的大体的设置。

13.2.4 出局的策略

制定交易计划时，一定要明确在什么情况下退出已经进入的交易，出局的实质就是持仓理由的消失，具体如下：

（1）行情走势没有按预期走，在什么情况下止损出局？

（2）当走势顺应趋势，赢利目标应设在何处？在这个位置是减仓还是全部退出？

（3）当市场出现短暂盘整或回抽时，跟踪止损位怎样设置？应设在何处？

（4）当走势出现阶段性盘整震荡时，是否做减仓或清仓？

13.2.5 纪律执行保障

交易计划在操作过程中，可以根据市场行情变化不断地进行完善。但一旦制定，就必须保证被完美地执行，这是相当重要的一环，具体如下：

（1）不是交易计划中的交易，坚决不做；没有真正的好机会只能等待和忍耐；

（2）当出现计划中的交易时，不能举棋不定，要坚决按计划进场交易；

（3）在交易过程中，要严格按计划进行控制；

（4）当出现计划中的出局或减仓条件时，必须不折不扣地执行。

注意，很多投资者认识到交易计划的重要性，也制定了比较客观的交易计划。但是非常遗憾，费了好大劲制定的计划却没有被本人执行，这是缺乏意志和自律的表现。

提醒：在投资市场中，衡量投资成功与否，不是靠一次或几次的投资成败来评判的，而是要用是否持续严格执行自己的计划，是否是在控制了风险的基础上规范而稳定地交易来界定的。

13.3 顺势而为

在投资市场中，只有顺势而为才能获得稳定的收益。顺应市场，就是说投资者不要过多追究市场变化的原因，不要过多关心以后价格会怎么走，只是根据现在正在发生的情况，处理眼前正在进行的行情。市场将来处于什么状态，那是市场的事，我们只需记住，市场永远是对的，市场是伟大的，它善待那些崇拜它的人，报复那些自以为是的贪婪者。

13.3.1 顺势而为，高抛低吸

当价格刚刚触底，然后处于反弹阶段，这时的上涨行情多数是超跌反弹。那就不能持仓待涨，否则就会吃亏，到头来竹蓝子打水一场空，此时高抛低吸是不错的操作策略，如图 13.1 所示。

13.3.2 顺势而为，持筹待涨

如果原油已形成明显的上升趋势，那就不要采取高抛低吸的策略了，否则就会得不偿失，赢了小头而丢了大头，此时持仓待涨就成了一种最好的策略，如图 13.2 所示。

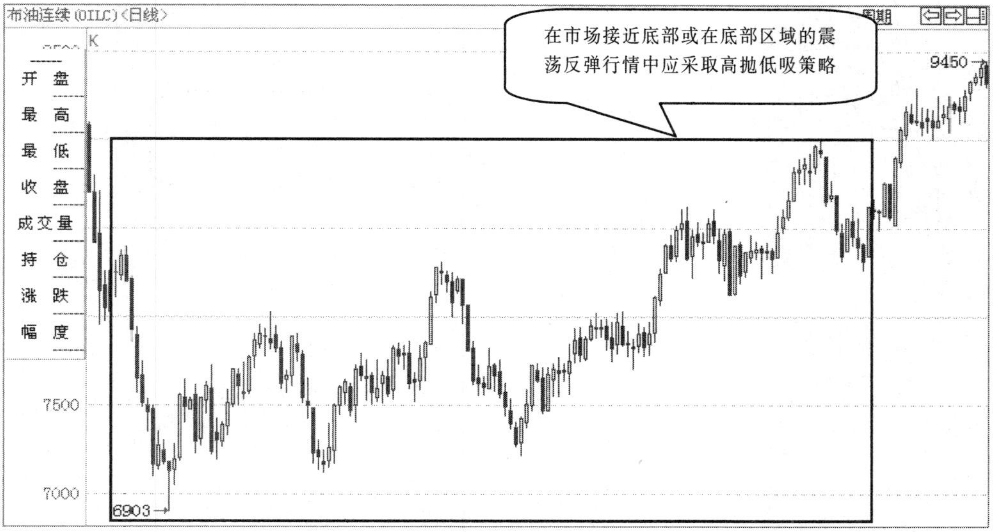

图 13.1 布油连续（OILC）2010 年 5 月 4 日至 2010 年 12 月 24 日的日 K 线图

图 13.2 布油连续（OILC）2010 年 8 月 26 日至 2011 年 4 月 19 日的日 K 线图

当然在明显的下跌行情中，做空后，沿着某一条重要均线持有，也会实现利益最大化，如图 13.3 所示。

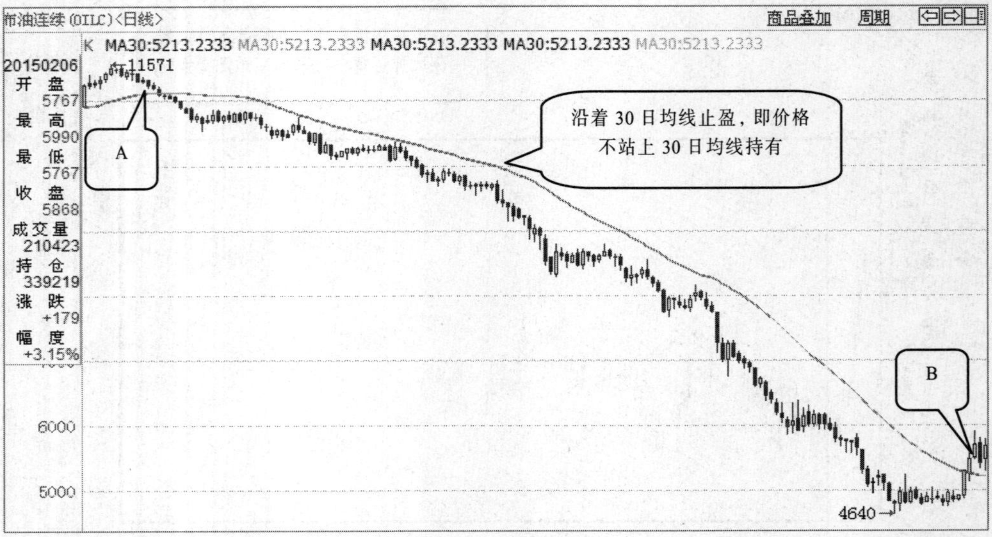

图 13.3　布油连续（OILC）2014 年 6 月 12 日至 2015 年 2 月 5 日的日 K 线图

布油连续（OILC）的价格跌破 30 日均线后，即 A 处，价格虽有反弹，但每次反弹到 30 日均线就会再次受阻下跌。所以，空单只要价格不站上 30 日均线就可以持有，并且当价格反弹到 30 日均线附近可以寻机再加空单。一直到 B 处，价格再次站上 30 日均线才止盈出来。

提醒：在单边上涨行情中，投资者只能持仓待涨，不能高抛低吸，更不能反向操作。不能主观认为价格已上涨太多了，是不是要跌了，是不是可以反向操作了。这是非常可怕的想法，投资者一定要切记。

13.4　耐心是投资成功的法宝

德国有句谚语：耐心是一株很苦的植物，但果实却十分甜美。在市场中，耐心是投资制胜的法宝。

经常听到投资者抱怨，每次手中有资金时就会迫不急待地买进，可一买就被套；被套后十分焦虑，总怕价格大跌，在反弹时又匆匆卖掉，可一卖价格又开始快速拉升。总之，持有现金和持有商品对他们来说都是一种煎熬，这是为什么呢？

这是投资者的心理在作怪，持有现金，就会想我来市场是赚钱的，不交易怎么赚钱呢？所以持有现金难受，就会急不可耐地买入；持有商品，即怕涨，又怕跌，涨了怕已获利润跑了，跌了怕自己被深套。总之，这是缺乏耐心的表现，这样他们永远处于一种患得患失的状态，永远无法体会获得长期收益的喜悦。

13.4.1　买进需要耐心

当投资机会到来时，要敢于迅速出击，重仓操作。但在找不到合适的投资机会时，要不急不躁，耐心等待，直到机会出现。

在市场中要想成为赢家，就必须制定出正确的投资决策，而耐心是制定正确决策的根本条件。对于投资者来说，只有真正值得投资的机会出现时，投资者才能伺机而动。但实际情况却是，投资者往往要为这个投资机会的出现等上相当长的一段时间。而在这个过程中，往往有很多投资者由于缺乏耐心而中途退出，最终导致获利机会从手中溜走。

图 13.4 显示的是布油连续（OILC）2013 年 7 月 5 日至 2015 年 8 月 21 日的周 K 线图。布油连续（OILC）2013 年经过一段时间上涨之后，开始回调，然后进入了长时间的横盘，俗话说横有多长，跌（涨）有多深（高）。如果在长时间的横盘期间你操作了，肯定赚不到钱，心理还会受到严重的煎熬。几次操作失利后，就会放弃这个商品，从而错过了大幅下跌时的做空机会。

如果你有足够的耐心，耐心等横盘整理的结束，等市场给出方向，然后再果断重仓介入，就会在短时间内收获丰厚的投资回报。

图 13.4　布油连续（OILC）2013 年 7 月 5 日至 2015 年 8 月 21 日的周 K 线图

凡事欲速则不达，机会并不是随时都有，更不会在投资者需要时就立刻出现。其实很多时候，投资者会发现大部分时间都消磨在等待中，这似乎令人有些厌烦，但投资者必须为了自己将来的利益而付出百倍甚至千倍的耐心。

13.4.2 持有需要耐心

面对原油的涨跌，在耐心等待后买入，就要耐心持有，绝不能刚看到有利可图就马上卖出，如果这样就很可能错失其后的一大段利润。耐心持有，尽管短期内你的收益不高，甚至远低于高抛低吸做波段的短线投资者，但从长远看，你的收益会远远高于短线波段操作者，因为短线操作面临着踏空的风险，并且短线投资者只是围绕着蝇头小利转个不停，而忽略了原油价值投资的本意。

提醒：如果操作的是纸原油，中长线持有是良策。如果操作的是原油期货或现货原油，由于两个品种都有较高的杠杆，所以不能一味地持有，最好是一部分仓位是中长线单，一部分仓位是短线单，这样即可以保证收益，又可以有良好的盘感。

图 13.5 显示的是布油连续（OILC）2014 年 5 月 28 日至 2015 年 1 月 21 日的日 K 线图。布油连续（OILC）从 2014 年 6 月 19 日的 11571 美分/桶开始下跌，一直下跌到 2015 年 1 月 13 日的 4640 美分/桶，下跌幅度高达 59.9%，按 10 倍杠杆来算，盈利就会高达 599%。如果耐心持有，就会获利颇丰。

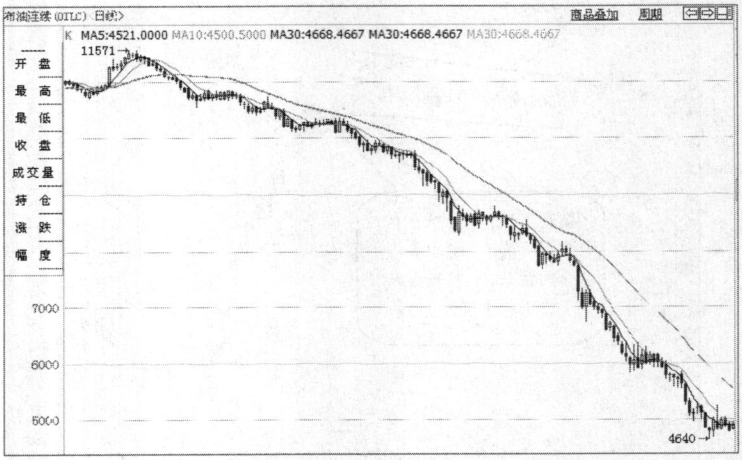

图 13.5 布油连续（OILC）2014 年 5 月 28 日至 2015 年 1 月 21 日的日 K 线图

13.4.3 如何提高自己的耐心

怎样提高自己的耐心呢？在这里作者根据多年的实战经验提出 3 点，具体如下：

（1）在平时原油交易时多思考

只有多想想国际的宏观面和原油的基本面，市场所处的区域，才能更清晰地认识、理解这一市场。看大势赚大钱，只有站得高，才能望得远，要具备一种全局的战略性投资眼光。只有看得越真切，耐心才能保持得越久远。

（2）多学习和多整理

只有对原油的资料了如指掌、烂熟于胸，才能操作得当。否则随便买了持有，耐心就成了死多头或死空头。对原油基本面精心研究之后，就会拥有强大的自信，能经受得住主力的各种考验。

（3）提高思想境界，做一个有品位的市场投资者

在投资市场的搏弈中，万变不离其宗。搏到最后，归根结底是搏心态。如果拥有较好的忍耐力，强大的自创力，就能心如止水地看待市场中的风云变幻，在原油交易时真正做到“涨跌不惊，看庭前花开花落；得失随意，望天上，云卷风舒”。一旦拥有这样的耐心，这样的境界，投资者就能笑傲市场。

提醒：很多投资者一进入市场，就变得心浮气躁。从他们买入的那一刻起，就不知不觉地成为了价格走势的奴隶，他们已经不相信商品本身的价值，完全被市场价格的波动所迷惑。他们总是害怕自己的投资利益会变得昙花一现，而一旦价格出现大幅波动，就迫不及待地脱手，所以他们永远无法体会长期收益的喜悦。

13.5 抓住赢多输少的机会

如果你看不懂行情，即行情处于反复震荡盘时期时，最好的策略是不操作。正如政治家有所为，有所不为一样。走势不明朗时要耐心等待时机，一旦真正的行情来了，要果断跟进，决不能犹豫，否则时机很快消失，如图 13.6 所示。

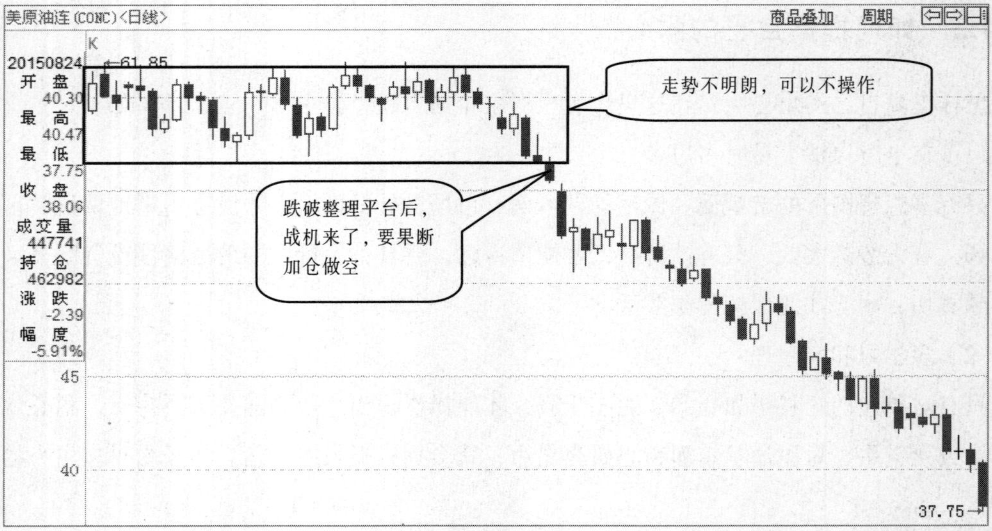

图 13.6　美原油连（CONC）2014 年 6 月 12 日至 2015 年 2 月 5 日的日 K 线图

市场操作应顺势而为，如果趋势不明朗，就要先观望局势，不可轻举妄动。勉强入市，决策无依据，获利无把握，为炒而炒，失去投资意义。

13.6　学会接受失败

原油市场是金钱漫天飞舞的市场，在利益驱动下，几乎每时每刻都有人在犯错误。“错误是伟大的导师，要使自己变得聪明，就必须向错误和挫折学习。”尽管市场没有记忆，但同类的错误总是不断地出现，让人一犯再犯。但弄清市场操作通病，并以此为镜，是走向成功的阶梯。

13.6.1　失败是市场操作的一部分

在市场中，既没有常胜将军，也没有常败士兵。投资者要具备最基本的心态：坦然面对亏损，在失败中学习技巧。

市场涨涨跌跌，每个人都希望赚到钱，但实际上总有人在亏损，因为市场是一个零和游戏。所以从本质上来说，亏损其实就是操作结果的一部分，不必大惊小怪，应以平常心对之。

提醒：市场是一个零和游戏，也就是说，你赚的钱，是别人赔的钱。甚至可以说，市场是一个负和游戏，因为在进出交易过程中，还要支付给支付券商佣金。

在投资交易中，不管你的水平多高，经验多丰富，出现亏损的可能都是存在的。因为赚与亏是市场走势客观涨跌的结果，不以人的意志而转移，当然也不会因个人的情绪表现而改变。如果心急如焚可以令亏损消失，尽管去急；如果怨天尤人可以导致亏损消失，尽管去怨。实际上，急、怨于事无补，反而会自乱阵脚，那就坦然地面对现实，坦然接受吧。

有很多投资者在做错后，常常怨行情不合理。什么叫合理？跟着行情走就是合理，但想让行情跟着你走就是不合理。要知道，在市场中，成千上万的人都在交易，买也好，卖也好，都是一种行为。而人的行为是受思想支配的，受情绪影响的。熟不知，恰恰是人的复杂、难以捉摸的思想加剧了市场的频繁波动。

当市场走势对自己不利时，要敢于承认错误，及时止损。如果这样做了，即使投资成功的概率只有 50%或更低，也可以获利甚丰。因为市场操作的本质是：利用小的止损来挣大钱，即止损是你获得投资成功的成本。

学会接受失败并能容忍它，清楚地认识到它是自己成功的成本，是原油交易中的一部分。这样就不会感到自尊心受创，反而情绪稳定，踏上了成功之路。

提醒：在成为成功的投资者之前，必须拒绝失败的心理。

13.6.2　败中求胜

成功的投资者都是从失败开始的，短则数月，长则几年，重要的是要有坚定的信心并不断总结经验。

市场自有它的定律和技巧，如果过于自信和狂赌，只能落个遍体鳞伤。投资市场是为了理财，而不是为了赌博。赌博过于盲目，就没有谨慎和科学可言；但理财却可以通过缜密的思维技巧和全面的操盘技能增加获利砝码。

如果能跨越自己的心理障碍，调节好自己的心态，做到自信、自尊、自立，你就会自然地产生良好的判断，然后再利用行之有效的投资方法，就可能获得满意的战绩。

可在实际投资交易中，有的投资者虽深陷困境，仍斗志昂扬，硬是与市场拼个“鱼死网破”，这种交易者最终的结局只能是“鱼死”，而不可能有“网破”。

当投资者陷入困境时，不必过分懊悔，应想办法走出困境。当然走出困境是艰难而复杂的，能够积极面对困境并有计划地摆脱困境，是一个投资者走向成熟的表现。现货投资不是生命的全部内容，不顺的时候，要退出市场，感受一下阳光和亲情，这样有利于自己更好地再次投身市场。

摆脱困惑的办法因人而异，但最基本的办法是停止操作。如果行情对自己很不利，要尽量减仓，只有这样才能保全自己，才能避免深度被套。减仓后，投资者的心理压力就会减轻，这样就可以灵活地利用手中的资金进行新的投资计划。

提醒：在追求投资成功的过程中，有时会走入歧途并被失误所困。挑战不仅需要面对无数困难，而且需要依靠内心对自身潜能无比坚定的信念。

13.7 有暴利便收手

有时，投资者入市不久便碰上一个大行情，一下子手中的原油仓位就出现好大一笔浮动利润，令人喜出望外。遇到这种飞来横财，一个原则就是要立即清仓，令暴利由“应收未收帐”落实为“已收帐”。

原油买卖程序是原油买进后，必须经过卖出，交易才算终止。有了帐面上的浮动利润，一天未卖出，都不算放进口袋。

假如几天内手上的原油仓位已获得 50%以上的浮动利润，就要记住：这个市场不仅是你一个人在做，别的人也在做；另外的人会怎样想，会怎样操作呢？比如说是一个突如其来的大升势吧，能够有幸赚到 50%以上利润的其他人必有相当一部分会获利回吐，做技术性卖出；而后来入市的人眼见已涨了那么多，亦很少会有人再去追高买进。种种力量综合的结果，走势的盘整一般是不可避免的。行情一回调，利润就会缩水，甚至化为乌有。

图 13.7 显示的是布油连续（OILC）2015 年 5 月 26 日至 2016 年 1 月 15 日的日 K 线图。

布油连续（OILC）经过几波连续下跌之后，出现了强势反弹。连续三根大阳线，如果抄底成功，这样手中的多单就会有丰厚的盈利。这是明显的暴利行情，所以多单一定要及时止盈。

投资者一定要明白，虽然反弹很强，但毕竟是下跌趋势，所以多单要见好就收。从其后走势可以看出，如果不及时止盈，一直抱着最后要赚更多钱的心理，很可能把赚的钱又赔了回去，甚至还会损失本金。仓位过重的朋友，不及时止损出来，很可能会爆仓。

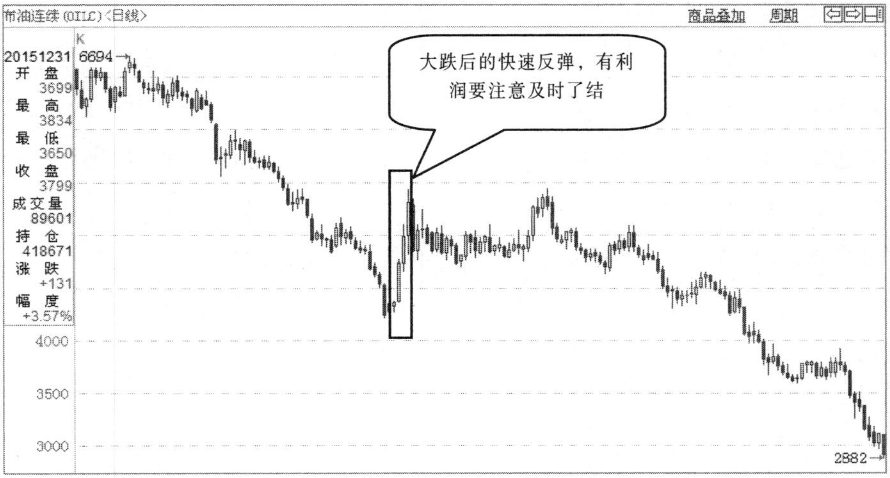

图 13.7 布油连续（OILC）2015 年 5 月 26 日至 2016 年 1 月 15 日的日 K 线图

13.8 不要敢亏不敢赚

在投资市场中买卖，投资者常犯的一些错误是：被套牢的时候会安下心来等，明明损失芝麻的要拖到亏西瓜；有浮动利润的时候反而紧张兮兮地赶着逃，本来可以打只老虎的，却只拍只苍蝇。这叫“有胆亏，没胆赚”。用这种心态买卖原油，十个有九个是要失败的。

原油走势不是涨就是跌。赚与亏的机会是一半对一半，不可能百战百胜，也不可能百战百败。假设十次买卖五次赚五次亏，要取得总计是赚的成绩，就需要五次亏是小亏，五次赚是大赚；如果逆市时苦苦死撑，顺市时匆匆离场，就恰恰倒转过来，变成亏的五次惨不堪言，赚的五次微不足道，就算金山、银山也会被败光。

成功的交易者讲究“稳”、“准”、“狠”。所谓“狠”也包含了抓到机会时绝不放手，努力扩大战果以造成大胜的意思。争取到大胜，就可盖过有时难免的小亏，使整体账目保持盈余。

担心行情反复，害怕由赚变亏是对的。但这种担心必须有根据，是有突发性消息令走势逆转呢？是升势接近阻力线？是跌势临近支持区域？是强弱指标（RSI）出现了超买或超卖的信号呢？还是大多人一边倒地看好或看淡需要警惕了呢？要有足够理由才能把手头赚钱的原油清仓离场，只要转向信号没有出现都要抓住不放。千万不能见赚就放，就像入市的时候要审慎研究一样，平仓时也要小心选择价位。

毫无疑问，行情是呈波浪式发展。正因为如此，才要分析波浪的轨迹；哪里是波谷，哪点是浪顶。假如在一个波浪的底部买进，涨势才刚刚起步，不要说浪顶连中间点也未来到，何必急急忙忙平仓呢？既然手头上的原油正好顺应了大势，又不是逆市而行，何不让它来一次轻舟直放，顺流而下，赚个痛快呢。

亏的时候要设限，赚的时候要赚足，这就是在原油市场制胜的不二法则。

第 14 章

电脑炒原油的实战技巧

真正的投资高手都是经过真枪实弹的操练一步一步成长起来的，投资者要想真正成为原油投资赢家，就要不断学习、不断把学到的技术反复应用，总结出一套简单实用的适合自己的原油投资秘藉。本章讲解如何实战炒纸原油和原油期货。

本章主要内容：

- 纸原油的开户、交易的渠道和时间
- 纸原油交易的类型、方式和其他注意事项
- 利用网上银行炒纸原油
- 原油期货合约
- 原油期货交易的流程
- 原油期货的开户
- 期货交易软件的下载和安装
- 期货交易软件的登录和银期转账

14.1 实战炒纸原油

纸原油，是工商银行推出的最前沿的国际理财品种，国内的投资者可以借此以较低的门槛参与国际大宗商品交易。

14.1.1 初识纸原油

纸原油，又称账户原油，是工行为个人客户提供的，采取只计份额、不提取实物原油的方式，以人民币或美元买卖原油份额的投资交易产品。

工商银行推出账户原油交易业务，进一步丰富了个人客户投资交易品种。符合参与条件的个人客户通过账户原油交易，可以实现更为多元化的资产配置。此外，原油价格与个人日常消费的汽油、柴油价格等具有一定相关性，个人买卖账户原油可在一定程度上对冲原油相关商品的价格波动风险。

纸原油按照报价参考对象不同，分为账户北美原油和账户国际原油。其中，账户北美原油参考纽约商业交易所西德克萨斯轻质低硫原油期货合约（WTI）价格报价，账户国际原油参考纽约商业交易所或洲际交易所布伦特原油期货合约（Brent）价格报价。

成功登录网上银行后，单击“纸原油”，就可以看到账户原油的交易品种和报价信息，如图 14.1 所示。

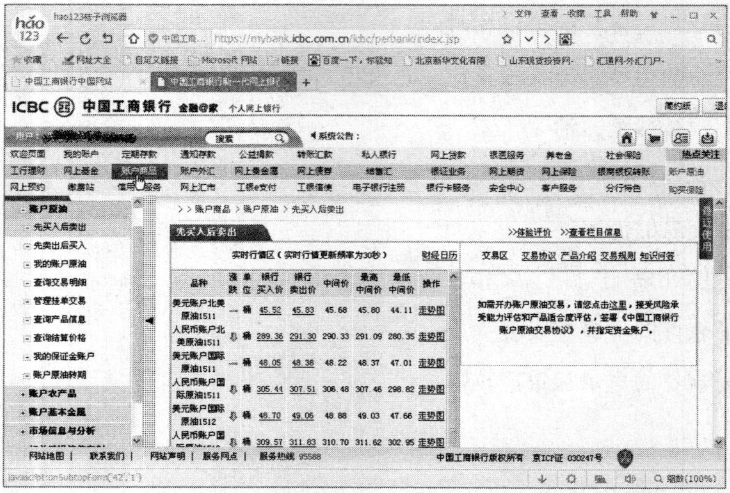

图 14.1 账户原油的交易品种和报价信息

工商银行账户原油每期次产品名称采取“交易币种+交易品种+参考合约代码（年份两位数字+月份两位数字）”的组合方式命名。

例如，“人民币账户北美原油 1511”代表以人民币买卖的、参考纽约商业交易所 2015 年 11 月 WTI 原油期货合约价格的账户北美原油产品；“美元账户国际原油 1512”代表以美元买卖的、参考纽约商业交易所或洲际交易所 2015 年 12 月布伦特原油期货合约价格的账户国际原油产品。

账户原油交易采取的是以账户记录原油份额，不交割原油实物的方式。客户买入的账户原油只能通过卖出平仓或在到期结算后获得货币资金，客户以先卖出后买入方式卖出的账户原油只能通过买入平仓或到期结算后获得货币资金。

细心的投资者会发现，账户原油的银行买入价和银行卖出价是不同的，并且买入价和卖出价之间的价差不是固定的。一般来看，每个交易日欧美时段（北京时间 17：00 至次日 3：00）的价差较窄；亚洲时段（北京时间 9：00 至下午 17：00）的价差较宽。

提醒：因为银行买入价和银行卖出价是不同的，这称为点差，这个点差就是银行收取的费用，所以银行不再收取其他费用。

14.1.2 纸原油的开户

纸原油交易适用于个人客户，个人客户申请办理该业务应具备如下条件。

第一：具有完全民事行为能力；

第二：风险承受能力评估等级为平衡型、成长型或进取型客户（保守型或稳健型的客户不可办理）；

第三：通过工商银行投资交易类产品适合度评估（即评估结果为“适合”）。

进行纸原油交易需要开立三个账户，分别是资金账户、交易账户和保证金账户，如图 14.2 所示。

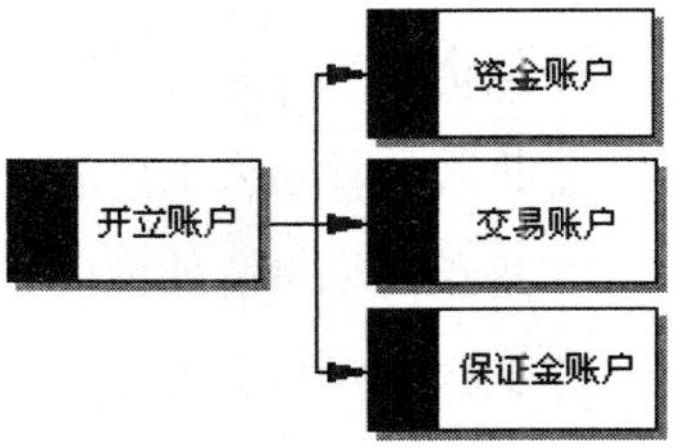

图 14.2 开立账户

（1）资金账户：客户须指定本人在工商银行开立的一张个人多币种借记卡作为资金账户，用于核算买卖纸原油的资金收付。

（2）交易账户：客户第一次买卖纸原油时，工商银行系统自动为其开立交易账户，用于核算买卖账户原油数量的收付。

（3）保证金账户：对于以先卖出后买入方式买卖纸原油的客户，工商银行系统自动为其开立保证金账户，用于交易保证金的收付和损益核算。

在同一地区，每个客户只能指定一个资金账户，且只能分别开立一个交易账户和一个保证金账户。客户可在多个地区分别指定资金账户和开立交易账户及保证金账户。

例如，某北京客户因工作原因迁至上海生活，在保留其原先在北京开立的纸原油交易账户的同时，可在上海开立新的纸原油交易账户，两个地区的商品账户分别操作，彼此不受影响。工商银行网上银行支持异地操作，如该客户不愿在上海新开账户，也可通过网上银行使用其在北京开立的账户进行纸原油交易。

14.1.3 纸原油交易的渠道和时间

目前工商银行已开通网上银行、手机银行等电子银行交易渠道，客户可通过个人网上银行或手机银行向工商银行提交纸原油的交易指令。

柜面渠道可为客户提供纸原油业务开户服务，暂不提供交易及查询服务，具体以各分行实际开办情况为准。

纸原油交易时间如下：

周一：09:00～24:00。

周二至周五：00:00～04:00，09:00～24:00。

周六：00:00～04:00。

以上时间均指北京时间。

14.1.4 纸原油交易的类型

纸原油交易有先买入后卖出和先卖出后买入两种交易类型。

如果客户预期未来商品价格上涨，可选择先买入后卖出交易，通过低买高卖获得价差收益；如果预期未来商品价格下跌，可选择先卖出后买入交易，通过高卖低买获得价差收益。

先买入后卖出交易，如股票的买卖一样，投资者都很好理解，这里不再多说。

下面重点讲解先卖出后买入交易。

先卖出后买入交易，是指客户首笔交易为卖出交易，然后在卖出的数量内部分或全部买入纸原油的交易。客户累计买入纸原油的数量不能大于累计卖出的数量。在该交易类型下，客户卖出时的操作称为卖出开仓，客户买入时的操作称为买入平仓。

客户进行纸原油先卖出后买入交易，在卖出交易前，应先从资金账户中划转相应足额资金到保证金账户，作为交易保证金。

例如，2012 年 9 月 6 日，“美元账户国际原油 1211”价格大致在 116-117 美元水平，客户预期后期该合约价格将下跌,在存入保证金账户 1166 美元后以 116.6 美元/桶的价格卖出 10 桶，系统冻结 1166 美元保证金。

9 月 10 日，“美元账户国际原油 1211”价格下跌至 112.6 美元/桶，客户买入 10 桶原油平仓，客户此前被冻结的保证金解冻，并获得收益（116.6-112.6）*10=40 美元。

客户进行纸原油先卖出后买入交易，在卖出交易前，应提供 100%交易保证金（保证金金额等于卖出开仓数量乘以卖出价格）。当客户保证金比例小于或等于 20%时，工商银行可进行强制平仓。保证金比例计算公式为:（保证金账户金额+账面盈亏）/卖出账户原油冻结保证金×100%。

例如，某客户 10 月 23 日在转入保证金账户 880 美元后，以 88 美元/桶价格卖出 10 桶“美元账户北美原油 1212”。未来假如该期产品价格上涨到 1510.4 美元/桶时，客户账面盈亏为-704 美元，保证金比例达到 20%，工商银行可对客户交易账户中卖出的 10 桶账户原油强制买入平仓，并将剩余清算资金划入客户保证金账户。

提醒：客户进行先买入后卖出交易和先卖出后买入交易两种方式相互独立，分别操作，对应的交易账户分为两个相互独立的交易子账户，所记载的纸原油数量不能累加或相互抵消。即客户通过先买入后卖出方式买入的纸原油，只可通过先买入后卖出方式的卖出平仓交易卖出；客户通过先卖出后买入方式卖出的纸原油，只可通过先卖出后买入方式的买入平仓交易进行平仓。

14.1.5 纸原油交易的方式

纸原油交易有实时交易和挂单交易两种交易方式。

纸原油的挂单交易方式有获利挂单、止损挂单、双向挂单，如图 14.3 所示。

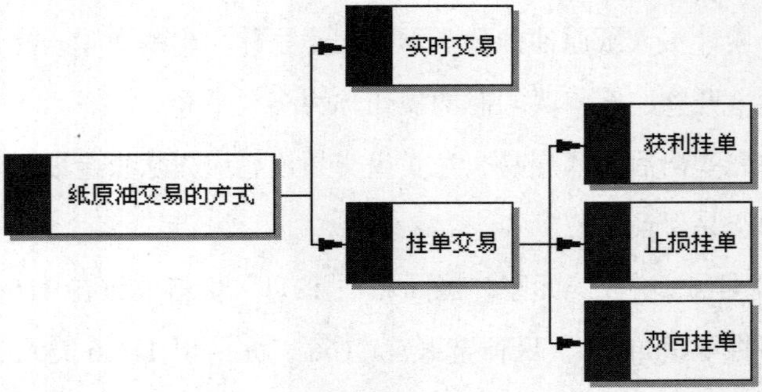

图 14.3 纸原油的交易方式

客户选择实时交易，将按照实时交易报价完成纸原油交易；客户选择挂单交易，需根据选择的挂单类型提交包含设定价格的挂单指令，当交易报价满足挂单条件时，系统自动代客户按挂单设定的价格完成纸原油交易。

（1）获利挂单

获利挂单是指挂单价格优于实时交易报价的挂单，即客户挂单买入价低于当前银行卖出价或客户挂单卖出价高于当前银行买入价，当交易报价达到客户挂单价格时按挂单价格成交。

（2）止损挂单

止损挂单是指挂单价格劣于实时交易报价的挂单，即客户挂单卖出价低于当前银行买入价或客户挂单买入价高于当前银行卖出价，当交易报价达到客户挂单价格时按挂单价格成交。

（3）双向挂单

双向挂单是指同时设立的一个获利挂单和一个止损挂单组合。双向挂单中的任意一项挂单成交，另一项挂单即自动失效。

14.1.6 纸原油交易的其他注意事项

纸原油采取 T+0 交易模式，即客户买入的纸原油可在当日卖出，客户卖出纸原油获得的资金可在当日继续买入，因此客户在交易日当天可进行多次纸原油交易。

纸原油交易不允许杠杆操作，客户须提供全额交易资金进行交易。对于先买入后卖出交易的买入交易，在成交后工商银行系统实时全额划转客户资金（划转资金金额等于买入数量乘以客户买入价格）；对于先卖出后买入交易的卖出交易，工商银行要求客户提供 100%的保证金（保证金金额等于卖出数量乘以客户卖出价格）。

客户以美元资金买卖纸原油，可选择使用现钞或现汇。客户使用现钞或现汇买卖纸原油的价格相同，但美元现钞和现汇不能通过买卖纸原油相互转换，以美元现钞买入的纸原油在卖出后的资金仍为美元现钞，以美元现汇买入的纸原油在卖出后的资金仍为美元现汇。

客户采取先买入后卖出和先卖出后买入交易方式买卖纸原油，损益计算公式相同，均为：纸原油交易损益＝纸原油平仓数量×（卖出价-买入价）。不同品种、期次的纸原油数量、买卖价格需分别计算。

14.1.7　利用网上银行炒纸原油

要想实战炒纸原油，就必须先登录网上银行，然后利用网上银行的账户商品业务，就可以炒纸原油了。

在浏览器的地址栏中输入“http://www.icbc.com.cn”，然后回车，就进入中国工商银行的首页，如图 14.4 所示。

图 14.4　中国工商银行的首页

在中国工商银行的首页中，单击 个人网上银行 按钮，进入网上银行登录页面，如图 14.5 所示。

图 14.5　网上银行登录页面

正确输入登录名（卡号、手机号、用户名）、登录密码、验证码，然后就可以选择“标准版”或“简约版”，在这里选择“标准版”，再单击“登录”按钮，就可以成功登录工商银行的网上银行。

成功登录网上银行后，单击“账户商品”，就可以看到账户原油的交易品种和报价信息，如图 14.6 所示。

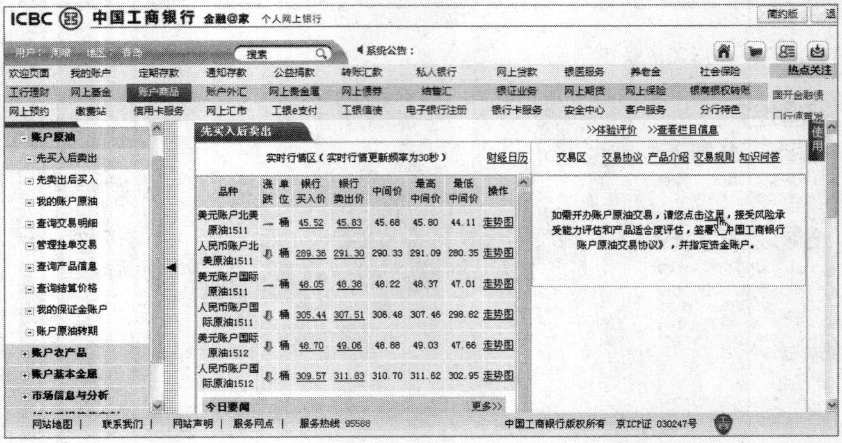

图 14.6　账户商品

要进行账户商品交易，就要先开户，这里以账户原油为例来讲解。单击“这里”超链接，进入产品适合度评估试题页面，如图 14.7 所示。

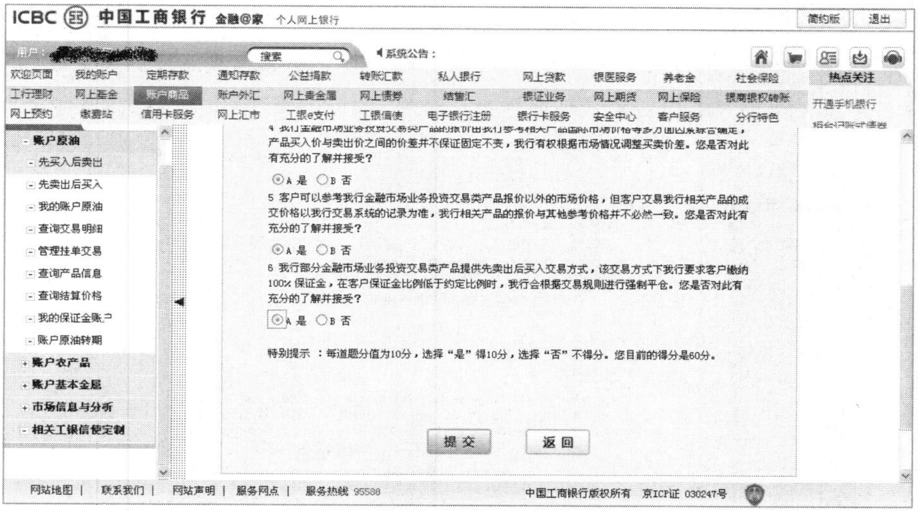

图 14.7　产品适合度评估试题页面

选出每个题的答案后，单击“提交”按钮，就可以看到签订账户原油协议页面。在该页面中，可以看到账户原油交易协议、账户原油产品介绍、账户原油交易规则，如图 14.8 所示。

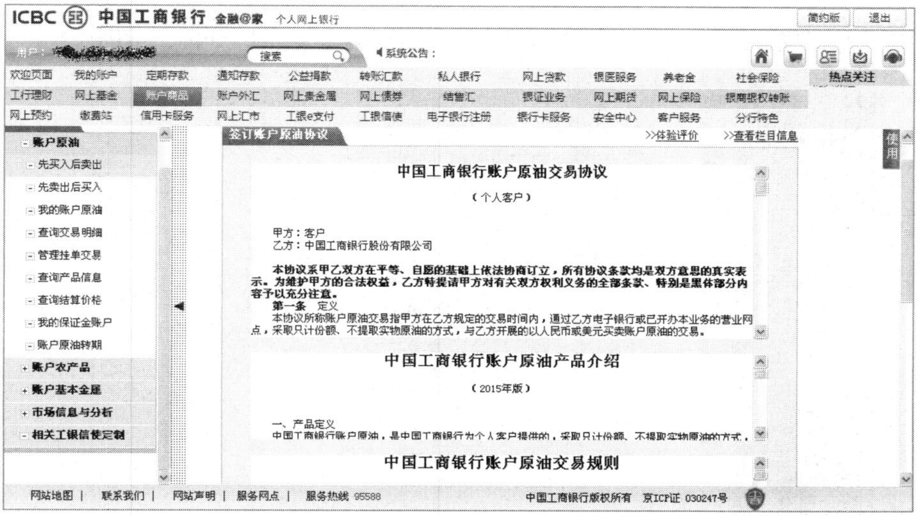

图 14.8　签订账户原油协议页面

向下拖动滚动条，就可以设置资金账户卡和手机号，并选中“本人已充分了解账户原油产品的特点及相关风险，认真阅读并承诺遵守《中国工商银行账户原油产品介绍》（附件一）和《中国工商银行账户原油交易规则》（附件二）的全部内容，愿意且有能力承担上述风险造成的后果，同意签署《中国工商银行账户原油交易协议》”前面的复选框，如图 14.9 所示。

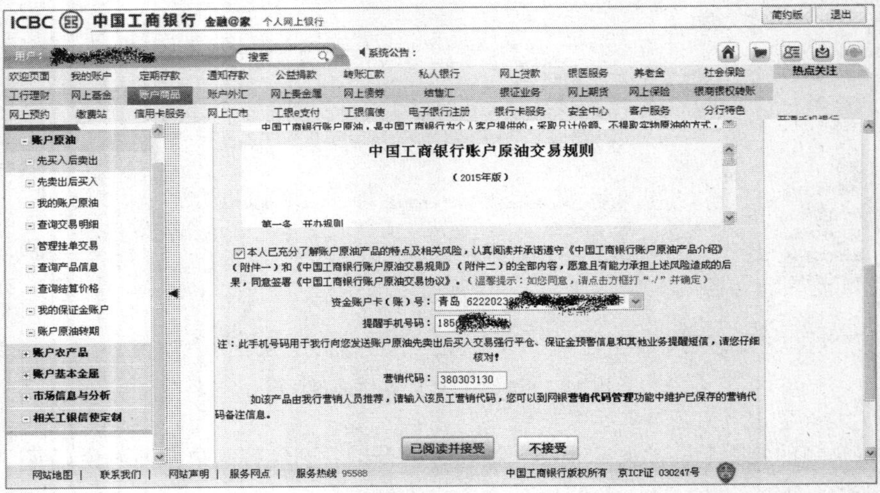

图 14.9　设置资金账户卡和手机号

设置好后，单击“已阅读并按受”按钮，进入信息确认页面，如图 14.10 所示。

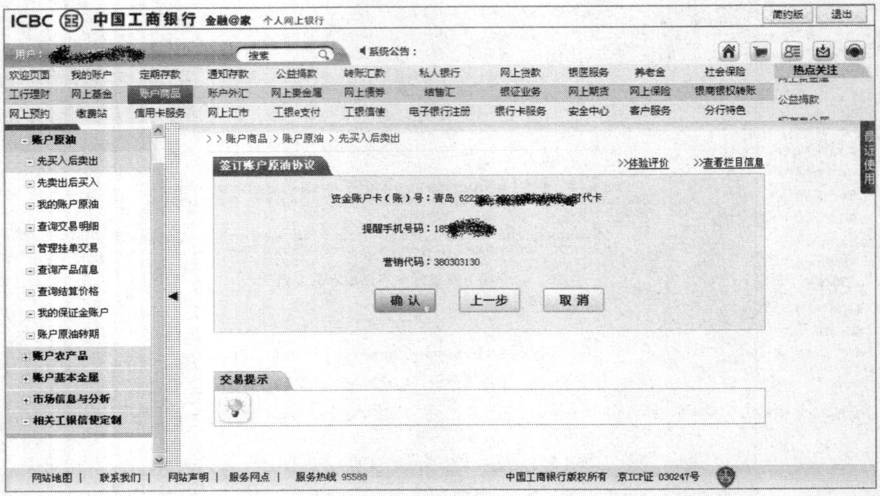

图 14.10　信息确认页面

单击“确认”按钮，就可以成功开户，如图 14.11 所示。

图 14.11　成功开户

单击“完成”按钮，就进入账户原油交易页面。要先选择交易方式，即实时交易或挂单交易（获利挂单、止损挂单、双向挂单）中的其中一种；再选择交易的具体品种，如图 14.12 所示。

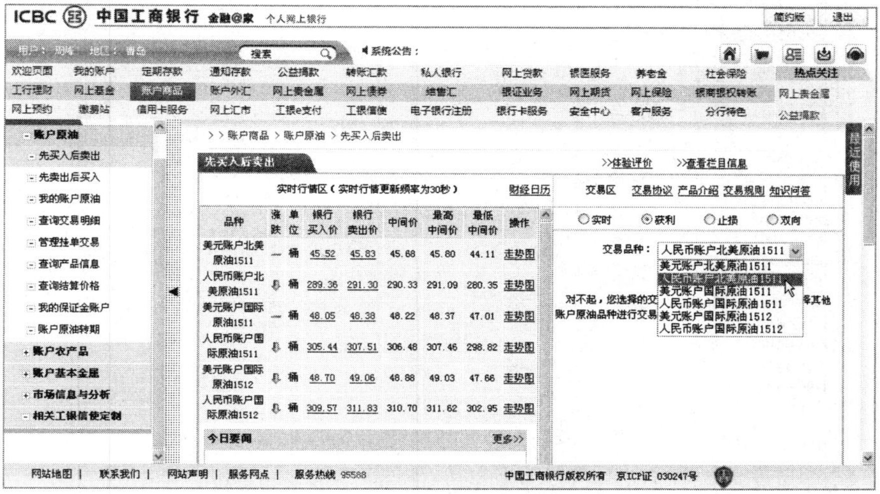

图 14.12　选择交易方式和具体的交易品种

选择交易方式和具体的交易品种后，还可以进一步设置炒汇标志，即现钞还是现汇；还可以设置交易类型，是买入开仓，还是卖出平仓；然后输入获利挂单价格及交易数量，如图 14.13 所示。

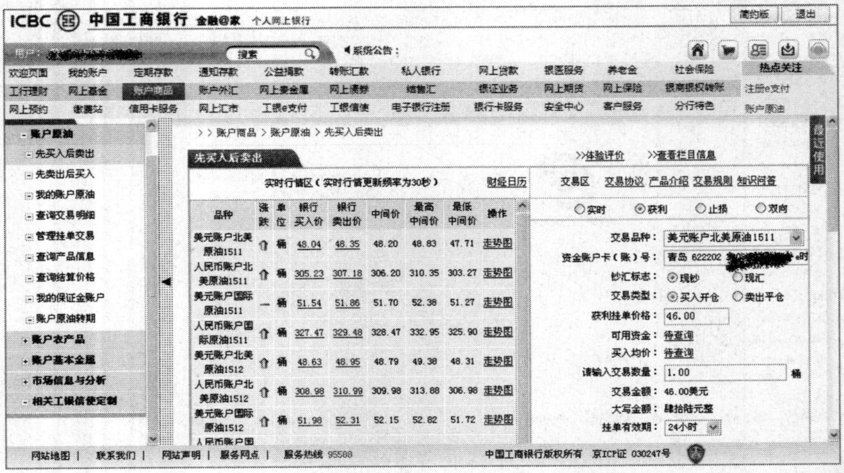

图 14.13　设置炒汇标志、交易类型等内容

向下拖动滚动条，还可以设置挂单有效期，即 24 小时、48 小时、72 小时、96 小时和 120 小时；还可以设置挂单成交后是否短消息提醒，如图 14.14 所示。

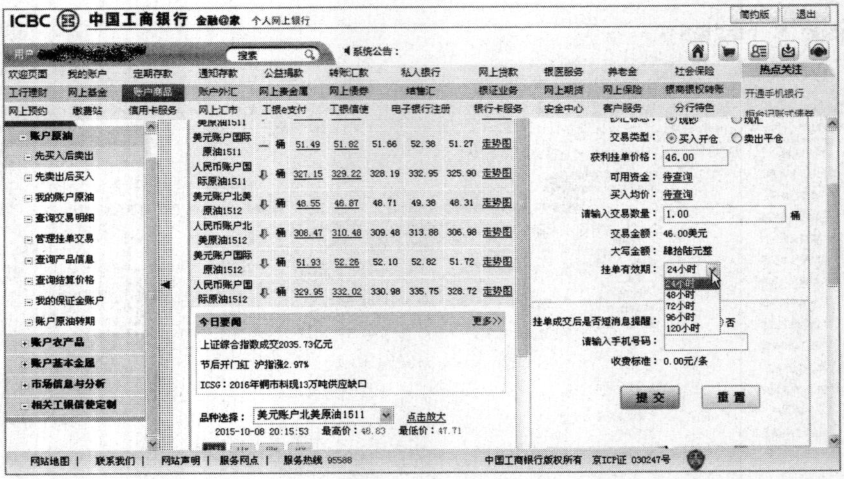

图 14.14　设置挂单有效期和是否短消息提醒

设置好后，单击“提交”按钮即可。

14.2 实战炒原油期货

原油期货，是原油最主要的投资渠道之一，即可以做多，也可以做空，是 T+0 交易机制，即随时可以买进，随时可以卖出。

14.2.1 原油期货合约

由于原油期货还没有正式上市，所以下面说的是上海期货交易所原油期货合约草案，具体如表 14.1 所示。

表 14.1 原油期货合约草案

交易品种	中质含硫原油
交易单位	100 桶/手
报价单位	元（人民币）/桶（交易报价为不含税价格）
最小变动价位	0.1 元（人民币）/桶
每日价格最大波动限制	上一交易日结算价的 ± 4%
合约月份	36 个月以内，其中最近 1～12 个月为连续月份合约，12 个月以后为季月
交易时间	上午 9:00～11:30 下午 13:30～15:00 和上海国际能源交易中心规定的其他交易时间
最后交易日	合约交割月份前一月份的最后一个交易日
最后交割日	最后交易日后连续五个工作日
交割等级	中质含硫原油，交割品质为 API 度 32，含硫度 15%
交割地点	上海国际能源交易中心指定交割仓库
最低交易保证金	合约价值的 5%
交易手续费	不高于成交金额的万分之二（含风险准备金）
交割方式	实物交割
交易代码	SC
上市交易所	上海期货交易所

14.2.2 原油期货交易的流程

要进行原油期货，共有 5 个步骤，具体如下：

（1）在期货公司开立期货账户；

（2）开户时向期货公司提出网上交易需求，同时设置网上交易密码和通信密码；

（3）在期货公司指定网站上下载相关的期货行情分析软件和交易软件；

（4）登录交易软件，输入资金账户号码、交易密码、通信密码待信息；

（5）随时交易下单。

14.2.3 原油期货的开户

原油期货开户包括 6 步，具体如下：

（1）投资者拿着自己的身份证和银行卡到期货公司营业场所；

（2）期货工作人员会验证你的证件、核实身份、并向你提示期货风险；

（3）期货工作人员指导你签署《期货经纪合同》及相关附件；

（4）采集你的影像资料、留取相关复印件；在这里对个人账户和法人账户是有区别的，下面分别讲一下：

对个人账户，影像资料包括 2 项，具体如下：

- 客户的头部正面照。
- 客户身份证原件正反面扫描件。

对法人账户，影像资料包括 4 项，具体如下：

- 开户代理人头部正面照。
- 开户代理人身份证原件正反面扫描件。
- 营业执照（副本）扫描件。
- 组织机构代码原件扫描件。

（5）期货公司人员向交易所申请交易编码，申请成功后，就会打电话告知你的交易编码及交易初始密码；

（6）大部分期货公司的资金管理模式都是采用银期转账的形式。开通银期转账的具体步骤如下：

- 投资者带着身份证、银行卡、期货公司告诉你的交易编码到办银行卡的银行办理银期转账。
- 填写《期货委托交易协议书》和《银期委托协议书》。
- 设置交易密码，领取协议书客户联，这样就可以进行委托交易。

14.2.4 期货交易软件的下载和安装

要实战炒原油期货，首先要下载期货交易软件，然后登录，接着就可以进行买卖操作了。

下面先来讲解一下期货交易软件的下载和安装。

在浏览器的地址栏中输入“http://www.cifco.net”，然后回车，进入中国国际期货有限公司的首页，如图 14.15 所示。

图 14.15 中国国际期货有限公司的首页

单击“软件下载”超链接，进入交易软件下载页面，如图 14.16 所示。

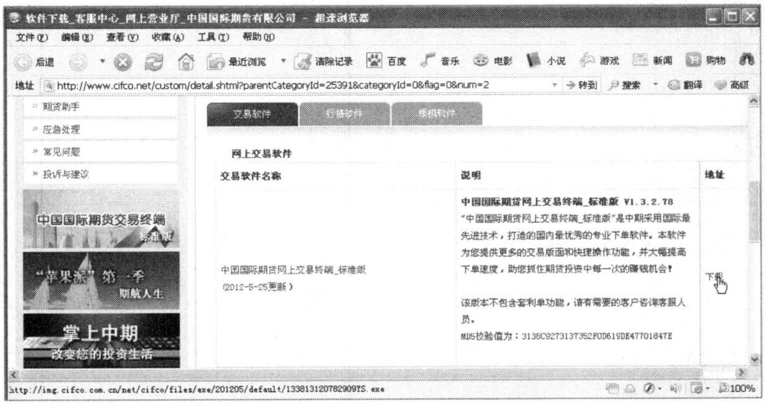

图 14.16 交易软件下载页面

单击“下载”超链接，弹出文件下载提示对话框，如图 14.17 所示。

单击“保存”按钮，选择保存位置后，再单击“保存”按钮，就开始下载期货交易软件，并且弹出显示下载进度的提示对话框，如图 14.18 所示。

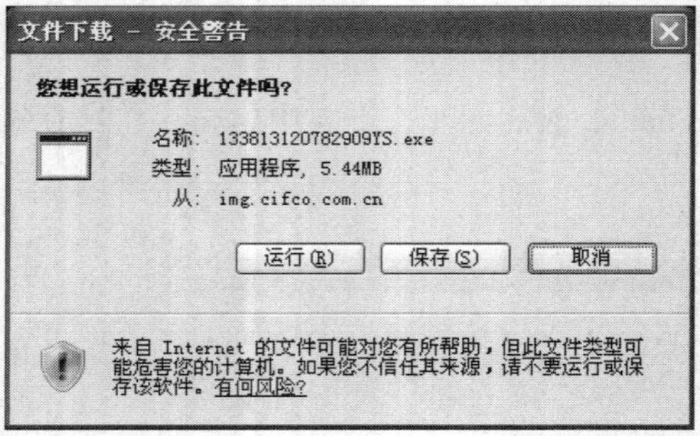

图 14.17 文件下载提示对话框

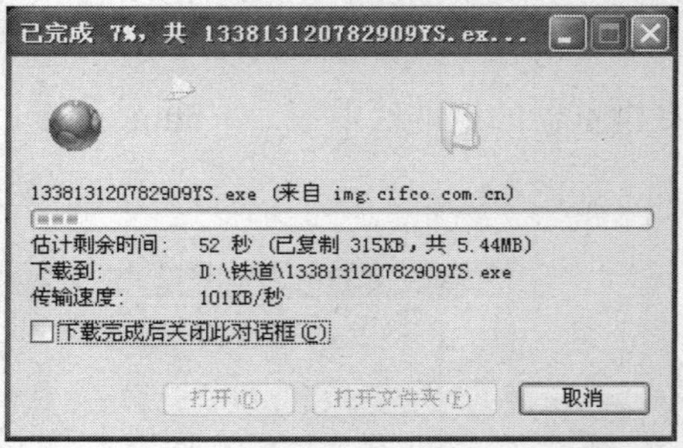

图 14.18 显示下载进度的提示对话框

下载成功后，就可以看到期货交易软件的安装文件图标。双击该图标，弹出安装向导对话框，如图 14.19 所示。

单击“下一步”按钮，就可以设置安装文件的位置，如图 14.20 所示。

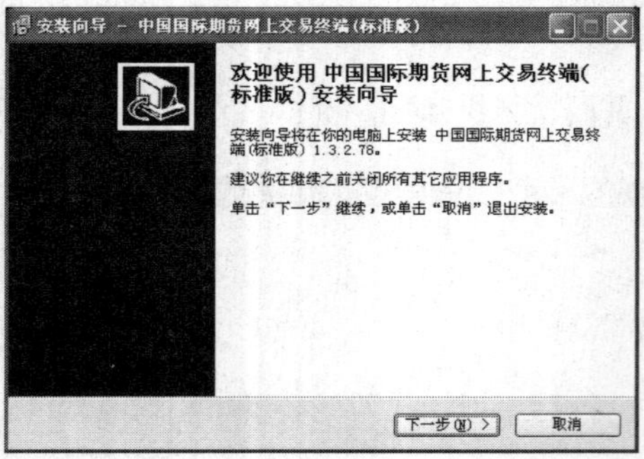

图 14.19 安装向导对话框

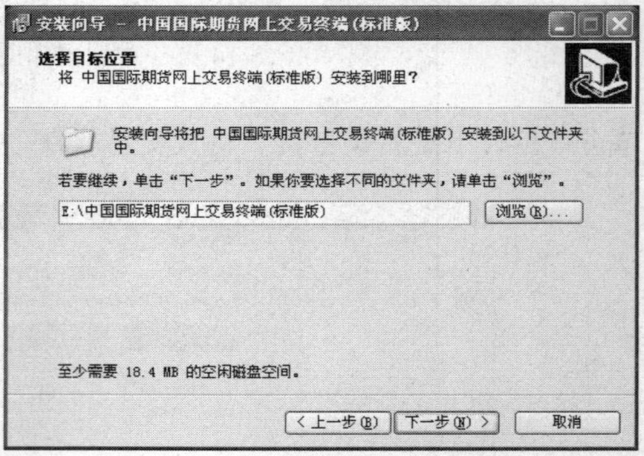

图 14.20 设置安装文件的位置

单击“下一步”按钮，就可以成功安装期货交易软件。安装成功后，在桌面上可以看到一个快捷图标，如图 14.21 所示。

图 14.21 期货交易软件的快捷图标

14.2.5 期货交易软件的登录和银期转账

双击桌面上的

图标，打开“中国国际期货网上交易终端的客户登录”对话框，如图14.22所示。

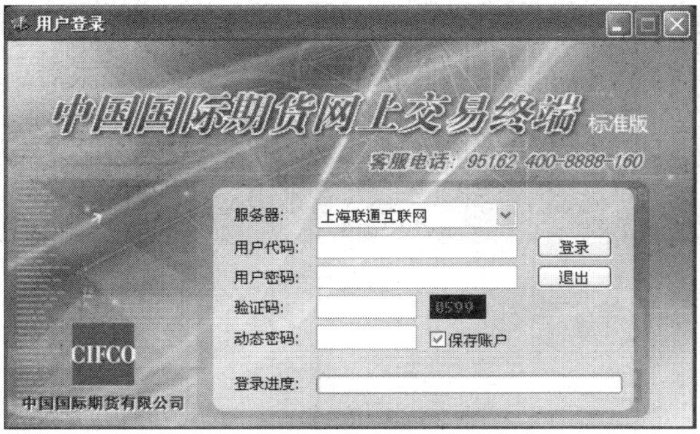

图 14.22　中国国际期货网上交易终端的客户登录对话框

正确输入用户代码（用户名）、用户密码、验证码后，单击“登录”按钮，就可以成功登录期货交易软件，如图14.23所示。

图 14.23　期货交易软件登录成后的界面

要想炒贵金属期货，首先要把银行卡中的资金转入到期货账户中。单击菜单栏中的“转账/银期转账”命令，就可以看到银期转账界面，如图 14.24 所示。

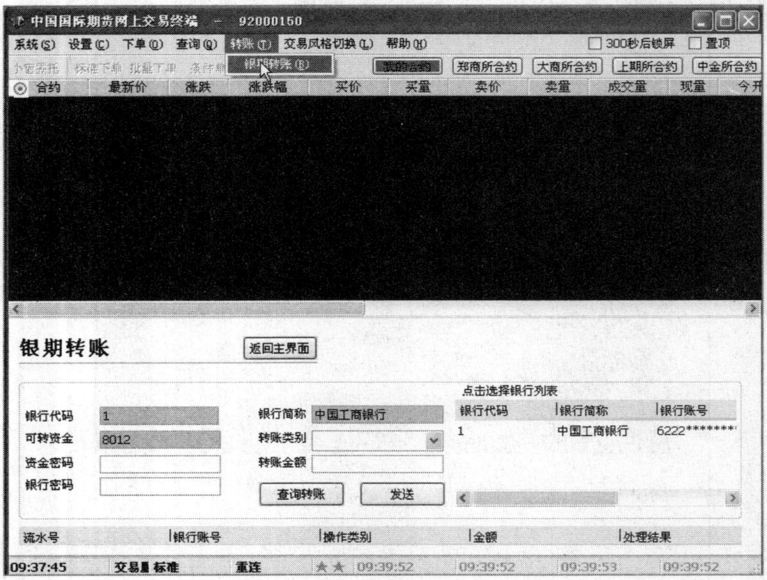

图 14.24 银期转账界面

在转账之前，可以查看一下银行卡中的资金余额。设置转账类型为“查询银行余额”，然后输入银行密码，单击“发送”按钮，就可以看到银行卡中的资金余额，如图 14.25 所示。

先来讲一下入金，即把银行卡中的资金转到期货账户，设置转账类型为“银行卡->保证金”，然后输入银行密码、资金密码和转账金额，单击“发送”按钮，就可以转账成功，如图 14.26 所示。

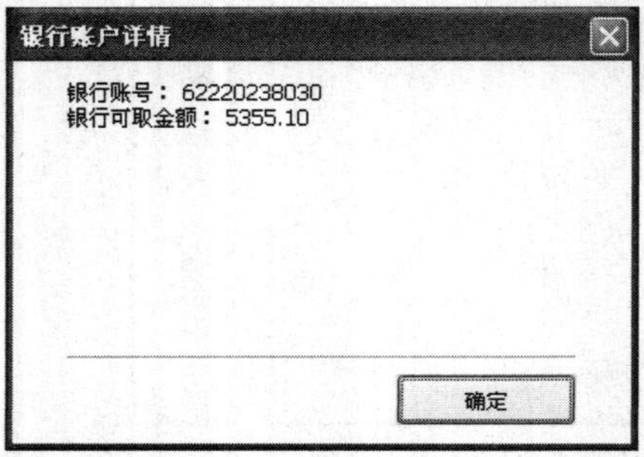

图 14.25 银行卡中的资金余额

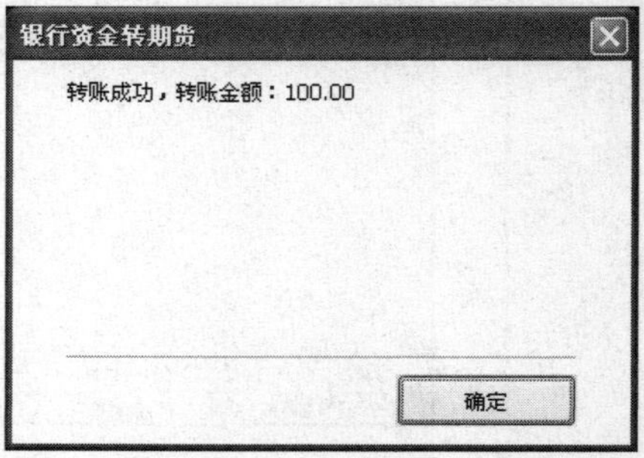

图 14.26 把银行卡中的资金转到期货账户

单击银期转账界面中的“返回主界面”按钮，然后单击“资金”按钮，就可以看到今日入金信息，如图 14.27 所示。

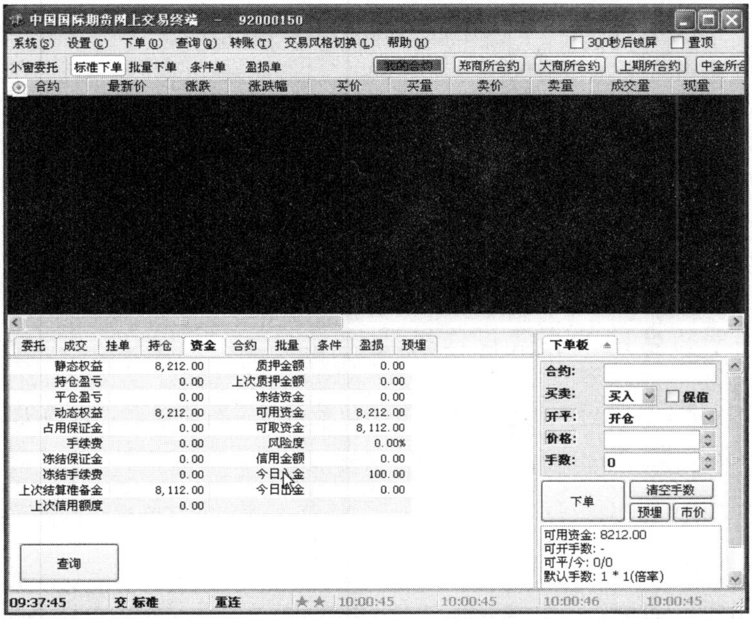

图 14.27 今日入金信息

如果炒贵金属期货赚到了钱，就可以把赚到的钱转到银行卡中。设置转账类型为“保证金->银行卡”，然后输入银行密码、资金密码和转账金额，单击“发送”按钮，就可以转账成功，如图 14.28 所示。

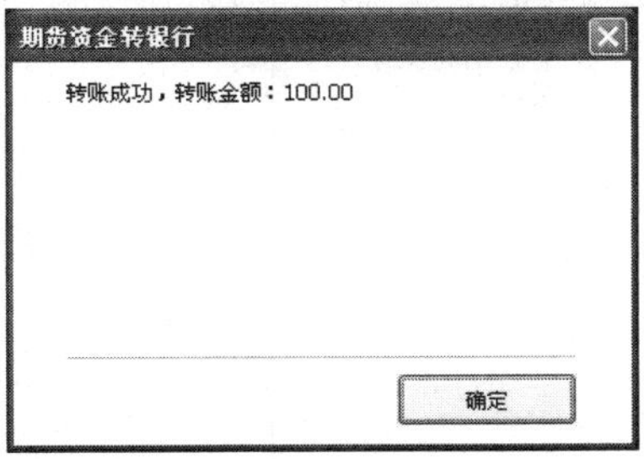

图 14.28 把期货账户中的资金转到银行卡

单击“查询转账”按钮，就可以看到入金和出金信息，如图 14.29 所示。

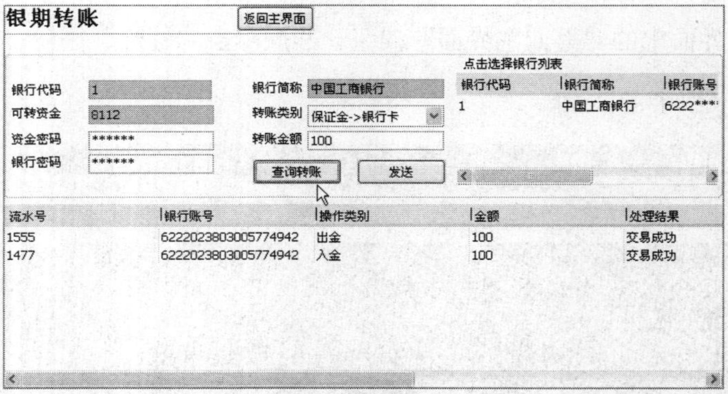

图 14.29　入金和出金信息查询

14.2.6　原油期货合约的买卖操作技巧

成功登录期货交易软件后，然后入金，入金后就可以进行原油期货合约买卖操作。由于原油期货还没有正式上市交易，下面以白银期货为例讲解一下。

一般情况下，可以直接进行买卖操作。但为了买卖方便，可以单击“小窗委托”，如图 14.30 所示。

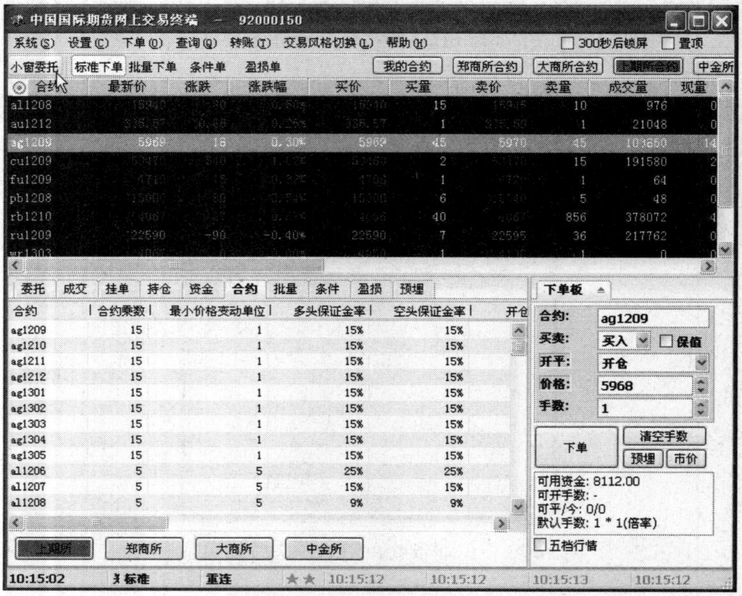

图 14.30　可以直接买卖

单击“小窗委托”后，委托下单界面如图 14.31 所示，然后单击“合约”对应的下拉按钮，可以选择不同的白银期货合约。

选择白银期货合约后，就可以设置是买入或是卖出，如图 14.32 所示。

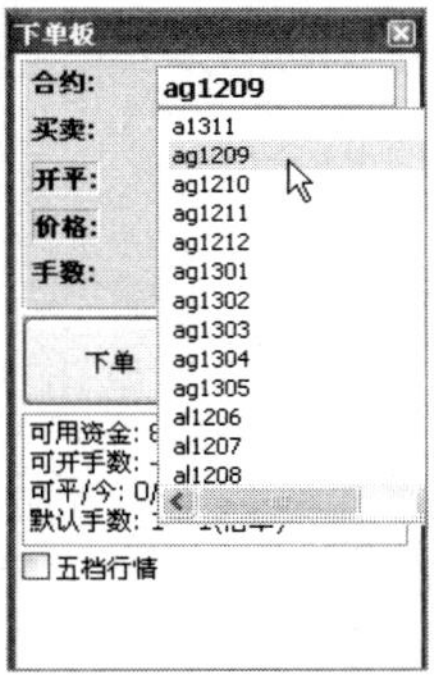

图 14.31　小窗委托

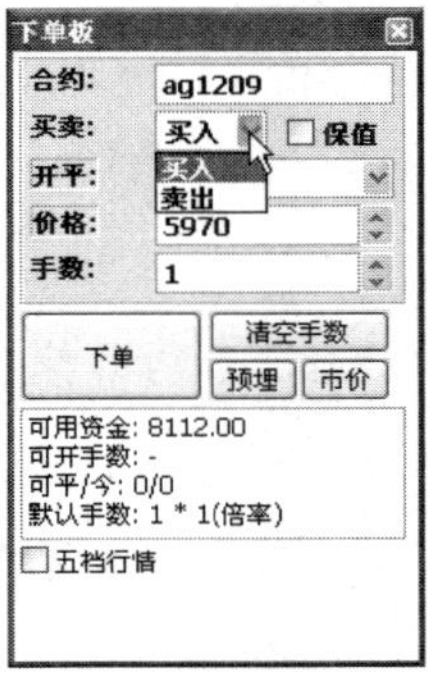

图 14.32　设置是买入或是卖出

接下来设置是开仓或是平仓。开仓表示把资金变成白银期货合约；平仓表示把白银期货合约变成资金，如图 14.33 所示。

提醒：在期货操作过程中，一定要注意，买入开仓是看多，即后市期价看涨；卖出开仓是看空，即后市期价看跌；买入平仓是指把前期看空的单子平掉，即后市期价看涨；卖出平仓是指把前期看多的单子平掉，即后市期货看跌。

设置指定价或跟盘价，默认是指定价，即需要输入要操作的白银期货价格；单击“价格”标签，该标签就变成“跟盘”，并且该标签变成红色。这时其后的文本框就会自动显示当前的期货合约价格，并且随着期货合约价格的变动而变动，如图 14.34 所示。

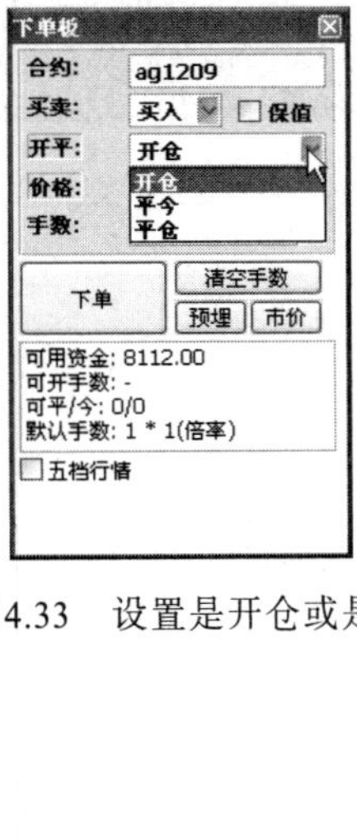

图 14.33　设置是开仓或是平仓

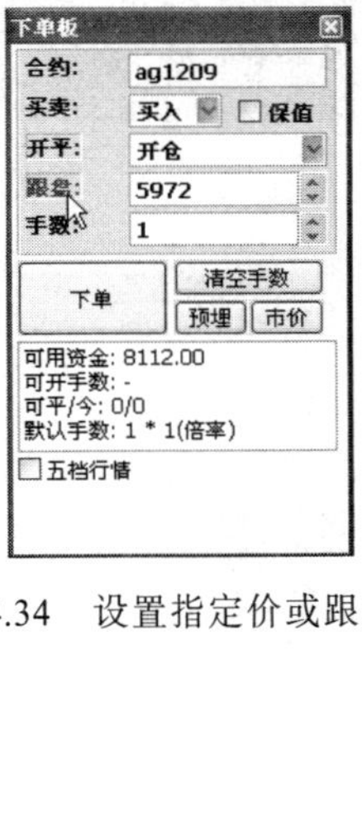

图 14.34　设置指定价或跟盘价

正确设置各项参与，然后再输入买卖的手数，单击“下单”按钮，弹出“委托确认”对话框，如图 14.35 所示。

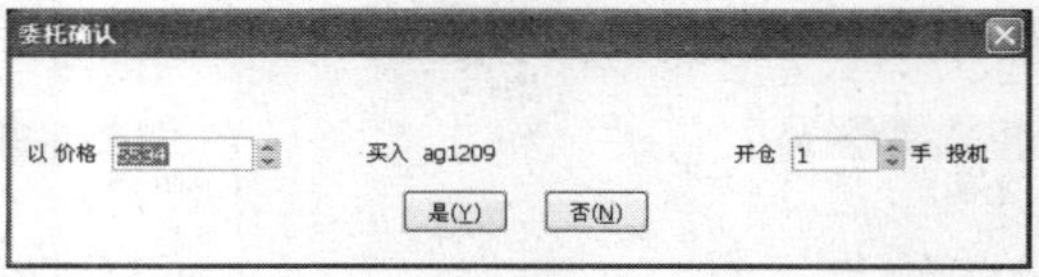

图 14.35　委托确认对话框

在委托确认对话框，还可以修改委托价格和开仓手数，确认无误后，单击“是”按钮，就可以显示“下单成功”提示对话框，如图 14.36 所示。

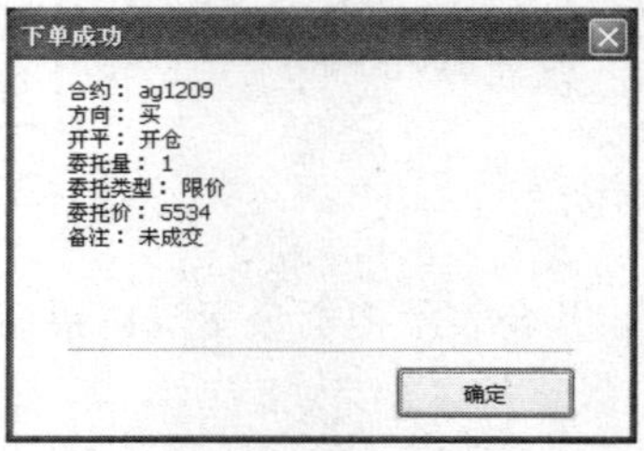

图 14.36　下单成功提示对话框

单击“小窗委托”右上角的关闭按钮，就可以返回期货交易软件的初始界面，单击“查委托”选项卡，就可以看到委托买卖的合约的信息，如图 14.37 所示。

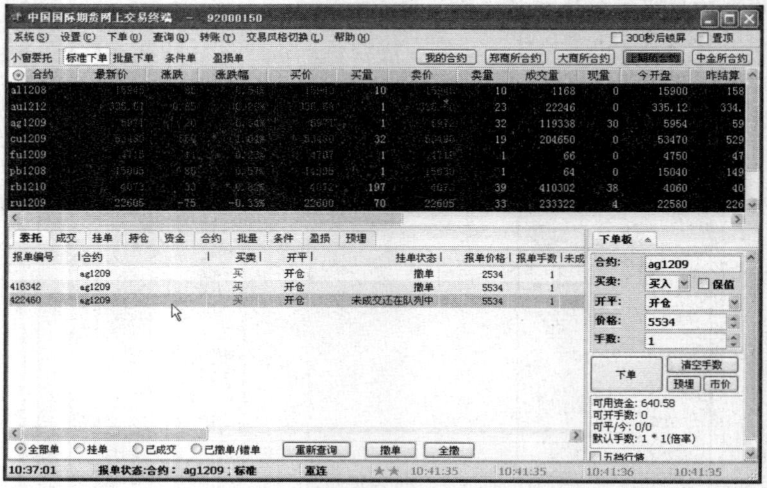

图 14.37　查看委托买卖的合约的信息

如果下单后，又不想买卖了。选择单子，单击“撤单”按钮，弹出“操作确认”对话框，如图 14.38 所示。

单击“是”按钮，就可以撤单成功，并且弹出相应的提示对话框，如图 14.39 所示。

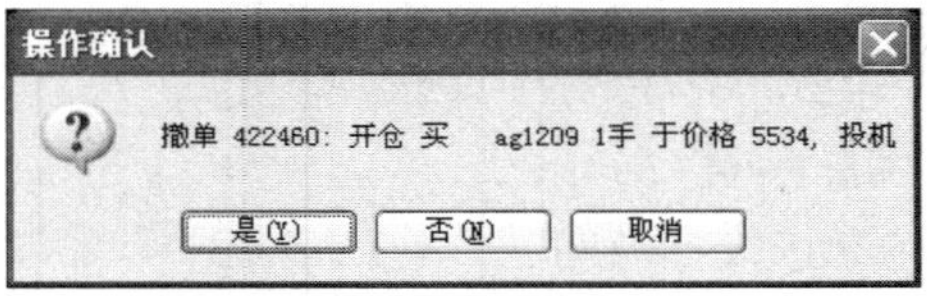

图 14.38　操作确认对话框

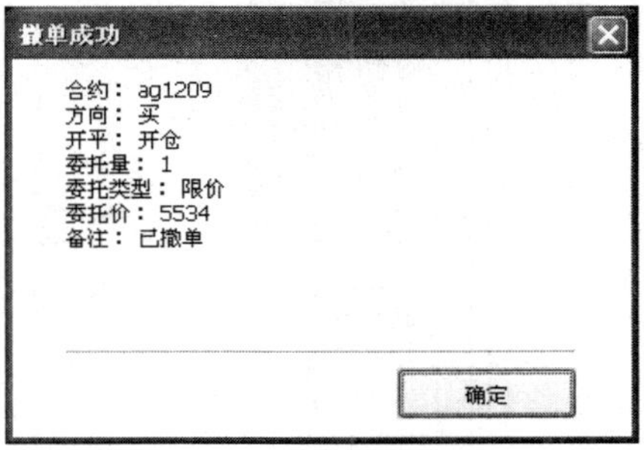

图 14.39　撤单成功提示对话框

单击“查成交”选项卡，可以看到成交的单子信息。

单击“查持仓”选项卡，可以看到当前持仓信息。

单击“资金”选项卡，可以看到静态权益、持仓盈亏、平均盈亏、今日入金和今日出金信息，如图 14.40 所示。

单击“查合约”选项卡，可以看到所有合约的交易所代码、合约号、合约名称、每手数量、交割期、最小价格变动单位等信息，如图 14.41 所示。

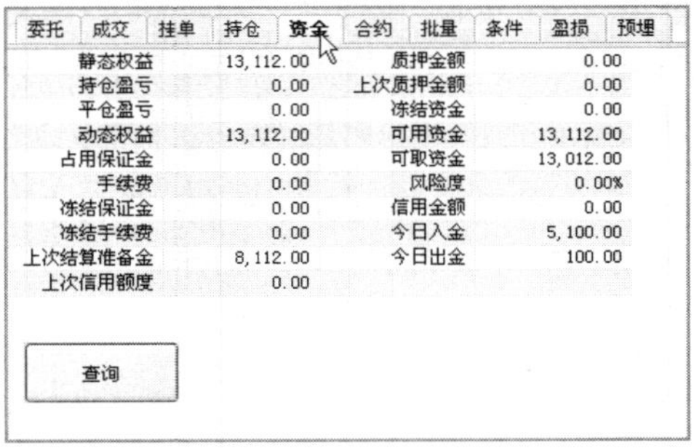

图 14.40　资金信息

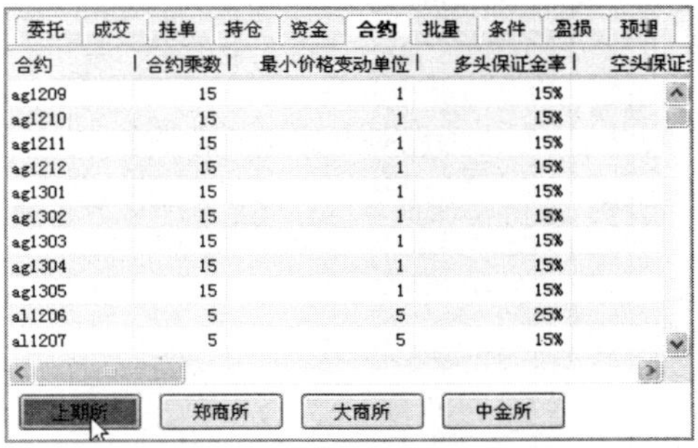

图 14.41　合约相关信息